PETER MEYNS (HG.)

HANDBUCH

EINE

WELT

ENTWICKLUNG IM GLOBALEN WANDEL

PETER HAMMER VERLAG

Liebe Leserin! Lieber Leser!
Die Landeszentrale für politische Bildung Nordrhein-Westfalen fördert die
politisch bildende Literatur, indem sie entsprechende Buchprojekte initiiert,
sie konzeptionell und redaktionell begleitet und finanziell unterstützt.
Auch dieses Buch ist mit maßgeblicher Beteiligung der Landeszentrale
entstanden.

Landeszentrale für politische Bildung

demokratie
leben
Landeszentrale
für politische Bildung
Nordrhein-Westfalen

2. Auflage 2010
© Peter Hammer Verlag GmbH, Wuppertal 2009
Alle Rechte ausdrücklich vorbehalten
Umschlaggestaltung: Magdalene Krumbeck
Satz: Satzbau GmbH, Bielefeld
Druck: Westermann, Zwickau
ISBN 978-3-7795-0228-9
www.peter-hammer-verlag.de

Inhalt

Einleitung

PETER MEYNS

Mit diesem Band legen wir zu Beginn des 21. Jahrhunderts eine Erörterung der Probleme der Entwicklung in einem sich wandelnden globalen Umfeld vor. In anschaulicher und verständlicher Weise wird der aktuelle Stand der Diskussion zu den behandelten Entwicklungsfragen dargestellt. Die Form eines Handbuchs wurde gewählt, um die Komplexität der Entwicklungsprobleme in der heutigen Welt an Hand ausgewählter Stichworte zu erfassen, die jeweils einzelne relevante Themenbereiche bearbeiten und in der Gesamtschau die Konturen der Entwicklung im globalen Wandel erkennbar werden lassen.

Eine Welt: Turbulenzen vor und nach dem Millennium

Das Jahrzehnt vor und das Jahrzehnt nach dem Millennium haben der Welt weit reichende Veränderungen gebracht, die globale Auswirkungen hatten und weiterhin haben. Die Auflösung der Sowjetunion und das Ende des Ost-West-Konflikts standen 1990/91 am Anfang dieser Zeit. Die Überwindung der Blockkonfrontation und des Kalten Kriegs, die die Weltpolitik vier Jahrzehnte lang geprägt hatten, lösten Erwartungen aus, dass eine dauerhaft friedliche Ära anbrechen würde, führten aber stattdessen zu neuen Turbulenzen, für die der von Habermas eingeführte Begriff der „neuen Unübersichtlichkeit" anwendbar schien. Beschleunigt wurden durch die nun unangefochtene Dominanz westlich-kapitalistischer Ökonomien die Öffnung der Weltmärkte und der Prozess der Globalisierung. Die veränderten weltpolitischen Kräfteverhältnisse trugen aber dazu bei, dass lokale Konflikte in verschiedenen Teilen der Welt ausbrachen – zu einem erheblichen Teil in den Entwicklungsländern und oft unter Einsatz extremer Gewalt. Die Besetzung Kuwaits durch den Irak und der von den USA geführte internationale Krieg gegen die irakische Invasion sowie der Staatszerfall in

Somalia und die vergeblichen Friedensbemühungen internationaler Akteure waren Ereignisse, die zu Beginn der 1990er Jahre für die Turbulenzen der neuen Ära prägend waren.

Auch die Erwartung einiger Kommentatoren, dass mit dem Niedergang einer Supermacht der anderen Supermacht, den USA, die Aufgabe zufalle, den unipolaren Augenblick („the unipolar moment"), den Krauthammer gekommen sah, wahrzunehmen und als globale Ordnungs- und Friedensmacht zu agieren, erfüllte sich nicht. Dies wurde nach dem Millennium mehr als deutlich, als die neokonservativen Vertreter der Idee eines „amerikanischen Jahrhunderts" die Politik der Bush-Administration bestimmten und die horrenden Ereignisse des 11. September 2001 nutzten, um militärische Mittel zur Durchsetzung demokratischer Ziele im Irak einzusetzen – und damit grandios scheiterten.

Der Anspruch einer Macht, für globale Ordnung zu sorgen, hat sich als unhaltbar erwiesen. Im Zuge der Globalisierung hatten sich Verschiebungen im weltweiten Machtgefüge bereits mit dem Erstarken der bevölkerungsreichsten Länder der Welt, China und Indien, angekündigt. Zusammen mit anderen Schwellenländern treten sie mit wachsendem Selbstbewusstsein auf der globalen Bühne auf. Die von den USA ausgegangene Finanzkrise, die 2008 eine globale Wirtschaftskrise auslöste, hat ein Übriges getan, um das Vertrauen in die Führungsmacht des kapitalistischen Systems zu erschüttern. Die Ideologie einer weitgehend unkontrollierten Marktwirtschaft, die verantwortungsloses Finanzgebaren und – wie der Fall des ‚angesehenen' New Yorker Investmentbankers Bernie Madoff zeigte – kriminelle Geschäfte ermöglicht hat, begünstigte extrem hohe Profite mit Finanzinstrumenten, die auf Sand gebaut waren – und, als die Blase platzte, die Weltwirtschaft an den Rand des Kollapses geführt hat.

Mit Barack Obama als Präsident werden die USA ihren Einfluss wieder stärker im multilateralen Kontext der G8-Staaten zur Geltung bringen. Es zeichnet sich aber seit einiger Zeit auch ab, dass globale Regierungsführung (global governance) einen breiteren Rahmen braucht, der auch die nachrückenden Mächte in der Welt einbezieht. So traf sich im November 2008 die G20-Gruppe in Washington zum Krisengipfel über Finanzmärkte und die Weltwirtschaft: die G8-Staaten plus 12 Schwellenländer aus Asien (u.a. China und Indien), dem Nahen Osten, Afrika und Lateinamerika sowie der EU-Kommissionspräsident, der UNO-Generalsekretär und der IWF-Vorsitzende.

Die politischen und wirtschaftlichen Turbulenzen der letzten beiden Jahrzehnte haben Auswirkungen in allen Teilen der einen, globalisierten Welt. Die Bereitschaft zum Beispiel, Maßnahmen zu ergreifen und Ausgaben zu tätigen, um den manifesten Bedrohungen des globalen Klimawandels zu begegnen, ist größer in Zeiten wirtschaftlichen Aufschwungs und geringer in Zeiten der wirtschaftlichen Krise. Von Turbulenzen und Veränderungen in der einen Welt ebenso betroffen sind die Länder der Dritten Welt, auf deren Entwicklungsprobleme das Hauptaugenmerk dieses Bandes gerichtet ist.

Entwicklung im globalen Wandel

Eine Erörterung von Entwicklungsproblemen im Zeichen des aktuellen globalen Wandels sollte nicht aus den Augen verlieren, dass sie eine lange Geschichte haben. Als der Ost-West-Konflikt zu Ende ging und Autoren – voreilig, wie wir heute wissen – vom „Ende der Geschichte" (Fukuyama) sprachen, erinnerte der prominente lateinamerikanische Autor Eduardo Galeano daran, dass der „Eiserne Vorhang" gut vierzig Jahre existiert, die „Berliner Mauer" keine dreißig Jahre gestanden hat, dass die andere Mauer jedoch, die die arme Welt von der reichen trennt, nach wie vor steht und so hoch ist wie nie zuvor. Wenn wir den Nord-Süd-Konflikt mit der Landung von Kolumbus in Zentralamerika beginnen lassen, dann hat er, als der Kalte Krieg zu Ende ging, ziemlich genau fünf Jahrhunderte gedauert und inzwischen sind es bereits zwei Jahrzehnte mehr.

Die Kluft zwischen Arm und Reich, die sich in dieser Zeit entwickelt hat, ist seit dem Ende des Kalten Kriegs nicht geringer geworden. Die Friedensdividende, die aus eingesparten Rüstungsausgaben, den Entwicklungsländern zugute kommen sollte, hat sich nicht materialisiert. Die Höhe der Entwicklungshilfe war sogar zunächst eher rückläufig, da das zuvor aus dem Ost-West-Konflikt abgeleitete Sicherheitsinteresse an der Entwicklungszusammenarbeit nicht mehr relevant war. Die beschleunigte Globalisierung hat einer Reihe von Schwellenländern, namentlich China und Indien, Chancen eröffnet, verstärkt auf dem Weltmarkt Fuß zu fassen und hohe nationale Wachstumsraten zu erzielen; für eine ungleich größere Zahl von Ländern der Dritten Welt bedeutete sie jedoch wachsende Marginalisierung angesichts der übermächtigen Konkurrenz international operierender Unternehmen.

Die 2008 ausgelöste Finanz- und globale Wirtschaftskrise wird sowohl die Exportnachfrage als auch die Rohstoffpreise drücken, so dass eine Vielzahl von Drittwelt-Ländern Entwicklungseinbußen hinnehmen müssen.

Aus der Sicht der Entwicklungsländer ist es nicht uninteressant zu konstatieren, dass die derzeitige, von den USA ausgehende Finanzkrise durch die unkontrollierte Vergabe von Hypothekenkrediten, um den Umsatz der Banken in die Höhe zu treiben, ausgelöst wurde. Eine ähnliche Situation existierte auch in den 1970er Jahren, als in Folge der Erdölpreiserhöhungen Petro-Dollars in großen Mengen verfügbar waren und die Banken großzügig Kredite an Entwicklungsländer vergaben, oft für nicht-rentable Vorhaben. Viele dieser Länder gerieten in der Folge in Zahlungsschwierigkeiten und konnten ihre Kredite nicht zurückzahlen. Dies war einer der Ursachen für die Verschuldungskrise der 1980er Jahre. Für die Schuldnerländer bedeutete es damals, dass sie von den Gläubigern unter Anleitung von IWF und Weltbank verordnete Strukturanpassungsprogramme akzeptieren mussten, die den Vorgaben der vorherrschenden neoliberalen Wirtschaftspolitik – Privatisierung, Deregulierung, Öffnung der Märkte – folgten. In der gegenwärtigen Finanzkrise sind es die damaligen Gläubiger in den kapitalistischen Ländern des Westens, die in Not geraten sind und die mit massiven staatlichen Interventionen reagierten. Das Fazit aus dieser Parallelität der Ereignisse zog die Kommentatorin einer angesehenen britischen Zeitung. Sie schrieb: „Die Doppelstandards westlicher Interessen sind deutlich offen gelegt worden – ihre Rettungsmaßnahmen sind genau das, was sie anderen Ländern in ähnlichen Krisen wiederholt untersagt haben zu tun." (GUARDIAN WEEKLY, 24. 10. 2008) Aus wirtschaftspolitischer Sicht haben zwei renommierte Ökonomen, beide mit dem Nobelpreis für Wirtschaft ausgezeichnet, Schlussfolgerungen aus der 2008 ausgelösten Finanzkrise gezogen. Paul Krugman schrieb: „In diesen Tagen, wo selbst Alan Greenspan zugibt, dass es ein Fehler war zu glauben, dass die Finanzindustrie sich selbst regulieren könnte, wirkt die Reaganeske Rhetorik der Magie des Marktplatzes und der Übel von Regierungsinterventionen geradezu lächerlich." (NEW YORK TIMES, 26. 10. 2008) Und Joseph Stiglitz sagte in einem Interview: „Der Fall der Wall Street ist für den Marktfundamentalismus das, was der Fall der Mauer für den Kommunismus gewesen ist. Es zeigt, dass der Weg dieser Wirtschaftsordnung nicht gangbar ist. Nun sind die Regierungen gefragt." (KÖLNER STADT-ANZEIGER, 23. 10. 2008)

Weder Krugman noch Stiglitz sind Gegner der Marktwirtschaft, wohl aber eines uneingeschränkten Glaubens an die Selbstheilungskräfte des Marktes, der die seit Beginn der 1980er Jahre vorherrschende neoliberale Ideologie geprägt hat. Ohne eine Regulierung durch den Staat und die Durchsetzung effektiver Funktionsmechanismen kann die Gefahr nicht ausgeschlossen werden, dass die Marktkräfte außer Kontrolle geraten und großen Schaden anrichten. Das hat die Finanzkrise von 2008 eindringlich gezeigt. Eine funktionierende Marktwirtschaft bedarf eines starken Staates. Die Globalisierung schafft die zusätzliche Notwendigkeit von Regelungen im Rahmen einer globalen Regierungsführung (global governance), in deren Rahmen die Nationalstaaten jedoch eine zentrale Rolle behalten.

Im Zeichen der neoliberal geprägten internationalen Wirtschaftspolitik wurde den Entwicklungsländern nahegelegt, dass die Öffnung ihrer Märkte die entscheidende Voraussetzung für die Überwindung ihrer Verschuldungs- und Entwicklungskrise sei. Vor dem Hintergrund zahlreicher fehlgeleiteter, staatlich gelenkter Entwicklungsexperimente war dies einerseits zwar eine erforderliche Kurskorrektur, vernachlässigte aber andererseits die nach wie vor notwendige Rolle des Staates bei der nationalen Entwicklung. Tatsächlich haben die Entwicklungsländer, die in den vergangenen Jahrzehnten die Chancen der Globalisierung erfolgreich genutzt haben und zu Schwellenländern geworden sind – insbesondere die so genannten „Vier Tiger" in Ostasien und China –, dies mit einer staatlich gesteuerten Marktwirtschaft geschafft.

Die Zahl der erfolglosen oder sogar gescheiterten Entwicklungserfahrungen ist indessen so groß, dass der Verweis auf die zentrale Rolle des Staates bei der Förderung der Entwicklung allein nicht ausreicht. Offenkundig kann der Staat sowohl Teil der Lösung wie auch Teil des Problems sein. Ungeachtet der Abhängigkeitsbeziehungen, durch die Entwicklungsländer mit dem Weltmarkt verbunden sind, steht außer Frage, dass sie zuallererst für ihre eigene Entwicklung verantwortlich sind. Aufgrund der bestehenden Abhängigkeitsbeziehungen werden Entwicklungsbedingungen vom globalen Umfeld mit bestimmt; welchen Weg ein Land einschlägt, entscheidet es jedoch selbst. Diese grundsätzliche Feststellung rückt die politische Dimension der Entwicklung in den Vordergrund, die oft vernachlässigt wird.

Ob ein Land von einem Staat mit einer Entwicklungsorientierung, einem Entwicklungsstaat, geführt wird, hängt von den politischen Kräften ab, die in ihm die Verantwortung tragen und die Macht innehaben. Ob sie ihre Legitimität von den guten Ergebnissen ihrer Politik oder von der demokratischen Unterstützung der Bevölkerung herleiten, entscheidend ist die Verbesserung der Lebensbedingungen in ihrem Land. Auch eher autokratisch geprägte Staaten können Entwicklungserfolge erzielen, wie die ostasiatischen Beispiele zeigen. Ohne demokratische Kontrolle besteht aber die Gefahr einer Privatisierung des Staates zur Selbstbereicherung der herrschenden Klasse, wie viele Beispiele in Afrika und auch anderswo zeigen. Daher bietet ein politisches System, das die Möglichkeit der Kontrolle der Regierung nicht nur durch regelmäßige Wahlen, sondern auch durch die Partizipation zivilgesellschaftlicher Kräfte bietet, eine bessere Chance, dass entwicklungsorientierte Reformkräfte gegenüber einem auf Selbstbereicherung ausgerichteten Beutestaat die Oberhand behält. So unvollkommen Demokratie und gute Regierungsführung (good governance) in vielen Entwicklungsländern noch sind, sie sind wichtige institutionelle Voraussetzungen, um Entwicklung in einem umfassenden Sinn zu realisieren.

Auch in der internationalen Entwicklungszusammenarbeit wird die Eigenverantwortlichkeit der Drittwelt-Länder für ihre Entwicklung, nachdem die Strukturanpassungsprogramme in vielen Ländern nicht die gewünschten Erfolge gebracht haben, verstärkt hervorgehoben. Im Prinzip sollte Entwicklungshilfe schon immer „Hilfe zur Selbsthilfe" sein. Heute wird von „national ownership" (nationale Inbesitznahme) gesprochen. Die wachsende Kluft zwischen Arm und Reich in einer zunehmend globalisierten Welt, in der Inseln des Wohlstands von einem Meer von Armut umgeben sind, wird nicht nur als Herausforderung der Entwicklungspolitik, sondern auch als Sicherheitsproblem gesehen, und hat zum Millennium zu Selbstverpflichtungen der internationalen Gemeinschaft geführt, die Bekämpfung der Armut zu Beginn des neuen Jahrhunderts zu einem vorrangigen Ziel zu machen.

Durch Schuldenerlasse finanzierte „Armutsbekämpfungsstrategien" und vor allem die „Millennium-Entwicklungsziele" sollte die Halbierung der globalen Armut bis zum Jahr 2015 erreicht werden. Vor dem Hintergrund einer globalen Kampagne von Nichtregierungsorganisationen und bekannten Pop-Stars wie Bono und Geldof unter dem zündenden Slogan „Make Poverty History" verpflichteten sich die G 8-Staaten im Jahr 2005 zu einer Erhöhung der Entwicklungshilfe um 50 Mrd. US-$ jährlich bis 2010. Schon zwei Jahre später mussten sie sich beim G 8-Gipfeltreffen in Heiligendamm vorhalten lassen, dass sie weit davon entfernt waren, ihre Absichtserklärungen einzulösen. Nach der Finanzkrise von 2008, in der sie in kürzester Zeit um ein Vielfaches höhere Beträge locker machten, um ihr marodes Finanz- und Bankensystem zu retten, stand zu befürchten, dass die Armutsbekämpfung als globale Aufgabe – ebenso wie Maßnahmen zum Klimawandel – dem so genannten „crowding out"-Effekt zum Opfer fallen, d.h. durch Aufwendungen zur Bewältigung der Finanzkrise verdrängt werden. Der globale Wandel bekräftigt somit die grundlegende Eigenverantwortlichkeit jedes Landes für seine Entwicklung.

Die Vielschichtigkeit der Entwicklungsprobleme

Um Entwicklung nicht nur als wirtschaftliches Wachstum, sondern in einem umfassenden Sinn zu erfassen, ist das Handbuch als eine Widerspiegelung der Vielschichtigkeit der Entwicklungsprobleme angelegt, die die politischen, sozialen, kulturellen, ökologischen und wirtschaftlichen Dimensionen von Entwicklung berücksichtigt. In jedem Stichwort wird ein relevanter Aspekt der Entwicklungsdiskussion erörtert, der für sich steht, zugleich aber auch Teil der Gesamtproblematik ist. Die Idee ist, dass von ganz unterschiedlichen Einstiegspunkten aus ein Verständnis von Entwicklung als komplexe Gesamtproblematik gewonnen werden kann.

Die einzelnen Stichworte können den verschiedenen Dimensionen von Entwicklung zugeordnet werden (wobei bei manchen alternative Zuordnungen vertretbar sind). Unter Einbeziehung einer Gruppe von übergreifenden Stichworten, die allgemeine theoretische und konzeptionelle Aspekte der Entwicklungsproblematik behandeln, lassen sich die in diesem Handbuch behandelten Themen wie folgt zuordnen:

- *Übergreifende Stichworte:* Entwicklungstheorien; Global Governance; Globalisierung und globaler Wandel; Nachhaltige Entwicklung.
- *Politische Dimension:* Demokratie / Good Governance / Partizipation / Empowerment; Fragile Staaten – Staatsverfall; Frieden und Entwicklung; Kriege und Gewaltkonflikte; Menschenrechte und Entwicklung.
- *Soziale Dimension:* Bildung; Gender und Entwicklung; HIV / Aids – mehr als eine menschliche Katastrophe; Migration und Flucht; Weltbevölkerung.
- *Kulturelle Dimension:* Interkulturelle Begegnungen; Religion und die transnationale Weltgesellschaft.

■ *Ökologische Dimension:* Globale Umweltprobleme; Klimawandel; Umweltprobleme in Entwicklungsländern – Luft, Wasser, Land.

■ *Wirtschaftliche Dimension:* Armut und Armutsbekämpfung; Entwicklungszusammenarbeit; Hunger und Ernährung; Millennium-Entwicklungsziele; Urbanisierung; Weltwirtschaft und Welthandel.

Dass zahlreiche Stichworte auch anders oder mehrfach zugeordnet werden können – „Migration und Flucht" z.b. wegen der zunehmend sicherheitspolitischen Brisanz des Phänomens unter der politischen Dimension oder „Gender und Entwicklung" wegen der grundsätzlichen Bedeutung der Geschlechterbeziehungen sowohl unter der wirtschaftlichen wie auch der politischen Dimension – unterstreicht den vernetzten Charakter von Entwicklungsprozessen. Verbesserungen im Gesundheitswesen sind ohne Frage ein wichtiger Beitrag zur Entwicklung; Entwicklung im umfassenden Sinn erfordert jedoch auch den Zugang zu Bildung für alle Menschen, das Recht auf freie Meinungsäußerung, das friedliche Zusammenleben von Menschen mit unterschiedlichem kulturellen Hintergrund, die Möglichkeit für die eigene Existenz zu arbeiten und unter gesicherten Umweltbedingungen zu leben, u.a.m. Nicht alles kann gleichzeitig erreicht werden, in Entwicklungsprozessen müssen Prioritäten gesetzt werden. Entwicklung im umfassenden Sinn kann aber nicht auf einen Faktor reduziert werden. Ein solches Verständnis von Entwicklung zu vermitteln, ist die Intention der 25 Stichworte in diesem Band.

Hinweise zur Nutzung des Handbuchs

Alle Autorinnen und Autoren des Handbuchs sind Experten mit langjähriger Erfahrung in ihren jeweiligen Themengebieten. Für dieses Handbuch haben sie sich bei der Abfassung ihrer Beiträge an eine knappe Vorgabe gehalten, was den Umfang der einzelnen Stichworte anbelangt, damit der Band facettenreich wird und zugleich überschaubar bleibt und seine Funktion als aktuelle und fundierte Informationsgrundlage zur Beschäftigung mit Entwicklungsproblemen in der politischen Bildung erfüllen kann.

Für die weiterführende Beschäftigung mit den einzelnen Themengebieten finden sich am Ende der Stichworte Literaturhinweise und Links mit entsprechenden Hinweisen. Sie geben Quellen wichtiger Publikationen an und benennen Links, die den Weg zu Informationsrecherchen im Internet weisen. Jeder weiß, wie umfangreich das Online-Angebot an Informationen heute ist. Insofern sind die vorgeschlagenen Links nur als Einstieg zu relevanten Informationsquellen zu verstehen. Alle Links sind vor Drucklegung noch einmal getestet worden. Aber im Zweifel kann die Eingabe der Dateinamen (z.B. UNDP Human Development Report) in Suchprogramme wie z.B. „google" direkt und viel schneller zum Ziel führen.

Zudem sind in den einzelnen Stichworten Verweispfeile eingefügt worden (z.B. ↗ **Nachhaltige Entwicklung**), um den Bezug zu anderen im Handbuch behandelten Stichworten anzuzeigen und besonders enge Diskussionszusammenhänge herzustellen. Das ist zum einen nützlich, um Überlappungen zu vermeiden und auf Themen hinzuweisen, die in einem Stichwort angesprochen werden, aber in einem anderen Stichwort ausführlich erörtert werden (z.B. der Verweis auf ↗ **Global Governance** im Stichwort zu Globalisierung und globaler Wandel). Vor allem aber wird auf diese Weise die Vernetzung verschiedener Aspekte und Dimensionen der Entwicklung im globalen Wandel immer wieder verdeutlicht.

Armut und Armutsbekämpfung

WALTER EBERLEI

Armut als globale Herausforderung

Wer in Entwicklungsländern von durchschnittlich weniger als zwei Dollar pro Tag (in lokaler Kaufkraftparität) leben muss, gilt nach der Definition der Weltbank als arm. Wer täglich gar weniger als einen Dollar zur Verfügung hat, lebt danach in *extremer* Armut (seit 2008: 1,25 Dollar). Im Unterschied zu diesem *absoluten* Armutsbegriff (ein bzw. zwei US-$) wird *relative* Armut in Industrieländern in der Regel daran gemessen, ob jemand über weniger als 50 oder 60 Prozent des mittleren Einkommens in dem jeweiligen Land verfügen kann. Armut wird in beiden Fällen statistisch als Einkommensarmut erfasst.

Dieses Armutskonzept wird zunehmend in Frage gestellt. Wie in Industrieländern geht auch die Armutsdebatte in Entwicklungsländern inzwischen von einem mehrdimensionalen Konzept aus (siehe zum Beispiel die *Berichte zur menschlichen Entwicklung* des UN-Entwicklungsprogramms UNDP, deren sozio-ökonomisch orientiertes Konzept sich als Alternative zum rein ökonomisch orientierten Konzept der Weltbank versteht).

Nicht zuletzt beeinflusst durch die theoretischen Arbeiten des Ökonomen und Nobelpreisträgers *Amartya Sen* über die verschiedenen *capabilities* (Möglichkeiten/Befähigungen) veröffentlichte der Entwicklungsausschuss des Industrieländer-Verbundes OECD im Jahr 2001 sein multidimensionales Armutskonzept, das weite Akzeptanz erfuhr und bis heute als maßgeblich für die internationale Armutsdebatte gelten kann. Das Konzept setzt sieben Dimensionen in Relation: Wirtschaftliche, sozio-kulturelle, politische, menschliche Aspekte, Schutzfaktoren sowie Geschlechtergerechtigkeit und das Leben in einer gesunden Umwelt. Diese Dimensionen sind nicht isoliert voneinander zu erfassen, sondern stehen in einem komplexen Wechselverhältnis (vgl. Schaubild 1).[1] Nachteil dieser multidimensionalen Konzeption ist allerdings die Erhebung von vergleichbaren Daten.

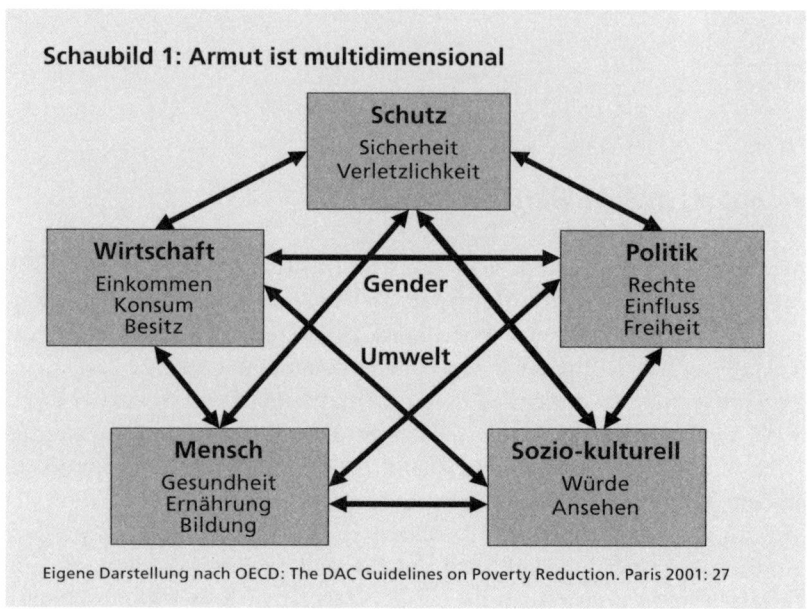

Schaubild 1: Armut ist multidimensional

Eigene Darstellung nach OECD: The DAC Guidelines on Poverty Reduction. Paris 2001: 27

Vor allem deshalb wird in der internationalen Debatte weiterhin mit der einkommensorientierten Armutsgrenze gearbeitet (nach einer 2008 erfolgten Revision liegt die Grenze für extreme Armut nun bei 1,25 Dollar Einkommen am Tag).[2] Demnach leben gegenwärtig 1,4 Milliarden Menschen

1   Ähnlich den Lebenslagenansätzen in Deutschland und im übrigen Europa wird hier also ein sehr umfassendes Konzept diskutiert, das zwar qualitativ den Anspruch erheben kann, ein ganzheitliches Bild von der Lebenssituation und den Lebenschancen von Menschen zu zeichnen, das aber ebenfalls vor erheblichen statistischen Problemen hinsichtlich einer aussagekräftigen Datenerhebung steht. Eine solche liegt bisher nicht umfassend vor. Aus diesen Gründen wird bei der Skizzierung internationaler Armutstrends und beim Vergleich von Entwicklungen auf Länderebene weiterhin vor allem der Indikator Einkommen verwendet, oft ergänzt durch die im genannten UNDP-Index zur menschlichen Entwicklung enthaltenen Indikatoren wie Bildung und Lebenserwartung.

2   Auf der Basis neuer – nach Angaben der Weltbank: verbesserter – statistischer Verfahren, vor allem aber aufgrund der Einsicht, man habe die für die Erreichung des absoluten Existenzminimums notwendigen Ressourcen in früheren Untersuchungen unterschätzt,

in extremer Armut. Den Daten der Weltbank zufolge ist die Zahl der extrem Armen rückläufig: Sie sank weltweit seit dem Jahr 1990 um mehr als 400 Millionen Menschen; der Anteil extrem Armer an der Weltbevölkerung ging von 41,6 auf 25,2 Prozent zurück. Ein genauerer Blick zeigt, dass diese Entwicklung weitgehend auf Erfolge bei der Armutsbekämpfung in China und anderen ostasiatischen Ländern zurückzuführen ist. Auch in Südasien sowie in Lateinamerika ist der Anteil der in extremer Armut lebenden Menschen an der Gesamtbevölkerung zurückgegangen, wenngleich nicht so stark wie in China. Insbesondere in Afrika südlich der Sahara ist die Lage jedoch kritisch (siehe Kasten „Armut in Afrika"). Positiv vermerkt die Weltbank eine Trendwende in der absoluten Zahl der extrem Armen: Während diese Zahl für die Entwicklungswelt ohne China noch bis Ende der 1990er-Jahre kontinuierlich anstieg, sei sie seither leicht zurückgegangen (um 80 Millionen zwischen 1999 und 2005). Dieser Rückgang in absoluten Zahlen ist aber ausschließlich in Ostasien zu verzeichnen.

Trotz dieser gemischten Bilanz hinsichtlich der ökonomischen Armutsdaten können die in den vergangenen Jahrzehnten erreichten sozialen Fortschritte nicht übersehen werden. In den sozialen Kernbereichen sind langfristige positive Trends zu verzeichnen: So ist der Anteil der Schülerinnen und Schüler, die eine Grundschule abschließen, seit dem Jahr 1990 in allen Teilen der Welt gestiegen. Ebenso kann seither weltweit ein Rückgang der Kindersterblichkeit verzeichnet werden. Und auch die Lebenserwartung steigt fast überall weiter an – Ausnahme bei diesem Indikator ist einmal mehr Subsahara-Afrika, wo die Lebenserwartung vor allem aufgrund der ↗HIV/AIDS Epidemie von 51 auf 46 Jahre sank.

Weltweite Armutstrends müssen nicht nur nach unterschiedlichen Regionen differenziert werden. Auch innerhalb der Kontinente entwickeln sich die Trends unterschiedlich: Während z.B. die Armut in einigen afrikanischen Ländern deutlich sinkt, stagniert sie in anderen oder steigt sogar.

hat die Weltbank 2008 eine Studie veröffentlicht, in der vorgeschlagen wird, künftig mit einer Grenze von 1,25 Dollar für extreme Armut zu operieren (CHEN / RAVAILLON 2008). Die 2-Dollar-Grenze für Armut blieb erhalten, wurde aber durch eine 2,50 Dollar-Grenze ergänzt. Durch diese Revision erhöhen sich die Gesamtzahlen der in extremer Armut lebenden Menschen auf 1,4 Milliarden. Hinsichtlich des globalen Rückgangs der Armut ergäbe sich daraus aber keine Änderung gegenüber früheren Schätzungen. Der Titel der Studie heißt denn auch: „Die Entwicklungswelt ist ärmer als wir dachten, aber nicht weniger erfolgreich in der Bekämpfung von Armut".

Auch innerhalb einzelner Gesellschaften sind erhebliche Disparitäten zwischen Reichen und Armen zu erkennen. In Ländern mit besonders hohen Ungleichheiten (z.B. Guatemala, Paraguay, Brasilien) entfallen über 60 Prozent des nationalen Einkommens auf das reichste Fünftel der Gesellschaft, während das ärmste Fünftel mit weniger als drei Prozent des Volkseinkommens auskommen muss. In Lateinamerika und in Subsahara-Afrika ist die Einkommenskonzentration besonders stark ausgeprägt.

Armut in Afrika

Mehr als die Hälfte der Bevölkerung in Subsahara-Afrika kämpft mit einem Einkommen von weniger als 1,25 US-Dollar pro Tag um ihr Überleben. Der jüngste Weltbank-Bericht geht allerdings für den Zeitraum 1990–2005 von einem leichten Rückgang des Anteils der Armen an der Bevölkerung auch in Subsahara-Afrika aus, von 57,9 auf 51,2 Prozent (CHEN/RAVAILLON 2008). Die absolute Zahl der in Armut lebenden Menschen auf dem afrikanischen Kontinent ist aber in diesem Zeitraum von 299 auf 390 Millionen angewachsen. Allerdings gibt es innerhalb des Kontinents signifikante Unterschiede zwischen verschiedenen Ländern, Erfolge hier, Rückschritte dort. Diese unterschiedlichen Entwicklungen können dadurch erklärt werden, dass neben den im globalen oder internationalen Umfeld verorteten (exogenen) Ursachen für Armutsentwicklungen vor allem auch die internen (endogenen) Ursachen der Armut erhebliche Auswirkungen zeigen: Zu letzteren zählen in einigen Ländern die Schwäche oder das vollständige Versagen einer staatlichen Wirtschafts- und Sozialpolitik, die Vernachlässigung der Landwirtschaft, Kriege und Konflikte, die Ausbreitung von HIV/AIDS, die Bevölkerungsentwicklung, ungleiche Geschlechterbeziehungen, ungünstige klimatische oder andere ökologische Faktoren und nicht zuletzt neopatrimoniale Herrschaftssysteme, die durch Personalismus, Klientelismus und Missbrauch von Staatsressourcen gekennzeichnet sind. In ihrer jeweiligen Gewichtung und Konstellation bestimmen diese endogenen Faktoren wesentlich darüber, ob Länder Fortschritte in der Bekämpfung von Armut verzeichnen können oder nicht. Zweifellos war aber das internationale wirtschaftliche Umfeld für die meisten Länder Subsahara-Afrikas in den vergangenen Dekaden unvorteilhaft und hat so die Bekämpfung von Armut erheblich erschwert oder gar zur weiteren Ausbreitung von Armut beigetragen. Die Folgen der Kolonialgeschichte wie auch die militärische und wirtschaftliche Unterstützung korrupter und diktatorischer politischer Regime zu Zeiten des Kalten Krieges und – in jüngerer Zeit – im Kontext des US-amerikanischen „Krieges gegen den Terror" haben ebenfalls ihre Spuren im Armutsprofil hinterlassen.

Eine weitere innergesellschaftliche Differenzierung betrifft die besondere Situation von Frauen, die wesentlich häufiger und stärker von Armut betroffen sind als Männer (↗ **Gender und Entwicklung**), sowie die Unterscheidung von ländlichen und städtischen Armutssituationen. Drei Viertel der absolut Armen weltweit leben auf dem Land und werden von Maßnahmen der Armutsbekämpfung bisher unzulänglich erfasst.

Seit fünf Jahrzehnten gibt es eine anhaltende internationale Debatte über die Ursachen von Armut, die sehr stark in die grundlegenden Auseinandersetzungen über Entwicklungsfragen eingebettet ist (↗ **Entwicklungstheorien**). Seit den 1990er-Jahren dominiert die Auffassung, dass Armut und Armutsentwicklungen (positiv wie negativ) durch ein Geflecht von endogenen wie exogenen Faktoren beeinflusst werden. Erkennbar wird inzwischen, dass die Ursachen dafür, dass Armutstrends so unterschiedlich verlaufen, sich sogar innerhalb eines einzigen Kontinents nicht eindeutig zuweisen lassen. Für die sehr unterschiedlichen Trends weltweit gilt dies umso mehr. Länderspezifische Analysen in Kombination mit einer differenzierten Analyse des internationalen Umfelds für Entwicklung und Armutsbekämpfung sind deshalb unerlässlich (siehe Kasten „Armut in Afrika").

Armutsbekämpfung – die Suche nach den richtigen Wegen

Spätestens seit der Verabschiedung der ↗ **UN-Millennium-Entwicklungsziele** (MDGs) ist die Bekämpfung von extremer Armut in das Zentrum entwicklungspolitischer Arbeit gerückt. Parallel zur globalen Debatte über Armut sind in den vergangenen zehn Jahren in fast allen Entwicklungsländern nationale Strategien zur Armutsbekämpfung entwickelt worden, in über 60 *ärmsten* Ländern sind dies die sogenannten *Poverty Reduction Strategies* (PRS). Die Einführung von PRS spiegelt zum einen die genannte globale Debatte wider, zum anderen aber auch die Suche nach einer Alternative zu den gescheiterten Strukturanpassungsprogrammen der 1980er- und 1990er-Jahre. Armutsstrategiepapiere sind ferner eine Auflage von Weltbank, IWF und anderen Gebern für die Gewährung von Schuldenerlassen.

Die PRS sind von den Entwicklungsländern in Eigenverantwortung und unter Beteiligung zivilgesellschaftlicher Gruppen zu entwickeln und sollen systematisch auf die Erreichung der MDGs abzielen. Die PRS werden in einem laufenden Prozess beobachtet, ausgewertet und angepasst; alle drei bis fünf Jahre schlägt sich dies nach einer umfassenden Evaluierung in einer neuen „Generation" der Strategie nieder.

Es ist noch recht früh, generelle Aussagen über die Wirksamkeit der PRS zu machen. Von der Formulierung eines Strategiepapiers zur Entwicklung von Politikmaßnahmen und der Implementierung dieser Maßnahmen auf lokaler Ebene bis hin zu einer messbaren Wirkung für die Armen selber vergehen etliche Jahre. Die PRS haben aber mit Sicherheit dazu beigetragen, das Thema Armutsbekämpfung international und in einzelnen Ländern als wichtiges Thema zu verankern. Auch die Beschäftigung mit den Wirkungen von Regierungspolitik auf die Lebenslagen armer Menschen hat durch die PRS-Prozesse stark zugenommen. Nach Angaben von IWF und Weltbank haben sich auch die Ausgaben für die Armutsbekämpfung erhöht. Dennoch bleiben große Herausforderungen bestehen: PRS sind zunächst einmal Strategiepapiere und Papier ist geduldig. Die Umsetzung der darin enthaltenen Ansätze unterliegt zahlreichen Schwierigkeiten: Mangelnde Kapazitäten, technische Fehler, unzureichende Finanzmittel einschließlich zu geringer oder schlecht koordinierter Unterstützung durch die internationalen Geber, nicht zuletzt aber schlicht fehlender politischer Wille dürften dabei zu den wichtigsten Faktoren zählen.

Eine große Chance der PRS liegt in ihrem partizipativen Ansatz. Die mangelnde Einbeziehung der Zivilgesellschaft in die Erstellung und Umsetzung von Strategien zur Armutsbekämpfung bzw. Entwicklungsstrategien der früheren Jahre und Jahrzehnte war als ein struktureller Fehler dieser Programme erkannt worden. Politisches *Empowerment* der Armen soll nun sicherstellen, dass sich ihre Interessen auch in der Formulierung und Umsetzung von Armutsbekämpfungsstrategien niederschlagen. Tatsächlich ist festzustellen, dass zivilgesellschaftliche Akteure in vielen Ländern in die PRS-Prozesse einbezogen waren, fast durchgängig in einem Maße, das es vor der Einführung des Ansatzes nicht gegeben hatte. Von einem *Empowerment* der Armen kann allerdings nur in Ausnahmefällen die Rede sein. Eine tiefreichende und nachhaltige Partizipation hat es nur in einer kleineren Gruppe der PRS-Länder gegeben.

Die Regierungen der Industrieländer unterstützen die neue Armutsorientierung in der Entwicklungspolitik. Sie haben sich verpflichtet, ihre ↗ Entwicklungszusammenarbeit darauf auszurichten, nationale Strategien der Armutsbekämpfung zu fördern. Mehr Geld für diesen Zweck wurde vielfach in Aussicht gestellt und insgesamt gesehen haben sich die Ausgaben für die armutsorientierte Entwicklungshilfe in den vergangenen zehn Jahren deutlich erhöht (wenngleich langsamer als angekündigt und mit besorgniserregenden Rückgängen in den Jahren 2006 und 2007).

Die Bundesregierung hat die Armutsbekämpfung zum „überwölbenden Ziel" ihrer Entwicklungspolitik erklärt – die Diskussion über die erfolgreiche Umsetzung dieses Anspruchs reißt allerdings nicht ab (vgl. z.B. die jährlichen Berichte *Zur Wirklichkeit der Entwicklungshilfe* von terre des hommes und der Deutschen Welthungerhilfe).

Neben einer Aufstockung der Finanzmittel für die Entwicklungszusammenarbeit verpflichteten sich die Industrieländer, ihre Entwicklungsarbeit im Süden besser zu koordinieren, gar zu harmonisieren (die entsprechende Selbstverpflichtung ist in der *Paris Declaration on Aid Effectiveness* (↗ **Entwicklungszusammenarbeit**) formuliert worden), und ihre Arbeit strikt auf die Unterstützung der nationalen Armutsbekämpfungsstrategien (PRS) auszurichten. Tatsächlich sind in diesem Feld einige Fortschritte zu verzeichnen, wenngleich Anspruch und Wirklichkeit noch immer weit auseinanderklaffen.

Die Bekämpfung von Armut in Entwicklungsländern obliegt seit Jahrzehnten nicht nur staatlichen Akteuren oder staatlich organisierten Strategien und Ansätzen. Zivilgesellschaftliche Akteure, insbesondere auch lokale gesellschaftliche Selbsthilfegruppen, traditionale lokale Institutionen oder religiöse Organisationen haben auch in den Gesellschaften Afrikas, Asiens und Lateinamerikas eine Geschichte, die lange vor dem 20. Jahrhundert begonnen hat. Nach dem II. Weltkrieg jedenfalls entwickelten sich sowohl in den Kontinenten des Südens selber als auch in den Industrieländern zahlreiche entwicklungsorientierte zivilgesellschaftliche Akteure, die sich durch politische Lobbyarbeit, vor allem aber durch umfangreiche Projekt- und Programmhilfe für mehr soziale Gerechtigkeit in ihren Gesellschaften sowie zwischen dem Norden und dem Süden der Welt im Allgemeinen einsetzen und sich im Besonderen für die Bekämpfung von Armut engagieren.

Voraussetzungen für eine erfolgreiche Armutsbekämpfung

Ein Königsweg zur Bekämpfung extremer Armut weltweit ist nicht erkennbar und – angesichts der multidimensionalen Aspekte von Armut und ihrer vielfältigen und komplex verwobenen Ursachen – auch nicht möglich. Die sehr unterschiedlichen Wirklichkeiten, in denen sich Entwicklungsländer befinden, verbieten ein Denken in Schwarz-Weiß-Kategorien und Blaupausen. Das vor gut zehn Jahren neu etablierte Prinzip der *country ownership* von Strategien, also die eigenverantwortliche Gestaltung von Entwicklungsstrategien, die der jeweiligen Lage des Landes entsprechen, ist damit zu einem zentralen Eckpfeiler der Armutsbekämpfung geworden.

Auf der Basis der bisherigen Erfahrungen lassen sich gleichwohl einige grundlegende Voraussetzungen für eine erfolgreiche Armutsbekämpfung erkennen. Dazu zählen:

- eine *armutsorientierte Regierungsführung*. Sie liegt in der Verantwortung der politischen Eliten des Südens. Dies bezieht sich einerseits auf transparente politische Prozesse, in denen die Interessen der armen Bevölkerungsgruppen Gewicht erhalten und Regierungen ihren Bevölkerungen Rechenschaft über ihre Politik ablegen. Andererseits geht es darum, konkrete und kreative politische Programme und Maßnahmen zu entwickeln, die den Armen tatsächlich dienen. Wenn zum Beispiel allüberall erkannt wird, dass „Armut vor allem weiblich ist", was bedeutet das für eine armutsorientierte Regierungspolitik?
- die *politische Partizipation* zivilgesellschaftlicher Akteure. Diese stärkt die Kreativität bei der Entwicklung armutsorientierter politischer Strategien und verbessert Transparenz sowie die Rechenschaftslegung staatlichen Handelns.
- eine *armutsorientierte Entwicklungszusammenarbeit* einschließlich ausreichender Finanztransfers zur Unterstützung von Armutsbekämpfung im Süden.

Darüber hinaus haben eine Reihe weiterer Rahmenbedingungen Einfluss auf die Entwicklung globaler Armut: die globalen Wirtschaftsbeziehungen (↗ Weltwirtschaft) und die Frage, welche Chancen Entwicklungsländer darin haben; ökologische Entwicklungen (Klima, Verwüstung, Naturkatastrophen u.a.m.), die Überwindung der Ungleichheit von Wissensressourcen (digital gap u.a.); geostrategische Interessen, die einer Armutsorientierung der Geber entgegenstehen; und andere mehr (siehe die verschiedenen Beiträge in diesem Band). Armutsbekämpfung ist keine Sozialpolitik im engeren Sinne, sondern eingebettet in eine Politik der globalen ↗ nachhaltigen Entwicklung.

▶ **Literatur**

Chen, Shaohua/Martin Ravaillon: The Developing World Is Poorer Than We Thought, But No Less Successful in the Fight against Poverty (= World Bank Policy Research Working Paper, 4703). Washington, D.C. 2008

Collier, Paul: Die unterste Milliarde. Warum die ärmsten Länder scheitern und was man dagegen tun kann. München 2008

Eberlei, Walter (Hrsg.): Stakeholder Participation in Poverty Reduction (= INEF Report 86/2007). Duisburg 2007 (Online: http://inef.uni-due.de)

Peripherie, Nr. 107, Sept. 2007 (Sonderheft zum Thema „Millenniumsziele/Entwicklung von Armut")

Siebold, Thomas: Armutsorientierte Entwicklung mithilfe von PRSPs. Eine Zwischenbilanz für Subsahara-Afrika (= INEF-Report 95/2008). Duisburg 2008 (Online: http://inef.uni-due.de)

Sen, Amartya: Ökonomie für den Menschen. Wege zu Gerechtigkeit und Solidarität in der Marktwirtschaft. München 2000

▶ **Links**

UNDP (United Nations Development Programme): Human Development Report, jährlich (u.a. HDR 1997 "Human Development to Eradicate Poverty") (http://hdr.undp.org)

United Nations: Millennium Development Goals Report, jährlich (sowie weitere UN-Dokumente) (www.un.org/millenniumgoals/documents)

VENRO (Informationen zu PRS-Prozessen, insbesondere zivilgesellschaftliche Beteiligung) (www.prsp-watch.de)

Weltbank: World Development Report, jährlich (u.a. WDR 2001/2002 "Attacking Poverty") (http://econ.worldbank.org/wdr)

Weltbank (Dokumentation nationaler Armutsstrategien der ärmsten Länder sowie zahlreiche ergänzende Papiere) (http://web.worldbank.org/prsp)

Bildung

CHRISTEL ADICK

Bildung – ein Menschenrecht

In den letzten etwa 200 Jahren ist die Bedeutung von ,Bildung' weltweit enorm und praktisch unaufhaltsam gestiegen. Während noch im 19. Jahrhundert auch in ,westlichen' Ländern längst nicht alle Menschen alphabetisiert waren, haben inzwischen fast alle Länder dieser Welt die Schulpflicht eingeführt. Damit wurde die Erfindung der Schule in den frühen Hochkulturen des Vorderen Orients (Ägypten, Babylonien), die über 4.000 Jahre zurück datiert, in der Form nationaler Bildungssysteme heutzutage faktisch und vom Anspruch her universal (ADICK 1992). Bildung hat inzwischen den Rang eines weltweit anerkannten ↗ Menschenrechts erhalten, auch wenn damit noch nicht garantiert ist, dass alle Menschen dieser Welt auch tatsächlich gleichen Zugang zu Bildung haben. Dieser Bedeutungszuwachs von Bildung darf jedoch nicht dergestalt missverstanden werden, als seien die Menschen vorher oder jene ohne Schulbesuch allesamt ,ungebildet' (gewesen). Auch in nichtliteraten Gesellschaften und Bevölkerungsgruppen erwerben Menschen ,Bildung', sei es durch praktisches Handeln und Nachahmen (learning by doing), sei es in mehr oder weniger institutionalisierten Formen religiöser Erziehung oder durch landwirtschaftliche und handwerkliche Ausbildung.

Bildungssysteme in den Entwicklungsländern

Blickt man in historischer Perspektive auf die Bildungsentwicklungen in der ,Einen Welt', so zeigt sich, dass moderne nationalstaatlich organisierte Schulsysteme in vielen Gebieten dieser Erde im Zuge bzw. als Folge der europäischen Expansion nach Übersee entstanden sind: Eroberung, Handel und Ausbreitung des Christentums gingen von Anfang an Hand in Hand.

Kolonialisierung und Missionierung erfolgten zwar nicht immer synchron und mit gleichen Interessen und Mitteln; dennoch wäre es verfehlt anzunehmen, sie hätten nichts miteinander zu tun. Die Missionsschule war in vielen heutigen Entwicklungsländern schulgeschichtlich betrachtet das Einfallstor ‚westlicher‘ (‚moderner‘) Bildung, insbesondere in Gesellschaften, die vorher keine Schule kannten. Daneben existierten in den meisten Fällen koloniale Regierungsschulen, mit großen Unterschieden je nach Kolonialmacht (KEITA 1983). Alle Kolonialmächte versuchten jedoch, die einheimischen Erziehungs- und Bildungspraxen ihrer Bildungspolitik zu unterwerfen und die Missionsschularbeit zu reglementieren. Die entstandenen Bildungssysteme spiegelten in gewisser Weise die ihrer kolonialen ‚Mutterländer‘, waren aber keine identischen Kopien; z.B. wurde weiterführende und akademische Bildung den ‚Kolonialuntertanen‘ soweit wie möglich vorenthalten. Auch Deutschland hat Missions- und Kolonialpädagogik betrieben (Quellenmaterial dazu in ADICK/MEHNERT 2001), was allerdings im öffentlichen Bewusstsein kaum präsent ist, u.a. weil die deutsche Kolonialära bereits mit dem I. Weltkrieg ihr Ende fand.

In der Schulgeschichtsschreibung vieler Dritte-Welt-Länder wird die moderne Schule meist als ‚Kolonialerbe‘ bzw. als ‚westliches‘ Bildungsmodell betrachtet. Denn bei ihrer politischen Unabhängigkeit resultierten bestimmte Erscheinungen wie regionale Gefälle oder stärkere Einschulungsquoten bei bestimmten Ethnien aus den wirtschaftlichen und politischen Interessen der (ehemaligen) Kolonialmächte. Dennoch waren die ‚Kolonialuntertanen‘ nicht nur passive Rezipienten der missions- und kolonialpädagogischen Einflüsse. Obwohl sie selten formale Machtbefugnisse hatten, gab es Handlungsspielräume, die auch genutzt wurden (‚Abstimmung mit den Füßen‘, d.h. Besuch bestimmter und Ablehnung anderer Schulangebote, Gründung eigener Schulen, Mitarbeit vieler einheimischer Lehrer/-innen im Schulsystem). Bei einer Gesamtbetrachtung müssen daher auch die Eigeninitiativen und Adaptationen der einheimischen Bevölkerung gewürdigt werden.

In vielen Weltregionen (China, Indien, Japan, islamische Länder) existierten jedoch bereits seit Jahrhunderten Schrift und Zahl (literacy and numeracy) sowie schulische Institutionen (Tempelschulen, Koranschulen, Ausbildung von Beamtennachwuchs). In diesen Gebieten führten die ‚westlichen‘ Einflüsse, die durch kolonialen Export oder durch selbstgewählten Import (Beispiel Japan) zustande kamen, dazu, dass sich die indigenen

Bildungswesen änderten und die moderne Schule adaptiert wurde. Gerade in islamischen Ländern findet sich aber bis heute ein Dualismus von (teils modernisierten) islamischen Bildungseinrichtungen neben modernen, als ‚westlich' etikettierten, staatlich gelenkten öffentlichen Schulsystemen.

Formale und nonformale Bildung

In verschiedenen Theoriediskussionen wird argumentiert, das dominante Modell von ‚Bildung' sei heutzutage – ungeachtet unterschiedlicher historischer Hintergründe und gesellschaftlicher Bedingungen – weltweit recht standardisiert: Schulpflicht, eine gestufte Bildungslaufbahn, Zeugnisse und Abschlusszertifikate, Lehrpläne und ausgebildete Lehrpersonen machten den Kern weltweit strukturell ähnlicher nationaler Bildungssysteme aus (ADICK 2008, Kap. 5 u. 6). Stehen diese Institutionen ‚formaler' schulischer Bildung nicht in ausreichender Zahl zur Verfügung bzw. haben die Menschen keine Chance gehabt, zur Schule zu gehen, so tritt häufig ‚nonformale Bildung' an deren Stelle (LENHART 1993; LANG-WOJTASIK 2001). Dies geschieht z.B. in Gestalt von Grundbildungsprojekten, in denen neben Lesen, Schreiben und Rechnen berufliche Qualifikationen für ein Erwerbsleben meist im informellen Sektor sowie basale gesundheits- und lebensweltliche Kenntnisse (life skills) vermittelt werden. Im Unterschied zum formalen Schulwesen bieten nonformale Bildungsmodelle Chancen, marginalisierte Bevölkerungsgruppen zu erreichen; sie können zudem eigene Unterrichtsmodelle entwickeln und adressatenspezifisch ausgelegt werden (z.B. auf Mädchen, Straßenkinder, ländliche Bevölkerungsgruppen). Nachteilig ist jedoch, dass nonformale Bildung nur selten mit anerkannten Zertifikaten einhergeht, wodurch ein Übergang ins formale Bildungssystem kaum möglich ist. Zur nonformalen Bildung zählen auch Alphabetisierungsprojekte und Maßnahmen zur beruflichen Weiterbildung, die sich an Erwachsene wenden. Der Übergang zu dem inzwischen weltweit, d.h. auch in Industrie- und Schwellenländern, von internationalen Organisationen wie der UNESCO, aber auch der OECD, geforderten ‚lebenslangen Lernen' (lifelong learning) ist hier fließend.

*Unterricht in einer Schule in Indien: Bildung ist eine elementare Voraus-
setzung für Entwicklung*
Foto: © Curt Carnemark/Weltbank

Education for All (EFA) / Bildung für alle

Langfristig bedeutsam ist das Programm „Education for All" (EFA), das
von UNESCO, UNICEF, Weltbank und UNDP (United Nations Development Programme) 1990 in Jomtien/Thailand ins Leben gerufen und in einer
‚Weltbildungsdeklaration' niedergelegt wurde, in der das allgemeine Menschenrecht auf Bildung noch einmal eigens bekräftigt und inhaltlich präzi-
siert wurde. In der Kontroverse darüber, ob das vorrangige Ziel eine Grundbildung für alle, also auch Erwachsene, einschließlich nonformaler Bildung,
sei (UNESCO), oder ob man sich vor allem um die Grundschulbildung, d.h.
die flächendeckende Einschulung aller Kinder in eine mindestens sechs-
jährige Primarschule kümmern solle (Weltbank), setzte sich folgende weite
Definition von Grundbildung durch: „Jede Person, ob Kind, Jugendlicher
oder Erwachsener, muss in der Lage sein, Bildungschancen entsprechend
ihren grundlegenden Lernbedürfnissen wahrzunehmen. Dazu gehören sowohl die wichtigsten Lernmittel (Lesen, Schreiben, mündlicher Ausdruck,
Rechnen und das Lösen von Problemen) als auch grundlegende Lerninhalte

Die Education for All-Ziele von Dakar

Ziel 1: Frühkindliche Förderung und Erziehung soll ausgebaut und verbessert werden, insbesondere für benachteiligte Kinder.

Ziel 2: Bis 2015 sollen alle Kinder – insbesondere Mädchen, Kinder in schwierigen Lebensumständen und Kinder, die zu ethnischen Minderheiten gehören – Zugang zu unentgeltlicher, obligatorischer und qualitativ hochwertiger Grundschulbildung erhalten und diese auch abschließen.

Ziel 3: Die Lernbedürfnisse von Jugendlichen sollen durch Zugang zu Lernangeboten und Training von Basisqualifikationen (life skills) abgesichert werden.

Ziel 4: Die Alphabetisierungsrate unter Erwachsenen, besonders unter Frauen, soll bis 2015 um 50 % erhöht werden. Der Zugang von Erwachsenen zu Grund- und Weiterbildung soll gesichert werden.

Ziel 5: Bis 2005 soll das Geschlechtergefälle in der Primar- und Sekundarbildung überwunden werden. Bis 2015 soll Gleichberechtigung der Geschlechter im gesamten Bildungsbereich erreicht werden, wobei ein Schwerpunkt auf der Verbesserung der Lernchancen für Mädchen liegen muss.

Ziel 6: Die Qualität von Bildung muss verbessert werden.

Quelle: Deutsche UNESCO-Kommission/Bundesministerium für wirtschaftliche Zusammenarbeit und Entwicklung (Hrsg.): Weltbildungsbericht 2008. Bildung für alle bis 2015 – Werden wir es schaffen? Bonn 2008: S. 3

(Kenntnisse, Fertigkeiten, Werte und Haltungen." (Art. 1, Weltdeklaration ‚Bildung für alle'). Die Ziele von Jomtien richteten sich daher auf die flächendeckende Einschulung aller Kinder, die Reduzierung der Zahl der Analphabeten und den gleichen Zugang beider Geschlechter zu Bildung bis zum Jahr 2000. Auf dem EFA-Weltbildungsforum in Dakar/Senegal (2000) zeigte sich jedoch, dass diese Ziele weit verfehlt wurden. Zwar waren einige Verbesserungen eingetreten, aber die ernüchternde Bestandsaufnahme resultierte in einer Neuformulierung der Ziele bis zum Jahre 2015 (MÜLLER/ HINZEN 2001).

Die in Dakar formulierten Ziele decken sich teilweise mit den ↗ **Millennium-Entwicklungszielen** (MDGs), die eine flächendeckende Durchsetzung kostenloser Primarschulbildung (Universal Primary Education) bis 2015 vorsehen (MDG-Ziel 2), was als Ziel auch zuvor in der UN-Kinderrechtskonvention von 1989 bereits eindringlich bekräftigt worden war. Ferner soll die Gleichstellung der Geschlechter und die Förderung von Mädchen und Frauen erreicht werden (MDG-Ziel 3), ein Anliegen, das auch für den EFA-Prozess zentral ist. Wegen dieser Überschneidungen wird das EFA-Programm oft vorschnell nur mit ‚Bildungsproblemen der Dritten Welt‘ assoziiert. Hingegen sei betont, dass es sich um ein internationales Programm handelt, an dem sich praktisch alle Länder dieser Welt beteiligen, darunter auch Deutschland, wo z.B. das Ziel des Ausbaus der frühkindlichen Erziehung besonders relevant ist.

Programme internationaler Organisationen werden in ihrer Bedeutsamkeit und Effektivität unterschiedlich eingeschätzt. Mit Hinweis auf die geringen Erfolge von Jomtien, im Blick auf die Probleme bei der Umsetzung der EFA-Ziele in landesspezifische Bildungspolitik und deren praktische Verwirklichung, sowie in Anbetracht von so manchen leeren Versprechungen der reichen Industrieländer, z.B. auf den Gipfeltreffen der G8-Staaten, sich finanziell massiv für die Förderung von Bildungsmaßnahmen in den armen Ländern einzusetzen, ist Skepsis angebracht, ob die Bildungsziele von Dakar tatsächlich bis zum Jahre 2015 realisiert werden. Im Unterschied zur ersten Etappe von ‚Education for All‘ von Jomtien bis Dakar wird der EFA-Prozess jedoch nunmehr durch eine kontinuierliche Begleitforschung in Gestalt von „Global Monitoring Reports" in Gang gehalten, um die Initiativen nicht wieder im Sande verlaufen zu lassen. Die UNESCO ist für die globale Koordination zuständig und macht alle EFA-Dokumente über ihre Webseite weltweit kostenlos zugänglich. Die umfangreichen und inhaltlich

EFA Weltbildungsberichte
(deutsche Kurzfassung der EFA Global Monitoring Reports)

2008	Bildung für alle bis 2015 – Werden wir es schaffen?
2007	Bildung für alle: Solide Grundlagen. Frühkindliche Förderung und Erziehung
2006	Bildung für alle: Alphabetisierung weltweit
2005	Bildung für alle: Verpflichtung zur Qualität
2003/2004	Bildung für alle: Gleichstellung der Geschlechter

Quelle: Deutsche UNESCO-Kommission (Online: http://www.unesco.de/efareport.html)

anspruchsvollen „Global Monitoring Reports", in deutscher Sprache in einer Kurzfassung als „Weltbildungsberichte" zugänglich (siehe Kasten), informieren die interessierte Öffentlichkeit über die erreichten oder noch ausstehenden Fortschritte und bringen damit möglicherweise nationale und internationale Regierungs- und Nichtregierungsorganisationen in Zugzwang, sich verabredungsgemäß zu engagieren. Neben massenmedialen und bildungspolitischen Funktionen sind diese Weltbildungsberichte auch für die Bildungsforschung und die Bildungsarbeit von Interesse, weil dadurch jeweils zu verschiedenen Themen gebündelte Daten zu unzähligen Ländern, teils ausgewertet nach Ländergruppen, zur Verfügung gestellt werden, sodass sich Wissenschaftler, Studierende, Lehrpersonen, Aktionsgruppen und Hilfsorganisationen über die aktuelle Bildungssituation von beispielsweise Partnerländern informieren können.

Einige Schlaglichter aus dem Global Monitoring Report von 2008 lauten wie folgt: Die Zahl der Primarschüler erhöhte sich weltweit von 647 Mio. (1999) auf 688 Mio. (2005). Die Einschulungsquoten stiegen von 83 % auf 87 %. Insbesondere war eine Zunahme im subsaharischen Afrika und in Süd- und Westasien zu verzeichnen. Dennoch werden wohl an die 60 Länder das Ziel eines flächendeckenden Primarschulbesuchs bis 2015 verfehlen. Im Primarschulbereich tendiert die Entwicklung bei drei Viertel aller Länder hin zu Geschlechtergleichheit (gender parity). Im Sekundarschulbereich haben jedoch erst knapp die Hälfte (47 %) der Länder gleichen Zugang für Mädchen und Jungen verwirklicht. 23 Länder, in denen vorher noch keine Schulpflicht herrschte, haben diese inzwischen offiziell eingeführt; damit herrscht in 95 % der ca. 200 bei der UNESCO organisierten Länder und Territorien Schulpflicht. Ferner wurden mehrere Indizes eingeführt, durch die die Länderresultate vergleichbar werden, so z.B. der GPI (Gender Parity Index) zur Messung der Geschlechter(un)gleichheit, oder der EDI (Education Development Index), in dem verschiedene Bildungsdaten (diverse Alphabetisierungs- und Schulbesuchsraten) gebündelt sind. Mit all diesen und weiteren Maßnahmen ist eine menschheitsgeschichtlich bisher wohl einmalige globale Bildungsberichterstattung in Gang gesetzt worden, die geradezu als ein Musterbeispiel für das Feld ‚Internationale Bildungspolitik' gelten kann. Denn im EFA-Prozess sind internationales Bildungsmonitoring, evidenzbasierte Bildungsforschung, nationale Bildungsplanungen und internationale Bildungskooperationen eng miteinander verzahnt. Auch wenn etliche Länderdaten lückenhaft oder vielleicht ‚geschönt' sind, um in den Augen der Weltöffentlichkeit Fortschritte zu signalisieren, so ist doch nicht von der Hand zu weisen, dass der EFA-Prozess dank seiner Daten gestützten Herangehensweise die ihm gebührende Aufmerksamkeit für die weltweiten Bildungsentwicklungen beanspruchen kann.

▶ **Literatur**

Adick, Christel: Die Universalisierung der modernen Schule. Paderborn 1992

Adick, Christel: Vergleichende Erziehungswissenschaft. Eine Einführung. Stuttgart 2008

Adick, Christel/Wolfgang Mehnert: Deutsche Missions- und Kolonialpädagogik in Dokumenten. Frankfurt 2001

Keita, Modibo: Erziehung und Entwicklung in der Dritten Welt. Problematik des Transfers von Bildungsinstitutionen und -ideen in die Länder der Dritten Welt. Heidelberg 1983

Lang-Wojtasik, Gregor: Bildung für alle! Bildung für alle? Zur Theorie nonformaler Primarbildung am Beispiel Bangladesh und Indien. Münster 2001

Lenhart, Volker: Bildung für alle. Zur Bildungskrise in der Dritten Welt. Darmstadt 1993

Müller, Josef/Heribert Hinzen (Hrsg.): Bildung für alle – lebenslang und lebenswichtig. Bonn 2001

Zeitschrift für internationale Bildungsforschung und Entwicklungspädagogik. Themenheft „Education for All – fünf Jahre nach Dakar", 28. Jg., Heft 1, 2005

▶ **Links**

Deutsche UNESCO-Kommission (Informationen und Dokumente, speziell Kurzfassungen der Weltbildungsberichte in Deutsch) (www.unesco.de)

UNESCO (Dokumente zur internationalen Bildungspolitik, inklusive EFA Global Monitoring Reports in voller Länge) (www.portal.unesco.org/education)

World Declaration on Education for All (www.unesco.org/education/efa/ed_for_all/background/jomtien_declaration)

Demokratie / Good Governance / Partizipation / Empowerment

CHRISTOF HARTMANN

Der Zusammenhang von Politik und Entwicklung wurde lange Zeit sowohl in der Entwicklungspraxis als auch der Entwicklungstheorie vernachlässigt. Entwicklungszusammenarbeit blendete traditionell politische Rahmenbedingungen bei der Planung von Projekten und Programmen aus.

Demokratie

Politische Faktoren waren sicherlich seit jeher von Bedeutung für die Frage, mit welchen Ländern überhaupt Entwicklungszusammenarbeit betrieben wurde. Dabei spielte jedoch die demokratische Herrschaftsform keine Rolle, im Mittelpunkt stand die Positionierung der jeweiligen Regime im Ost-West-Konflikt. Auch für die wesentlichen ↗ entwicklungstheoretischen Ansätze der 1960er-, 70er- und 80er-Jahre war Demokratie von untergeordneter Bedeutung. Der Modernisierungstheorie galt der Entwicklungsweg der westlichen Industriegesellschaften als Vorbild. Durch nachholende Entwicklung würden die Entwicklungsländer nicht nur Industrialisierung, sondern auch das Endziel der liberalen Demokratie erreichen. Wirtschaftliche und soziale Entwicklung wurde als Voraussetzung für Demokratie, Partizipation in unvollständig institutionalisierten politischen Systemen als Entwicklungshindernis angesehen. Für die dependenztheoretischen Ansätze war im Rahmen des bestehenden Weltwirtschaftssystems Demokratie an der Peripherie genauso wenig durchsetzbar wie eine eigenständige wirtschaftliche Entwicklung. Aus dieser Perspektive führte die internationale Arbeitsteilung entweder zur Installation von Marionettenregimen in den Entwicklungsländern, die die Interessen der Metropolen repräsentierten, oder zur Ausprägung eines bürokratisch-autoritären Staates, der die Interessen der besitzenden Klassen und Mittelschichten verteidigte.

Zusammenfassend lässt sich sagen, dass für die beiden entwicklungstheoretischen Paradigmen der 1960er- und 70er-Jahre Demokratie als Herrschaftsform entweder als irrelevant oder hinderlich für Entwicklung angesehen wurde.

Einschätzungen über die Bedeutung der Demokratie für Entwicklung änderten sich seit den frühen 1990er-Jahren. In vielen Entwicklungsländern wurde der Ruf nach Demokratie laut, weil das Ende des globalen Systemkonflikts die autoritären Regime schwächte, aber auch weil diese das Versprechen der nachholenden Entwicklung nicht eingelöst hatten. Neuere entwicklungstheoretische Ansätze, die neben Wirtschaftswachstum den Aspekt der Nachhaltigkeit ins Zentrum rückten, begannen Demokratie als wesentliche Teildimension von Entwicklung selbst zu begreifen. Nobelpreisträger Amartya Sen stellte die fundamentale Bedeutung individueller Freiheiten innerhalb eines umfassenden Entwicklungsbegriffs heraus. Nohlen und Nuscheler hatten bereits in ihrem „magischen Fünfeck der Entwicklung" auf politische Beteiligung als einer wesentlichen Entwicklungsdimension hingewiesen. An der Schwelle des 21. Jahrhunderts begannen auch das Entwicklungsprogramm der Vereinten Nationen (UNDP 2002) und selbst die Weltbank in ihren Publikationen auf die Bedeutung der Demokratie für eine ↗ nachhaltige Entwicklung hinzuweisen. Geberstaaten machten Demokratisierung nun zu einer Bedingung für entwicklungspolitische Kooperation mit Empfängerländern, obgleich hier schnell deutlich wurde, dass sich verschiedene Geber kaum auf einen universalen Standard zur Bewertung tatsächlicher politischer Reformprozesse einigen konnten.

Von der Klärung des Demokratiebegriffs selbst hängt in der Tat ab, welche potenzielle Bedeutung Demokratie für Entwicklungsprozesse haben kann. Ein *prozeduraler* Demokratiebegriff versteht Demokratie als Set an Regeln und Institutionen, die das politische System eines Landes und das Verhalten der politischen Akteure bestimmen. Demokratien würden sich demnach durch die Geltung einer Reihe von Prozeduren auszeichnen, die umfassende politische Partizipation und vollständigen Wettbewerb gewährleisten, wie etwa freie und faire Wahlen, umfassende politische Rechte und Entscheidungen durch gewählte Regierungen. Der prozedurale Demokratiebegriff wurde in Frage gestellt unter Verweis auf die spezifischen gesellschaftlichen, wirtschaftlichen und kulturellen Rahmenbedingungen von Entwicklungsländern, in denen die Geltung solcher ‚formaler Regeln' lediglich unterschiedliche Versionen von Elitenherrschaft stabilisiere und eine effektive Teilhabe von marginalisierten Gruppen verhindere. *Materielle* Demokratiedefinitionen binden diese hingegen an die Durchsetzung bestimmter Ergebnisse im politischen Prozess wie Gerechtigkeit oder Gleichheit, bei denen wahlweise der Staat oder die Zivilgesellschaft als Motor und Hoffnungsträger von entsprechenden Veränderungsprozessen gesehen wird.

> **Demokratie** ist eine rechtsstaatliche Herrschaftsform, die eine Selbstbestimmung für alle Staatsbürger/innen im Sinne der Volkssouveränität ermöglicht, indem sie die maßgebliche Beteiligung von jenen an der Besetzung der politischen Entscheidungspositionen in freien, kompetitiven und fairen Verfahren und die Chancen einer kontinuierlichen Einflussnahme auf den politischen Prozess und generell eine Kontrolle der politischen Herrschaft garantiert. (LAUTH 2002: 111)

Einerseits hat sich der prozedurale Demokratiebegriff in der Entwicklungsforschung weitgehend durchgesetzt (zumal er eine optimistischere Perspektive auf die Chancen der Demokratie in Entwicklungsländern zulässt), andererseits lässt sich kaum belegen, dass die Reform von politischen Institutionen kurzfristige Effekte auf wirtschaftliche Entwicklung oder Verteilung hat. Diese bleiben weiterhin von internen und externen strukturellen Rahmenbedingungen mitbestimmt, die auch die Handlungsmöglichkeiten demokratischer Akteure beschränken. Gerade das für Entwicklungsprozesse vermeintlich wesentlichste Element der Demokratie, die Kontrolle von Amtsträgern und die Durchsetzung von Rechtsstaatlichkeit, stellt sich als Schwachpunkt vieler ansonsten recht erfolgreichen jungen Demokratien in Entwicklungsländern dar.

Good Governance

Die Wiederentdeckung der Politik in der entwicklungspolitischen Debatte führte keineswegs zur Rehabilitierung der Demokratie. Multilaterale Geber waren aus politischen oder technischen Gründen daran gehindert, die Herrschaftsform von Entwicklungsländern zu einem Gegenstand oder gar einer Vorbedingung von Entwicklungspolitik zu machen. Innerhalb der

UN-Organisationen gab es zahlreiche undemokratische Regime, und die Weltbank durfte ihre Kreditvergabe statutengemäß nur an ökonomischen, nicht aber politischen Kriterien ausrichten. Es überrascht daher nicht, dass die Weltbank in ihrem Versuch, politische Rahmenbedingungen auf die entwicklungspolitische Agenda zu heben, einen weniger verfänglichen Begriff fand und seit 1991 von guter Regierungsführung (good governance) sprach, durch die erst ein förderliches Umfeld für nachhaltiges und ausgewogenes Wachstum geschaffen werde.

Aus Sicht der Weltbank (1994) bedeutete Good Governance viererlei: (i) ein effektives Management des öffentlichen Sektors (dies umfasste insbesondere den öffentlichen Dienst, den Haushalt und die Staatsbetriebe); (ii) eine Steigerung der Rechenschaftspflicht von Amtsträgern (accountability), wobei eine höhere Responsivität durch Dezentralisierung und Privatisierung erreicht werden soll; (iii) eine hinreichend präzise formulierte und effektive Rechtsordnung für Wirtschaftsakteure (dies bezog sich insbesondere auf die Sicherung von Eigentumsrechten und funktionierende Gerichte), und (iv) ein Mindestmaß an Transparenz und Information im öffentlichen Sektor (die politisch korrekte Formulierung für Korruptionsbekämpfung). Mit Ausnahme des Begriffs der „accountability" geht es bei guter Regierungsführung zunächst folglich kaum oder gar nicht um Demokratie oder den Schutz der Menschenrechte.

> **Gute Regierungsführung (Good Governance)** bezeichnet den verantwortungsvollen Umgang des Staates mit politischer Macht und öffentlichen Ressourcen sowie das Zusammenwirken von Akteuren aus Staat, Markt und Zivilgesellschaft für die Schaffung entwicklungsförderlicher Rahmenbedingungen und die effiziente und effektive Bereitstellung öffentlicher Güter und Dienstleistungen.

Geberländer wie die USA, Deutschland, Großbritannien oder Schweden, die im Unterschied zu den multilateralen Organisationen keine diplomatischen Rücksichten nehmen mussten, übernahmen zwar auch den Begriff der guten Regierungsführung, verbanden ihn aber zumeist direkt mit Fragen der demokratischen Ordnung, der Förderung von Zivilgesellschaft und des Menschenrechtsschutzes (OECD 1994). Governance bezog sich dann weniger auf den öffentlichen Dienst, als vielmehr auf die Zielvorstellung eines legitimen Staates mit einem demokratischen Regime.

Der Siegeszug von „governance" im Entwicklungsdiskurs bedeutete das indirekte Eingeständnis, ohne effektive staatliche Institutionen keine nachhaltigen Entwicklungsfortschritte erzielen zu können. Im erweiterten Verständnis einer breit getragenen Entwicklungspraxis, wie er in den neueren ↗ **Armutsbekämpfungsprogrammen** zum Ausdruck kommt, wird darüber hinaus die Einbeziehung anderer gesellschaftlicher Akteure hervorgehoben.

Vornehmlich ging und geht es bei Good Governance jedoch oft um effiziente Staatlichkeit und damit um die Stärkung jener hierarchischen Steuerungsmuster, die in der sozialwissenschaftlichen Diskussion mit dem Begriff des „government" beschrieben werden. Governance im Sinne einer dezentralen Koordination unterschiedlicher, auch nichtstaatlicher Akteure, taucht in den entwicklungspolitischen Governance-Konzepten relativ wenig auf. Dies gilt noch mehr mit Blick auf die tatsächlichen entwicklungspolitischen Projekte und Programme der Governance-Förderung, die sich oft auf Staatsreform (Dezentralisierung, Capacity-Building und Korruptionsbekämpfung) beschränken, und in denen es letztlich recht wenig um „accountability" oder zivilgesellschaftliche Partizipation geht. In der technischen Verengung von ‚Regierbarkeitsproblemen' auf Fragen der administrativen Reorganisation treffen sich das Wunschdenken der Geber und die politischen Interessen der Staatseliten in Entwicklungsländern.

Partizipation

Im Unterschied zur Demokratie und zu Good Governance ist der Partizipationsbegriff weiter gefasst und kann sich prinzipiell auf die Mitwirkung am politischen Prozess als auch auf die allgemeine Teilhabe an materiellen und kulturellen Gütern einer Gesellschaft beziehen. In der entwicklungspolitischen Diskussion wird der Partizipationsbegriff zudem oft auf die aktive Beteiligung von Partnerorganisationen und/oder Zielgruppen an Entwicklungsprojekten und -prozessen bezogen. Obwohl der Begriff der partizipativen Entwicklung als Gegenmodell zu einer ‚konventionellen' technokratischen Entwicklungsplanung entstand, kommt heute keine Entwicklungsstrategie mehr ohne Verweis auf Partizipation aus. Selbst die Weltbank schuf Anfang der 1990er-Jahre entsprechende Unterabteilungen, veröffentlichte 1996 das „Participation Sourcebook" und setzt in der Zwischenzeit auf partizipative Planungs- und Evaluierungsinstrumente wie z.B. „participatory poverty assessment" (PPA). Partizipation ist in der Entwicklungszusammenarbeit zu einem Hoffnungsträger geworden, der sowohl bessere Information, Evaluierung und eine größere Wirksamkeit der Interventionen als auch soziale (z.B. gendersensitive) Veränderungsprozesse in Aussicht stellt bzw. die politische Partizipation auf der gesamtgesellschaftlichen Ebene stärken soll.

> Der **Partizipation**sbegriff beinhaltet eine empirische und eine normative Dimension: Empirisch geht es um die Beteiligung der Bürger/-innen an der Willensbildung politischer Einheiten bei gegebenen institutionellen Rahmenbedingungen, normativ um solche Formen der politischen Beteiligung, die Personengruppen zur besseren Wahrnehmung gemeinsamer Interessen befähigt und zur Weiterentwicklung der institutionellen Rahmenbedingungen beiträgt.

Politische Partizipation kann in formalisierter und institutionalisierter Weise erfolgen, d.h. nach festgelegten Regeln. Diese können sich auf die Beteiligung an Wahlen, Abstimmungen, gesetzlich vorgesehenen Gremien auf kommunaler Ebene genauso beziehen wie auf die ‚Mitwirkung' in Parteien, Verbänden oder Bürgerinitiativen. Sie kann aber auch informell und nichtkonventionell sein, und sich auf konkrete Anlässe, etwa die Teilnahme an einer Demonstration, beschränken. Die unterschiedlichen Formen der Beteiligung haben dabei eine unterschiedliche Entscheidungsrelevanz. Trotz der gerade in Entwicklungsländern dominierenden Kritik an der formalen Partizipation haben Wahlen z.B. sowohl gesetzlich verbürgte Mindestanforderungen als auch unmittelbare und sichtbare Auswirkungen auf die Zusammensetzung von Regierungen und den politischen Prozess. Problematisch ist zumeist das Fehlen anderer institutionalisierter Formen der direkten Beteiligung an gesellschaftlichen Entscheidungsprozessen. Andererseits ist informelle Partizipation gerade in Entwicklungsländern von großer empirischer Bedeutung und eröffnet zusätzliche (z.B. im Rahmen von gemeinschaftlicher Selbsthilfe) oder reduziert bestehende Teilhabechancen (etwa durch Klientelismus).

Obwohl Partizipation allgegenwärtig zu sein scheint, sind viele Formen der Partizipation dennoch genau wie Demokratie an bestimmte Voraussetzungen gebunden. Dies gilt nicht nur für die Partizipation in der Entwicklungszusammenarbeit, sondern mehr noch für die politische Partizipation, die für einzelne Personen mit Beteiligungskosten verbunden sein kann; die Intensität der Partizipation korrespondiert in der Regel auch mit beruflicher Position, Bildungsstand, Einkommen und Geschlechtszugehörigkeit.

Empowerment

Während es bei der Partizipation zumeist um eine möglichst inklusive Form der Beteiligung an unterschiedlichen Entscheidungsprozessen geht, bezieht sich Empowerment auf die Beteiligungschancen und gesellschaftliche Macht bisher marginalisierter Gruppen. Der Begriff wurde zuerst in der Bürgerrechtsbewegung der USA verwandt und impliziert den Kampf um verbesserte Artikulations- und Interessensvertretungsmöglichkeiten für benachteiligte Gruppen wie Arme, rassische und religiöse Minderheiten, Kinder oder Frauen. Empowerment bezeichnet folglich einen Teilaspekt der Partizipation, den der Bewusstwerdung und der Mobilisierung gegen eine als ungerecht empfundene staatliche (und Markt-)Ordnung.

> In der Entwicklungszusammenarbeit wird unter **Empowerment** ein fortdauernder Prozess verstanden, der bei benachteiligten Bevölkerungsgruppen das Selbstvertrauen stärkt, sie zur Artikulation ihrer Interessen und zur Beteiligung in der Gemeinschaft befähigt und ihnen den Zugang zu und die Kontrolle von Ressourcen verschafft, damit sie ihr Leben selbstbestimmt und eigenverantwortlich gestalten und sich am politischen Prozess beteiligen können.

In den letzten Jahren hat auch die Entwicklungspolitik den Empowerment-Begriff aufgenommen und verwendet ihn als Sammelbegriff für die Förderung unterschiedlicher benachteiligter Bevölkerungsgruppen wie z.B. Landlose, insbesondere aber in der ↗ **genderbezogenen Entwicklungszusammenarbeit**. Das politisch-emanzipatorische Potenzial des Begriffs wird dabei allerdings weitgehend verwässert, wenn etwa für die OECD Empowerment in der „Stärkung der Fähigkeiten von armen Frauen und Männern besteht, soziale und politische Prozesse zu beeinflussen, die ihr Leben bestimmen". In der Sprache der Entwicklungszusammenarbeit bedeutet Empowerment dann primär die Stärkung gemeinschaftlicher Problemlösungskapazitäten, ohne dass die gesellschaftlichen Rahmenbedingungen oder politischen Institutionen als solche direkt angesprochen würden.

Fazit

In der Entwicklungsdebatte der letzten beiden Jahrzehnte geht es nicht mehr um die prinzipielle Relevanz von Politik für Entwicklung und ↗ Entwicklungszusammenarbeit. Es geht vielmehr um die konkrete Bedeutung und inhaltliche Füllung von Begriffen wie Demokratie, Governance, Partizipation und Empowerment. Dabei verbleiben jedoch zahlreiche Konflikte zwischen unterschiedlichen theoretischen Ansätzen und politischen Interessen (so sucht man z.B. in den ↗ Millennium-Entwicklungszielen vergeblich nach Partizipation oder Demokratie als angestrebten Entwicklungszielen).

▶ **Literatur**

Beckmann, Gabriele: Partizipation in der Entwicklungszusammenarbeit. Münster 1997

Hyden, Goran u.a.: Making Sense of Governance. Boulder, CO 2002

Lauth, Hans-Joachim: Regimetypen, in: Ders. (Hrsg.): Vergleichende Regierungslehre. Opladen 2002: 105–130

Nohlen, Dieter/Franz Nuscheler, Franz: Was heißt Entwicklung?, in: Dies. (Hrsg.): Handbuch der Dritten Welt, Band 1, 3. Aufl. Bonn 1992: 55–75

OECD: DAC Orientations on Participatory Development and Good Governance. Paris 1994

Rauch, Theo: Partizipation in der EZ auf dem Weg von der Spielwiese hin zu einem demokratischen Recht für alle, in: Peripherie, Heft 88, 2002: 496–522

Scrutton, Claire/Cecilia Luttrell: The definition and operationalisation of empowerment in different development agencies, Empowerment Note 2, SDC/ODI poverty-wellbeing platform (Online: www.poverty-wellbeing.net)

Sen, Amartya: Ökonomie für den Menschen. München 2000

Töpper, Barbara: Die Frage der Demokratie in der Entwicklungstheorie, in: Peripherie, Heft 39/40, 1990: 127–160

UNDP: Human Development Report 2002. Deepening Democracy in a
Fragmented World. New York 2002

World Bank: Governance: The World Bank's Experience. Washington, D.C. 1994

▶ **Links**

Bertelsmann Transformation Index (internationales Ranking
von 125 Entwicklungs- und Transformationsländern)
(http://www.bertelsmann-transformation-index.de)

BMZ (Grundsätze und Ziele deutscher Entwicklungspolitik)
(www.bmz.de/de/ziele/deutsche_politik/regeln/kriterienkatalog/index.html)

Freedom House (jährliche Bewertung der Demokratieentwicklung weltweit)
(www.freedomhouse.org)

Transparency International (globale Koalition gegen Korruption; jährlicher
Index zu Korruption weltweit) (www.transparency.org) (www.transparency.de)

Entwicklungstheorien

PETER MEYNS

Was heißt Entwicklung?

Wir sprechen von Entwicklungsländern, von Entwicklungszusammenarbeit, von Entwicklungstheorien, dieses Buch befasst sich mit Entwicklung im globalen Wandel. Da der Begriff in ganz unterschiedlichen Zusammenhängen verwendet wird, ist es zunächst wichtig zu klären, was hier mit Entwicklung gemeint ist. Allgemein bedeutet Entwicklung Veränderung, vor allem Vorgänge, Prozesse der Veränderung. Meist wird Entwicklung auch als Fortschritt gesehen, aber hier beginnen bereits Differenzen, die zeigen, dass der Begriff nicht nur ein Phänomen beschreibt, sondern dass er – vor allem in seiner sozialwissenschaftlichen Verwendung – ebenfalls eine Bewertung des Phänomens beinhaltet.

Das besondere Augenmerk dieses Buches ist auf die Länder Afrikas, Asiens und Lateinamerikas gerichtet, die wir als Entwicklungsländer bezeichnen, sowie auf die Veränderungsprozesse, die in ihnen stattfinden. Was den Begriff Entwicklung anbelangt, sind jedoch zwei Anmerkungen wichtig. Er bezieht sich auch auf die Industrieländer, die den Entwicklungsländern oft gegenübergestellt werden als nachahmenswertes Beispiel. Wenn wir zudem von Entwicklung im globalen Wandel sprechen, dann sind neben der Länderebene andere Ebenen angesprochen, vor allem die der ⊅ Globalisierung, in deren Rahmen Prozesse der Veränderung stattfinden.

Im Vergleich zu den Industrieländern gelten die Entwicklungsländer als weniger entwickelt, und die nicht zu übersehen Unterschiede zwischen ihnen untermauern diese Sichtweise. Auf sie bezogen wird Entwicklung daher als nachholende Entwicklung definiert, die bestrebt ist, die Nord-Süd-Differenzen zu überwinden. Diese Bewertung kann als vorherrschendes, oft implizit vorausgesetztes Verständnis von Entwicklung angesehen werden. Sie ist aber keineswegs unumstritten. Im Lichte der globalen ökologischen Belastungen zum Beispiel wird die Möglichkeit nachholender Entwicklung grundsätzlich in Frage gestellt und ein alternatives Verständnis von Entwicklung als ↗ **nachhaltige Entwicklung** gefordert.

So unterliegt der Begriff Entwicklung selbst Veränderungsprozessen. Wurde er lange Zeit (und teils auch heute noch) mit wirtschaftlichem Wachstum gleichgesetzt, hat sich inzwischen die Auffassung durchgesetzt, dass Entwicklung ein vielschichtiges Phänomen ist, das eine Vielzahl anderer Dimensionen (sozialer, kultureller, politischer, ökologischer Art) umfasst, die allesamt von Bedeutung sind, um die Lebensbedingungen der Menschen zu verbessern. Das von Nohlen und Nuscheler (1992: 65) vorgeschlagene „magische Fünfeck von Entwicklung", das die Elemente Wachstum, Arbeit, Gleichheit/Gerechtigkeit, Partizipation und Unabhängigkeit umfasst, bringt die Vielschichtigkeit zum Ausdruck. Bekräftigt wird die Verschiedenartigkeit der Ausprägungen von Entwicklung durch die Hervorhebung der freien Entscheidung der Menschen als integraler Bestandteil dieses Begriffs – „Development as Freedom", wie der Ökonom und Nobelpreisträger Amartya Sen (2000) es ausgedrückt hat.

Entwicklungstheorien liefern Erklärungen für die Dynamik von Prozessen der Veränderung vor allem (aber nicht nur) in Entwicklungsländern und leiten daraus Aussagen über die Beeinflussung der Prozesse durch gesellschaftliche Akteure ab.

Modernisierung und Dependenz

Die Zeit nach dem II. Weltkrieg, als im Zuge der antikolonialen Bewegung eine Vielzahl neuer Staaten die Unabhängigkeit erlangte, gab auch den Anstoß für die wissenschaftliche Diskussion der speziellen Entwicklungsprobleme der Länder Afrikas, Asiens und Lateinamerikas. In dieser Zeit sind die beiden Theorierichtungen der Modernisierung und der Dependenz entstanden, die die damalige Diskussion geprägt haben, und die, auch wenn sie heute als überholt gelten, weiterhin Spuren hinterlassen. Unter der Überschrift Modernisierungs- bzw. Dependenztheorie lassen sich unterschiedliche Entwicklungstheorien subsumieren, sie haben jedoch jeweils einen gemeinsamen Nenner. Modernisierungstheorien stützen ihre Erklärung der Rückständigkeit von Entwicklungsländern auf endogene Faktoren, während Dependenztheorien die Unterentwicklung auf exogene Faktoren zurückführen.

Modernisierungstheorien gehen von der Vorstellung aus, dass Entwicklung auf einer aufstrebenden Achse stattfindet. Der Unterschied zwischen Industrieländern und Entwicklungsländern besteht demnach darin, dass erstere auf der Achse weiter vorangeschritten sind als letztere und dementsprechend als Vorbild dienen können für Veränderungsprozesse in den weniger weit entwickelten Ländern. Die Erklärung für die Rückständigkeit der Entwicklungsländer wird darin gesehen, dass sie in traditionellen Strukturen verharren, die den Fortschritt aufhalten. Entwicklung wird also durch den Übergang von der Tradition zur Moderne charakterisiert. Die Veränderung der endogenen Gesellschaftsstrukturen wird als Voraussetzung für eine nachholende Entwicklung gesehen.

Besonders einflussreich ist die Variante der Modernisierungstheorie geworden, die die wirtschaftliche Entwicklung in den Mittelpunkt stellt. In seinen „Stadien wirtschaftlichen Wachstums" definierte der Wirtschaftshistoriker Walt W. Rostow fünf Stufen von der traditionellen Gesellschaft über die Übergangsgesellschaft, dem „take off" und der Entwicklung zur Reife bis zum Zeitalter des Massenkonsums. In Analogie zum Abheben eines Flugzeugs ist der „take off" zum sich selbst tragenden Wachstum die entscheidende Phase. Das Überschreiten einer Investitionsrate von 10 % wird als wichtigste Voraussetzung bezeichnet, um den „take off"-Punkt zu erreichen. Kapitalzuflüsse im Rahmen der ↗ **Entwicklungszusammenarbeit** sollen den Entwicklungsländern helfen, diese Schwelle zu überschreiten.

Dependenztheorien nehmen eine historische Perspektive ein. Sie sehen die Lage der Entwicklungsländer im Lichte der jahrhundertelangen kolonialen und imperialen Eroberung und wirtschaftlichen Durchdringung, als Folge von der sie sich in einer strukturellen Abhängigkeit vom kapitalistischen Weltmarkt befinden. Zentrum und Peripherie stehen in einem asymmetrischen Verhältnis zueinander, das sich, z.B. durch Rohstoffenklaven oder Agrarplantagen, auch in die Entwicklungsländer hinein fortsetzt und dann als strukturelle Heterogenität bezeichnet wird. In der oft zitierten Formel der „Entwicklung der Unterentwicklung" von A. G. Frank (1969: 3–17) – wobei die Entwicklung der Industrieländer im Zentrum die Unterentwicklung der Länder an der Peripherie des Weltmarkts produziert – wird der exogene dependenztheoretische Erklärungsansatz auf den Punkt gebracht.

Für die radikale Variante der Dependenztheorie, vertreten z.B. durch Frank („Underdevelopment or Revolution") und Samir Amin („La

Déconnexion"), bestand die logische Konsequenz aus dieser Analyse, dass die unterentwickelten Länder nur durch eine Abkopplung auf Zeit eine eigenständige Entwicklung einschlagen könnten, weil eine vertiefte Integration in den Weltmarkt nur die Strukturen der Unterentwicklung verstärken würde. Daraus ergab sich das Postulat einer binnenmarktorientierten *„autozentrierten Entwicklung"*.

Kritik der Modernisierungs- und Dependenztheorien

So gegensätzlich Modernisierungs- und Dependenztheorien einander gegenüberstanden, weisen sie andererseits Ähnlichkeiten auf, die bei einer kritischen Würdigung ins Gewicht fallen. Sie beruhen beide auf der Perspektive einer nachholenden Entwicklung und einer Vorstellung von Stadien, die auf dem Weg dorthin zu durchlaufen sind. Die Stadien selbst sind zwar unterschiedlich definiert, im Sinne der bürgerlichen Ökonomie bei Rostow und der neomarxistischen Politischen Ökonomie bei Frank und Amin, aber sie ähneln sich in ihrer teleologischen (zielgerichteten) Ausrichtung. Auch das Ziel ist vergleichbar, nämlich die moderne Industriegesellschaft, die die traditionelle Agrargesellschaft ablösen soll. Die Modernisierungsorientierung nachholender Entwicklung ist bereits in den frühen Aufsätzen von Karl Marx zur „britischen Herrschaft in Indien" deutlich geworden, in denen er die imperiale Eroberung als „unsichtbares Werkzeug der Geschichte" bezeichnete, die die in seinen Augen entwicklungshemmende traditionelle Ökonomie Indiens zerstören und dem Kapitalismus zum Durchbruch verhelfen werde.

Sowohl Modernisierung als auch Dependenz erheben als Entwicklungstheorien den Anspruch, Zustand und Dynamik der Entwicklungsländer allgemeingültig zu analysieren. Darin liegt ihre zentrale Schwäche, denn sobald einzelne Länder Entwicklungsmerkmale aufweisen, die den Aussagen der Theorie nicht entsprechen, bekommt das ganze Theoriegebäude Risse:

■ Für die Dependenztheorien war dies vor allem mit Südkorea der Fall, das eine weltmarktorientierte Strategie verfolgte und, wie auch die anderen „Tiger-Staaten", den Durchbruch zu einem Schwellenland schaffte (anstatt immer tiefer in der Unterentwicklung zu versinken).

◼ Aber auch das Scheitern der sozialistischen Entwicklungsländer, die als Beispiele einer „autozentrierten Entwicklung" angesehen wurden (Albanien, Nordkorea), nährte Zweifel an der Dependenztheorie. (China setzte erst zu seinem Aufschwung an, als es sich dem Weltmarkt öffnete.)

◼ Für die Modernisierungstheorien stellte die Vielzahl von Entwicklungsländern, die trotz beträchtlicher Kapitalzuflüsse weit vom „take off"-Punkt entfernt blieben (vielmehr immer mehr im Elend zu versinken schienen), eine ernsthafte Infragestellung ihrer Aussagen dar.

Indem Modernisierungs- wie Dependenztheorien von strukturellen Merkmalen der Entwicklung im internationalen Maßstab Aussagen über Prozesse der Veränderung in Entwicklungsländern ableiten (deduktive Theorie), bewegen sie sich auf einer Abstraktionsebene, die die unterschiedlichen Entwicklungswege einzelner Länder in Afrika, Asien und Lateinamerika nicht angemessen erfassen kann. Die jeweilige Präferenz verschließt zudem den Blick für andere relevante Faktoren. Die Dependenztheorie unterschätzte so die Bedeutung endogener politischer Faktoren, und die Modernisierungstheorie übersah die polarisierende Wirkung der Kräfte des Weltmarkts. Beide haben zum Verständnis der Prozesse der Entwicklung in der Welt etwas beizutragen – wenn man außen vor lässt, was eine Autorin einmal „the vain search for universal generalizations" (HILL 1986) nannte. Dass bestimmte Akteurskonstellationen die Möglichkeit gleichzeitiger Abhängigkeit und Entwicklung schaffen können, haben immerhin vor geraumer Zeit schon pragmatischer ausgerichtete Autoren der Dependenztheorie formuliert, die die internen Verhältnisse in einzelnen (lateinamerikanischen) Ländern stärker berücksichtigt haben (CARDOSO/FALETTO 1976).

Globalisierung und Entwicklungstheorien

Sowohl Modernisierungs- wie Dependenztheorien haben ihre Analysen in erster Linie auf Prozesse nationalstaatlicher Entwicklung ausgerichtet. In dem Maße, wie die ↗ Globalisierung seit dem Ende des sozialistischen Lagers und des Ost-West-Konflikts in den Mittelpunkt wissenschaftlichen Interesses gerückt ist, ist ein zusätzlicher Kritikpunkt der bis dahin dominierenden Entwicklungstheorien hinzugekommen. Entwicklungsprobleme, die grenzüberschreitende oder gar globale Dimensionen haben, können mit einer nationalstaatlichen Perspektive weder theoretisch erfasst noch praktisch bewältigt werden.

Verschiedene Autoren haben darauf hingewiesen, dass die Globalisierung nicht erst 1990 eingesetzt hat (BECK 1998). Für die Weltsystemanalyse der Dependenz-Richtung setzte die Herausbildung der kapitalistischen Weltökonomie (die im 20. Jahrhundert, so Immanuel Wallerstein [1979], auch die sozialistischen Länder mit einbezog) bereits 1492 mit der Eroberung Lateinamerikas ein. Ihre Analyse war jedoch einseitig ökonomisch begründet. Beide Theorie-Richtungen vernachlässigten die ökologische Dimension der Entwicklung, die Anfang der 1970er-Jahre durch den Bericht des Club of Rome über „Die Grenzen des Wachstums" auf die Tagesordnung gesetzt wurde und seither immer größere Dringlichkeit erhalten hat (↗ Klimawandel, ↗ Globalisierung). Sie hat unabweisbar globale Ausmaße, denn sie betrifft Industrie- wie Entwicklungsländer gleichermaßen. Durch eine nationalstaatlich ausgerichtete nachholende Entwicklung können die globalen ökologischen Entwicklungsprobleme nicht angemessen bearbeitet werden, zumal die (auch als „fordistisch" bezeichnete) nachholende Entwicklung auf dem Raubbau fossiler Energieressourcen beruht, dessen Folge die ↗ globalen Umweltprobleme zu einem erheblichen Teil sind. Der nachholenden Entwicklung ist daher der entwicklungstheoretische Ansatz der ↗ nachhaltigen Entwicklung entgegengestellt worden, der in einem gesonderten Stichwort behandelt wird.

Ohne Frage hat die Globalisierung seit Anfang der 1990er-Jahre mit der Öffnung der Weltmärkte und den sprunghaften Fortschritten der Informationstechnologie einen zusätzlichen Schub bekommen. Dieser Schub ist indessen einmal mehr ökonomisch geprägt gewesen. Die *neoliberale Theorie*, die bereits im Jahrzehnt zuvor vorherrschend geworden war, schien nach dem Ende des sozialistischen Lagers unangefochten den Anspruch einer globalen Entwicklungstheorie erheben zu können. Deregulierung der Märkte, Privatisierung von Staatsbesitz im produktiven wie im infrastrukturellen Bereich, Beseitigung jeglicher Formen von Preis- oder Inputsubventionen (kurz als Washington-Konsens bezeichnet) wurden als Garant für Wachstum und Entwicklung angesehen. Die neoliberale Theorie schlug auch eine Brücke zu Globalisierung und Modernisierungstheorie. Ihre Hegemonie zeigte zudem, wie eng die Dominanz einer theoretischen Richtung mit wirtschaftlichem Einfluss und politischer Vormacht verbunden ist.

Die Defizite der neoliberalen Theorie liegen zum einen darin, dass sie verkennt, dass der ungezügelte globale Wettbewerb zu einer Vertiefung der Kluft zwischen Arm und Reich führt. Wenn im Rahmen der Globalisierungsdebatte von der Marginalisierung großer Teile der Welt gesprochen wird, dann ist das eine Erkenntnis, die die Dependenz-Theorie mit ihrer Analyse der sich aus der Abhängigkeit vom Weltmarkt ergebenden Peripherisierung der (heute wissen wir: nicht aller, aber vieler) Entwicklungsländer bereits vorweggenommen hat. Zum anderen ist das freie Spiel der Marktkräfte auch nicht dazu in der Lage, den Erfordernissen einer nachhaltigen globalen Entwicklung gerecht zu werden.

Globalisierung und der Entwicklungsstaat

Die Glaubwürdigkeit der neoliberalen Theorie wird nicht zuletzt dadurch unterhöhlt, dass die Akteure, die mit dem größten Nachdruck den Markt als Allheilmittel propagieren, zugleich diejenigen sind (USA, EU), die protektionistische Maßnahmen einsetzen, wenn es z.B. um den Schutz der eigenen Landwirtschaft geht. Markt und Macht stehen hier eng beieinander.

Die ↗ Globalisierung hat neue, existenziell wichtige Problemdimensionen für die Entwicklung weltweit auf die Tagesordnung gesetzt. Sie beschränkt Entwicklungstheorie jedoch nicht auf Fragen globaler Entwicklung. Die Ebene nationalstaatlicher Entwicklung bleibt vielmehr von zentraler Bedeutung. Angefangen von England im 19. Jahrhundert hat kein Land ohne staatliche Unterstützung den Durchbruch zu einem sich selbst tragenden Wachstum geschafft. Auch die weltmarktorientierte Strategie der ostasiatischen Länder in den letzten Jahrzehnten war vor dem Hintergrund staatlicher Steuerung erfolgreich. Zusammen mit dem überwiegenden Scheitern der auf dem Washington-Konsens beruhenden Strukturanpassungsprogramme hat diese Erkenntnis zu einer erneuten Kehrtwendung in der theoretischen Debatte geführt und dem Entwicklungsstaat wieder größeres Gewicht gegeben. Den Auftakt gab Theda Skocpol mit ihrem einflussreichen Aufsatz „Bringing the State Back In" (EVANS/RUESCHMEYER/SKOCPOL 1985).

Die offene Frage ist, ob andere Entwicklungsländer von dem Beispiel Ostasiens lernen können. Sie sind konfrontiert mit Rahmenbedingungen in der ↗ Weltwirtschaft, die durch die Globalisierung geprägt werden und denen sie sich nicht entziehen können. Dennoch müssen sie ihren eigenen Weg finden. Im Mittelpunkt steht – was in früheren entwicklungstheoretischen Überlegungen vernachlässigt wurde – die Schaffung interner politischer Bedingungen (↗ **Demokratie und Good Governance**) als Voraussetzung eines effektiven Entwicklungsstaates. Es geht also nicht mehr um die zuvor apostrophierten „universal generalizations", sondern um konkrete Verhältnisse, die teilweise als ↗ **fragile Staaten** den Bedürfnissen ihrer Bevölkerungen nicht gerecht werden, und die Frage, wie – unter Berücksichtigung kultureller Besonderheiten und unter Verzicht auf schematische Verallgemeinerungen – die Bedingungen für die Verbesserung der Lebensverhältnisse der Menschen („human development) vorangebracht werden können. Die Hauptrolle dabei haben die beteiligten Akteure selbst. Kern jeder erfolgreichen Entwicklung ist Selbstbestimmung, die freie Entscheidung von Individuen, gesellschaftlichen Gruppen und staatlicher Akteure, die im Interesse des Gemeinwohls handeln.

▶ **Literatur**

Amin, Samir: La déconnexion. Paris 1986

Beck, Ulrich: Was ist Globalisierung? Frankfurt/M. 1998

Cardoso, Fernando Henrique/Enzo Faletto: Abhängigkeit und Entwicklung in Lateinamerika. Frankfurt/M. 1976

Evans, Peter B./Dietrich Rueschemeyer/Theda Skocpol (Hrsg.): Bringing the State Back In. Cambridge 1985: 3–37

Frank, Andre Gunder: Latin America: Underdevelopment or Revolution. New York/London 1970

Hill, Polly: Development Economics on Trial. Cambridge 1986

Mürle, Holger: Entwicklungstheorie nach dem Scheitern der „großen Theorie". INEF Report Heft 22 / 1997. Institut für Entwicklung und Frieden. Duisburg 1997

Nohlen, Dieter/Franz Nuscheler (Hrsg.): Handbuch der Dritten Welt, Band 1: Grundprobleme, Theorien, Strategien, 3. Aufl. Bonn 1992

Rostow, Walt Whitman: Stadien wirtschaftlichen Wachstums. Göttingen 1960

Schulz Manfred (Hrsg.): Entwicklung. Zur Perspektive der Entwicklungssoziologie. Opladen 1997

Sen, Amartya: Ökonomie für den Menschen (engl. Original: Development as Freedom). München 2000

Simon, David (Hrsg.): Fifty Key Thinkers on Development. London/New York 2006

Thiel, Reinold E. (Hrsg.): Neue Ansätze zur Entwicklungstheorie (= Themendienst 10. Deutsche Stiftung für Internationale Entwicklung). Bonn 2001

Wallerstein, Immanuel: The Capitalist World-Economy. Cambridge 1979

Entwicklungszusammenarbeit

KONRAD MELCHERS UND PETER MEYNS

Entwicklungszusammenarbeit (oder auch Entwicklungshilfe) ist in der Menschheitsgeschichte ein neues Phänomen. Es gibt sie erst seit dem Ende des II. Weltkrieges, also seit gut 60 Jahren. Zweifellos waren abhängige Gebiete in Kolonialreichen nicht nur tributpflichtig, es wurde dort auch entwickelt. Zwischen Indien und China gab es vor 4.000 Jahren oder zwischen Ägypten und Nubien zur Zeit der Pharaonen Handel und Kulturaustausch mit Entwicklungsfolgen. Athene, die griechische Göttin der Kunst und Wissenschaft, war schwarz, wie der Historiker Martin Bernal provozierend feststellt, denn die Griechen lernten von den Ägyptern, also von Afrika. Die europäischen Kolonialmächte beuteten ebenfalls nicht nur Rohstoffe ihrer Kolonien aus, sondern bauten auch Schulen und Krankenstationen. Auch auf nichtstaatlicher (meist kirchlicher) Ebene gab es schon früher Kooperationsformen, die mit Entwicklungshilfe verglichen werden können. Aber breit angelegte Entwicklungszusammenarbeit mit unabhängigen Staaten und weniger entwickelten Gesellschaften mit dem erklärten und systematisch verfolgten Ziel, Entwicklung zu fördern, gibt es erst seit dem Ende des II. Weltkriegs.

Begriffserläuterungen

Die Begriffe Entwicklungszusammenarbeit und Entwicklungshilfe werden, dem internationalen Sprachgebrauch folgend, synonym verwandt, trotz der berechtigten Kritik, im Begriff EWH drücke sich ein paternalistisches Verständnis aus, während der Begriff EZ ein partnerschaftliches Verhältnis zwischen Gebern und Nehmern „auf gleicher Augenhöhe" impliziere. Wichtig ist auch die Frage, welche Aktivitäten die Begriffe abdecken. Beide Begriffe werden meist für entwicklungsprojekt- und entwicklungsprogrammbezogene Hilfsaktivitäten verwandt. Der Begriff

Entwicklungspolitik umfasst demgegenüber auch nicht-entwicklungs-projektbezogene Aktivitäten wie z.B. Verhandlungen über das Welt-handelssystem (WTO), die als internationale Rahmenbedingungen für Entwicklung von höchster Bedeutung sind. Auch nationale Rahmenbe-dingungen können kaum Gegenstand herkömmlicher Entwicklungs-projekte sein. In diesem Beitrag wird die Bedeutung von Entwicklungs-zusammenarbeit mit der von Entwicklungspolitik gleichgesetzt.

Unterschiedliche Interessen

Die Gründe und Motive der Entwicklungszusammenarbeit sind vielschich-tig. Auf der einen Seite sind es ethische Motive: Barmherzigkeit mit dem Elend anderer, „Entwicklung für alle" im Sinne von Kants kategorischem Imperativ, das Gerechtigkeitsideal im Sinne des Philosophen John Rawls, oder Solidarität mit Menschen, die sich aus Not befreien und Armut über-winden wollen („Hilfe zur Selbsthilfe"). Auf der anderen Seite stehen hand-feste Interessen: zum einen wirtschaftliche Eigeninteressen, insbesondere die Versorgung mit Rohstoffen und die Beschäftigung des heimischen Ge-werbes durch den Ausbau von Exportmärkten („Hilfe als Selbsthilfe"); zum anderen politische Interessen, insbesondere die Erlangung von politischem Einfluss sowie die Verfolgung von sicherheitspolitischen Zielen, sei es be-dingt durch den Ost-West-Konflikt oder durch die Gefahr des Terrorismus.

Ein Blick auf die 60-jährige Konjunktur dieser Motive zeigt, dass poli-tische Interessen die Entwicklungszusammenarbeit bisher am stärksten ge-prägt haben. Bei seiner Antrittsrede am 20. Januar 1949 sagte US-Präsident Harry S. Truman: „Wir müssen zu einem kühnen neuen Programm aufbre-chen, das unseren wissenschaftlichen und industriellen Fortschritt der Ver-besserung und dem Wachstum unterentwickelter Gebiete zugute kommen lässt. Mehr als die Hälfte der Weltbevölkerung lebt unter Bedingungen nahe dem Elend … Ihre Armut ist ein Hindernis und eine Bedrohung sowohl für sie selbst als auch für die reicheren Gebiete. (…) Der alte Imperialismus – Ausbeutung für ausländischen Profit – hat keinen Platz in unseren Plänen." (www.trumanlibrary.com) Wer die ganze Rede liest, erkennt, dass sie sich explizit und fast ausschließlich gegen die kommunistische Gefahr richtete, der Truman ein Vierpunkte-Programm entgegenstellte. Der 4. Programmpunkt ist Entwicklungshilfe. In Armut und „altem Imperialismus" sah Truman Einfallstore für den Kommunismus, die es mit Entwicklungshilfe zu schließen galt.

Nicht alle Geberländer richteten ihre Entwicklungszusammenarbeit so stark an Sicherheitsinteressen aus wie die USA. Bei der Gewichtung der Interessenfaktoren gab es demzufolge nicht unerhebliche Unterschiede. In der Bundesrepublik Deutschland setzte sich vor allem Erhard Eppler, von 1968–74 Minister für Wirtschaftliche Zusammenarbeit (BMZ), für ein eigenständiges Profil der Entwicklungspolitik ein. War zuvor Entwicklungshilfe für die Durchsetzung des Alleinvertretungsanspruchs der Bundesrepublik im geteilten Deutschland (Hallstein-Doktrin) instrumentalisiert und als Garant für Beschäftigung in der heimischen Industrie den Wählern ‚verkauft' worden, wollte Eppler Entwicklungspolitik aus ethischen Motiven primär an den Entwicklungsbedürfnissen der Partnerländer orientieren. Die Realität der Entwicklungspolitik blieb indessen durch unterschiedliche Interessen geprägt. Dass dabei auch diktatorische Regime wie z.B. Mobutu in Zaire unterstützt wurden, solange sie im eigenen Lager standen, wurde erst nach dem Ende des Kalten Kriegs eingeräumt.

Chancen und neue Risiken nach dem Ende des Kalten Kriegs

Das Ende der Blockkonfrontation eröffnete der Entwicklungszusammenarbeit neue Chancen. Eine Perspektive hatte eine internationale Kommission unter der Leitung von Willy Brandt (Brandt-Kommission) bereits 1980 in ihrem Bericht „Das Überleben sichern" aufgezeigt, in dem sie das zentrale Ziel der Entwicklung, die Freiheit von Not und Furcht, als Gegenstand „gemeinsamer Interessen" von Industrie- und Entwicklungsländern und als Teil einer globalen Friedenspolitik definierte. Die zu ihrer Realisierung geforderten Kapitaltransfers vom Norden zum Süden erwiesen sich jedoch angesichts der fast zeitgleich einsetzenden neoliberalen Wende in der globalen Wirtschaftspolitik als unerreichbar. Anfang der 1990er-Jahre schienen die Bedingungen für einen neuen Anlauf günstig. Nachdem das rein militärische Sicherheitsdenken mit dem Ende des Ost-West-Konflikts hinfällig geworden war, konnte der Blick auf ein erweitertes Sicherheitsverständnis in der Nord-Süd-Dimension gelenkt werden, das soziale und ökonomische

Probleme (↗ **Armut und Armutsbekämpfung**), politische Fragen (↗ **Demo-kratie**, ↗ **Menschenrechte**) und ökologische Überlebensfragen (↗ **Globale Umwelt**, ↗ **Umweltprobleme in Entwicklungsländern**) einbezieht und als ebenso wichtige Komponenten des Weltfriedens begreift wie die Abwesenheit von Krieg. Das Entwicklungsprogramm der UN (UNDP) prägte den Begriff der „menschlichen Entwicklung" (↗ **Frieden und Entwicklung**).

Mit der Ankündigung einer „Friedensdividende" für die Entwicklung durch die führenden Industriestaaten (G7, heute G8) wurden zunächst auch hohe Erwartungen geweckt. Das Gegenteil trat aber ein: die öffentliche Entwicklungshilfe ging allgemein zurück. Mit dem ersten Krieg einer USA-geführten Koalition gegen den Irak gewann das militärische Sicherheitsdenken – und damit die Rüstungsetats – wieder an Boden. Der damalige US-Präsident Bush sen. verkündete: „Die Welt bleibt ein gefährlicher Ort". Die Anschläge der Al Qaida am 11. September 2001 verliehen dieser Entwicklung eine ganz neue Qualität. US-Präsident Bush jun. erklärte den Krieg gegen den Terrorismus zur obersten Priorität amerikanischer Politik. Die militärische Intervention in Afghanistan und der Krieg gegen Saddam Hussein im Irak ließen Rüstungsausgaben in die Höhe schnellen und machten Entwicklungszusammenarbeit zum Bestandteil einer militärischen Strategie. Deutschland hatte mit seiner Politik, sein Engagement im Rahmen der ISAF-Friedensmission in Afghanistan als Teil eines erweiterten Sicherheitsverständnisses zu begreifen, einen schweren Stand.

Die trotz jahrzehntelanger Entwicklungshilfe nicht nennenswert geringer werdende Armut in der Welt, deren Brisanz durch die prekäre Lage ↗ **fragiler Staaten** und das Angstszenario wachsender Migrationsströme (↗ **Migration und Flucht**) in die reichen Länder akzentuiert wurde, hatte bereits vor dem 11. September zu forcierten Bemühungen um eine verstärkte Entwicklungszusammenarbeit geführt. Sie kulminierten in der im Jahr 2000 von einem Millenniumsgipfel der Vereinten Nationen verabschiedeten „Millenniums-Erklärung", die die Ziele und Aufgaben einer menschlichen Entwicklung auf den Punkt brachte und – zusammen mit den ↗ **Millennium-Entwicklungszielen**, die aus der Erklärung hervorgingen – zum Orientierungsrahmen für Entwicklungszusammenarbeit zu Beginn des 21. Jahrhunderts wurde. Für die Armutsbekämpfung engagieren sich auch weltweite Kampagnen der Zivilgesellschaft (u.a. „make poverty history"), die von internationalen Popstars unterstützt werden. Die G8 und die weitere Gebergemeinschaft setzte das bereits 1970 erstmals formulierte, aber

– außer von wenigen Gebern (Schaubild 1) – nie eingehaltene Ziel, 0,7 % des Bruttoinlandsprodukts für Entwicklungshilfe aufzubringen, wieder auf die Tagesordnung.

Schaubild 1: Das 0,7 %-Ziel.
EZ der OECD-Länder in Prozent ihres Bruttosozialprodukts (2006)

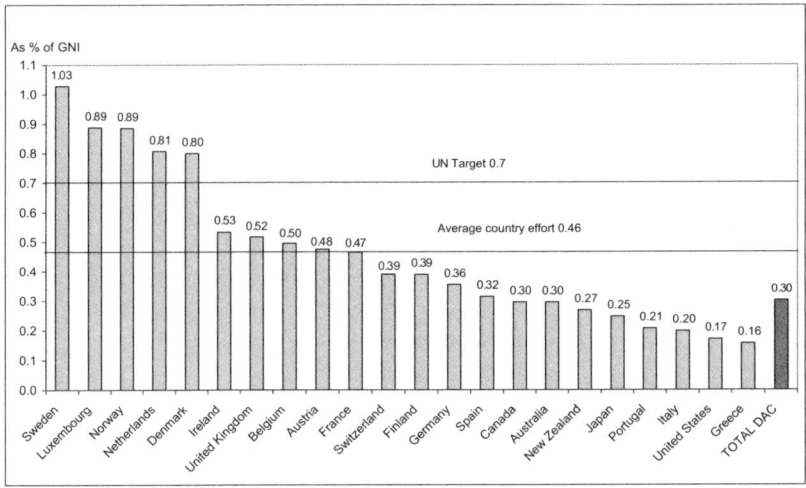

Quelle: www.oecd.org/dataoecd/13/27/38341340.pdf

Nachholende versus nachhaltige Entwicklung

Als Erhard Eppler 1968 Entwicklungsminister geworden war, fragte er seine neuen Mitarbeiter, worin sie das Ziel der Entwicklungspolitik sähen, und bekam die knappe Antwort: „Die Entwicklungslücke schließen". Das aus der Modernisierungstheorie entwickelte Konzept der *nachholenden Entwicklung* hat Entwicklungszusammenarbeit seit ihren Anfängen am stärksten geprägt – und tut es in abgemilderter Form auch heute noch im Zeichen neoliberaler ⊿ **Globalisierung**. *Wirtschaftliches Wachstum* nach dem Vorbild der entwickelten Industriestaaten (⊿ **Entwicklungstheorien**) werde den nationalen Wohlstand mehren und auch zur breiten Bevölkerung durchsickern („trickle down-Effekt"). Nur in wenigen Ländern wie den ostasiatischen „Tigern" gelang dies. Verbreitet war hingegen die Selbstbereicherung der herrschenden Elite und eine wachsende Einkommensungleichheit und soziale Kluft zwischen Reich und Arm in den Empfängerländern. Was das Konzept der nachholenden Entwicklung zudem unberücksichtigt lässt, ist die ökologische Dimension, die heute ins Zentrum der Entwicklungsdiskussion gerückt ist. Das Wachstum der Industrieländer ging von der unbegrenzten Verfügbarkeit natürlicher Ressourcen und der uneingeschränkten Belastbarkeit der Umwelt einschließlich des Weltklimas aus.

Die Erkenntnis, dass die Entwicklungshilfe entgegen der Annahme des „trickle down-Effekts" oft nicht bei der breiten Bevölkerung ankam, führte bereits in den 1970er-Jahren, als McNamara Weltbankpräsident war, zu einer Modifizierung. Erstens wurde die Verringerung der Armut zum vorrangigen Ziel der Entwicklungszusammenarbeit gemacht und zweitens sollte dies mit der Strategie der *Befriedigung der Grundbedürfnisse*, zu denen Ernährung, sauberes Wasser, Behausung, Bildung, Gesundheit und im Weiteren auch persönliche Freiheit gehören, erreicht werden. Der aktuell im Kontext der Millenniums-Erklärung zentrale Dialog über ↗ **Armut und Armutsbekämpfung** hat hier bereits frühe Vorläufer.

Mit der Strategie der *Strukturanpassung* nahm die Entwicklungskooperation in den 1980er-Jahren jedoch eine Wende zu einer neoliberalen Wirtschaftspolitik. Eine ambitionierte etatische Wirtschaftspolitik führte zuerst die Schwellenländer und dann die „hochverschuldeten armen Länder" (HIPC) in die Verschuldungskrise. Hatten die Entwicklungsländer (Gruppe der 77, Blockfreienbewegung) wenige Jahre zuvor noch Forderungen nach Errichtung einer „Neuen Weltwirtschaftsordnung" (NWWO) erhoben, mussten sie nun einzeln beim Pariser Club (IWF, Weltbank und die jeweils zuständigen bilateralen Gläubiger) um Umschuldungen nachsuchen. Diese wurden an Konditionen gebunden: Strukturanpassungsprogramme (SAP), die von Liberalisierung, Privatisierung und Deregulierung geprägt waren. Durch Wachstum der Exporte sollte die Zahlungsfähigkeit der nationalen Ökonomien wieder hergestellt werden, tatsächlich führte diese Politik aber oft zu Deindustrialisierung.

Bei manchen Schwellenländern waren die Strukturanpassungsprogramme erfolgreich. Viele HIPC-Länder kamen aber aus der Schuldenfalle nicht heraus und ihre Entwicklungskrise vertiefte sich. Vor diesem Hintergrund gewährten die G8-Staaten und andere Gläubiger in den 1990er-Jahren verstärkt Schuldenerlasse und verbanden diese im Zuge einer wichtigen Umorientierung in der Entwicklungszusammenarbeit mit ↗ **Armutsbekämpfungsprogrammen.** Die Empfängerländer verpflichten sich im Rahmen solcher Programme, erlassene Schulden für armutsorientierte Zwecke auszugeben. Die Programme sollen mit partizipatorischen Methoden erarbeitet werden, und die Geber verpflichten sich, die Eigenverantwortung („ownership") der HIPC-Länder zu respektieren. Nicht zum ersten Mal (siehe Hilfe zur Selbsthilfe, Befriedigung von Grundbedürfnissen) wird mit dieser Strategie angestrebt, die große Zahl der unter der Armutsgrenze lebenden Menschen zu erreichen.

Ein richtungsweisendes Konzept der Entwicklungszusammenarbeit, das auch auf Veränderungen in den reichen, Ressourcen verschwendenden Ländern zielt und eine grundsätzliche Alternative zum Konzept der nachholenden Entwicklung bietet, lieferte 1987 die Brundtland-Kommission für Umwelt und Entwicklung. In ihrem Bericht „Unsere Gemeinsame Zukunft" forderte sie eine Entwicklung, die die Bedürfnisse der Gegenwart befriedigt, ohne die Fähigkeit zukünftiger Generationen zu gefährden, ihre Bedürfnisse zu befriedigen. Dieses Konzept einer ↗ **nachhaltigen Entwicklung** wird in einem gesonderten Stichwort behandelt.

Fazit und Ausblick

Entwicklungszusammenarbeit ist seit jeher in der öffentlichen Diskussion umstritten gewesen. Zwar darf nicht vergessen werden, dass im Rahmen der Entwicklungshilfe geleistete Transfers immer nur ein Bruchteil der Wirtschaftsleistung eines Empfängerlandes ausmachen. Dennoch wirft das Fortbestehen der Entwicklungsmisere in vielen Ländern die Frage auf, was aus den Geldern in Höhe von ca. 1,5 bis 3,5 Billionen US-Dollar, die weltweit an Entwicklungshilfe geflossen sind, geworden ist. Schon vor 50 Jahren kritisierte der britische Ökonom Lord P. T. Bauer staatliche Entwicklungshilfe als Verschwendung, weil sie Eigeninitiative und Eigenverantwortung der Empfänger unterminiere. Ganz ähnlich argumentiert heute der kenianische EZ-Kritiker James Shikwati (DER SPIEGEL, NR. 27/4.7.2005). Für ihn ist „Hilfe zur Selbsthilfe" ein Widerspruch in sich selbst. Für das „South Centre" ist die Überwindung der Hilfs-Abhängigkeit das vorrangige Ziel (TANDON 2008).

Ein Grundproblem ist ohne Frage die Tatsache, dass Entwicklungshilfe eine solche Vielfalt unterschiedlicher Interessen transportiert, die miteinander nicht immer vereinbar sind. Entwicklungspolitik hat deshalb ein massives Kohärenzproblem. Das wichtigste Beispiel ist die Agrarpolitik der Industrieländer. Mit riesigen Subventionen, die das Drei- bis Vierfache der gesamten Entwicklungshilfeleistungen ausmachen, wird die heimische Landwirtschaft gefördert mit der Folge, dass riesige Überschüsse entstehen, die in den Entwicklungsländern zu Dumpingpreisen abgesetzt werden und die lokale Agrarproduktion unrentabel machen.

Auch wenn im Hinblick auf das Gerechtigkeitsziel, dem Entwicklungsimperativ und dem Nachhaltigkeitskriterium bisherige Entwicklungszusammenarbeit große Defizite aufzuweisen hat, so ist sie in der einen globalisierten Welt mehr noch als in der Vergangenheit eine ethische Verpflichtung angesichts der anhaltenden großen Kluft zwischen Arm und Reich sowie ein Gebot des gemeinsamen Interesses, eine friedliche und umweltverträgliche Zukunft anzustreben. Übereinstimmung besteht darin, dass sowohl auf Geber- wie auf Empfängerseite Anstrengungen erforderlich sind, um die Kluft zwischen hehren Zielen und enttäuschenden Ergebnissen in der

---

Erklärung von Paris über die Wirksamkeit der Entwicklungszusammenarbeit – Partnerschaftsverpflichtungen

Eigenverantwortung: Die eigentliche Verantwortung für ihre Entwicklungspolitiken und -strategien sowie für die Koordinierung entwicklungsförderlicher Initiativen liegt bei den Partnerländern selbst

Anpassung an die Systeme der Partner: Die Geber gründen ihre gesamte Unterstützung auf die nationalen Entwicklungsstrategien, -institutionen und -verfahren der Partnerländer

Harmonisierung: Die Aktionen der Geber sind besser harmonisiert und transparenter und führen zu einer kollektiv größeren Wirksamkeit

Ergebnisorientiertes Management: Ergebnisorientierung beim Ressourcenmanagement und entsprechende Verbesserung der Entscheidungsprozesse

Beiderseitige Verantwortlichkeit und Rechenschaftspflicht: Geber und Partnerländer sind für die Entwicklungsergebnisse verantwortlich

(www.oecd.org/dataoecd/37/39/35023537.pdf)

Zukunft zu verringern. In diesem Sinn haben Vertreter beider Seiten in der „Erklärung von Paris" im Jahr 2005 sich zu gemeinsamen Maßnahmen (siehe Kasten) verpflichtet, um die Wirksamkeit der Entwicklungszusammenarbeit zu erhöhen.

Zu ergänzen ist, dass Entwicklungszusammenarbeit nicht allein auf Projekte und Programme beschränkt werden kann. Die Umsetzung der Paris-Erklärung hängt vielmehr von nationalen und internationalen Rahmenbedingungen ab. Zum einen ist damit eine *globale Strukturpolitik* gemeint, wie sie z.b. im Rahmen der WTO verhandelt wird (➚ **Weltwirtschaft**). Zum anderen geht es um eine – in vielen Partnerländern schwach ausgeprägte – entwicklungsorientierte Ausrichtung des politischen Systems und der herrschenden Eliten, die durch ➚ **Demokratie und gute Regierungsführung** („good governance") unter Einbeziehung zivilgesellschaftlicher Kräfte gestärkt wird. Hier wie dort ist erfolgreiche Entwicklungszusammenarbeit vom politischen Willen der beteiligten Akteure abhängig.

▶ **Literatur**

Brandt-Bericht (Bericht der Nord-Süd-Kommission): Das Überleben sichern. Gemeinsame Interessen der Industrie- und Entwicklungsländer. Köln 1980
Hauff, Volker (Hrsg.): Unsere gemeinsame Zukunft. Der Brundtland-Bericht der Weltkommission für Umwelt und Entwicklung. Greven 1987
Messner, Dirk/Imme Scholz (Hrsg.): Zukunftsfragen der Entwicklungspolitik. Baden-Baden 2005
Nuscheler, Franz: Lern- und Arbeitsbuch Entwicklungspolitik, 5. völlig neu bearb. Aufl. Bonn 2004
Nuscheler, Franz: Die umstrittene Wirksamkeit der Entwicklungszusammenarbeit (= INEF-Report 93/2008). Duisburg 2008 (Online: http://inef.uni-due.de)
Tandon, Yash: Ending Aid Dependence. Nairobi/Oxford/Genf 2008

▶ **Links**

Bundesministerium für wirtschaftliche Zusammenarbeit und Entwicklung (Reihe „BMZ Materialien" zu speziellen Themen, u.a.m.) (www.bmz.de)
Make Poverty History (globale Kampagne zur Erhöhung der EZ) (www.makepovertyhistory.org)
OECD (Informationen zur EZ aller OECD-Länder) (www.oecd.org/dac)
South Centre („An Intergovernmental Policy Think Tank of Developing Countries") (www.southcentre.org)
Welthungerhilfe (kritische Berichte zur deutschen EZ aus der Zivilgesellschaft) (www.welthungerhilfe.de/16-bericht-entwicklungshilfe.html)

Fragile Staaten – Staatsverfall

TOBIAS DEBIEL UND JULIA VIEBACH

Entwicklungspolitik steht zu Beginn des 21. Jahrhunderts in der „Einen Welt" vor neuen Herausforderungen. Sie hat sich mit den ↗ Millennium-Entwicklungszielen (MDGs) anspruchsvolle Vorgaben bei der Verbesserung der Lebensbedingungen für breite Teile der ↗ Weltbevölkerung gesetzt, so etwa die Halbierung der weltweit in absoluter Armut Lebenden bis zum Jahr 2015. Die Halbzeitbilanz im Jahr 2008 fiel dabei ernüchternd aus. Ein wesentlicher Faktor hierfür ist, dass eine nennenswerte Zahl von Ländern durch fragile Staatlichkeit blockiert und ein Teil von ihnen bereits von Staatsverfall geprägt ist. Derart fragile Länder weisen erhebliche Leistungsdefizite in zentralen staatlichen Funktionsbereichen auf: So sind sie nicht oder nur bedingt in der Lage, ein legitimes Gewaltmonopol zu etablieren und ihre Bürger vor Gewalt zu schützen. Die politische Machtkontrolle ist defizitär, das Rechtswesen kaum existent. Staatliche Dienstleistungen und Steuererhebung funktionieren allenfalls in den Städten und auch hier nur mangelhaft. Die soziale Grundversorgung ist nur rudimentär gewährleistet. Was sind die Ursachen für fragile Staatlichkeit und wie lässt sich das Phänomen entwicklungsgeschichtlich einordnen?

Fragile Staatlichkeit, Gewalt und Entwicklungsblockaden

Das britische Department for International Development (DFID 2005) hat im Jahr 2005 eine Liste von 46 Ländern zusammengestellt, in denen im Vergleich zu anderen armen Ländern die soziale Lage in dieser Problemgruppe dramatisch war: Das Pro-Kopf-Einkommen betrug nur etwa die Hälfte der Vergleichsgruppe. Die Kindersterblichkeit lag doppelt, die Müttersterblichkeit sogar dreimal so hoch. Etwa ein Drittel der Bevölkerung war unterernährt; große Teile der Bevölkerung wurden von Malaria geplagt. Die fristgerechte Erreichung der Millennium-Entwicklungsziele (MDGs) ist für diese fragilen Staaten, die etwa 870 Mio. Menschen bzw. 14 % der Weltbevölkerung umfassen, kaum mehr möglich.

Wichtig ist die Feststellung, dass nicht allein strukturelle sozio-ökonomische Entwicklungsprobleme die Verwirklichung der MDGs gefährden, sondern die Funktionsfähigkeit staatlicher Strukturen von mindestens ebenso zentraler Bedeutung ist. Der neoliberal motivierte Abbau von Staatlichkeit in den 1980er-Jahren (↗ **Entwicklungstheorien**, ↗ **Entwicklungszusammenarbeit**) ebenso wie die durch Gewaltkonflikte bedingte Erosion staatlicher Institutionen in den 1990er-Jahren haben Krisenregionen hier ein schwieriges Erbe hinterlassen, dessen Überwindung bei Zukunftsstrategien für die MDGs stärker als bislang in Rechnung gestellt werden muss.

In jüngerer Zeit haben „The Fund for Peace", eine unabhängige Forschungseinrichtung in den USA, und die renommierte Zeitschrift „Foreign Policy" einen „Failed States Index" entwickelt. Der Index stellt nach Auskunft des State Failure Index-Projekts „ein Profil der neuen Weltunordnung des 21. Jahrhunderts" dar. Das Problem, so die Aussage bei der ersten Veröffentlichung im Jahr 2005, sei schwerwiegender als erwartet: Ungefähr zwei Milliarden Menschen lebten in „unsicheren Staaten", wobei der Grad der Verwundbarkeit durch gewaltsame Konflikte variiere (FOREIGN POLICY & FUND FOR PEACE 2005). Auch heute ist die Lage noch ähnlich angespannt (Schaubild 1).

Fragile Staatlichkeit umfasst nahezu alle Weltregionen. In der Liste der 35 unsichersten Staaten finden sich neben den Spitzenreitern Somalia, Sudan, Zimbabwe, und Chad auch Länder wie Bangladesch (Rang 12), Sri Lanka (20) und Syrien (35). Trotz dieser Streuung ist auffällig, wie prominent Afrika südlich der Sahara vertreten ist: Unter den 10 besonders gefährdeten Staaten liegen sieben auf dem afrikanischen Kontinent. Viele von ihnen haben opferreiche Bürgerkriege hinter sich bzw. finden sich (erneut) in Kriegen (Tabelle 1). Innerstaatliche Gewaltkonflikte und fragile Staatlichkeit stehen auch über Subsahara-Afrika hinaus in direktem Zusammenhang miteinander. Folgerichtig kommt das Peace and Conflict-Projekt der University of Maryland zu dem Ergebnis, dass an 77 % aller internationalen Krisen seit dem Ende des Ost-West-Konflikts (1990–2005) mindestens ein Akteur beteiligt war, der als unstabil, fragil oder gescheitert einzuordnen ist." (HEWITT ET AL. 2008: 17)

Schaubild 1: The Failed States Index 2008

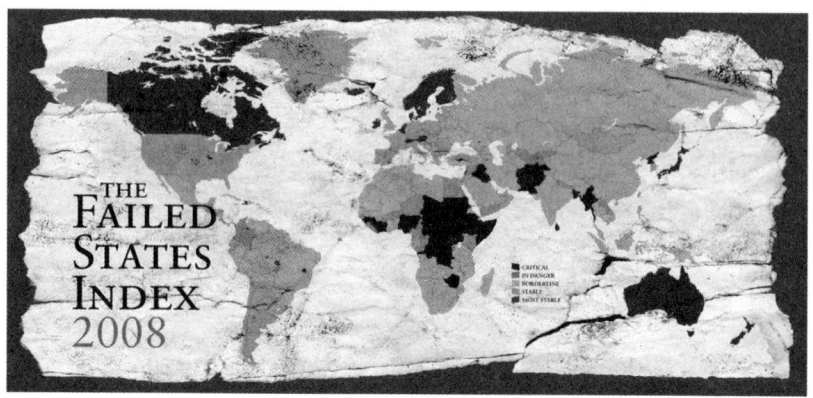

Legende

- ■ kritische Stabilität/Instabilität
- ▨ gefährdete Stabilität
- ▨ an der Grenze zur gefährdeten Stabilität
- ▨ stabil
- ■ sehr stabil

Quelle: Foreign Policy & Fund for Peace 2008
(In Farbe online: www.foreignpolicy.com/images/fs2008/FSIndex2008.jpg)

Tabelle 1: „Failed States Index": Afrikanische Länder als „Spitzenreiter"

1	Somalia	6	Democratic Republic of Congo
2	Sudan	7	Afghanistan
3	Zimbabwe	8	Côte d'Ivoire
4	Chad	9	Pakistan
5	Iraq	10	Central African Republic

Quelle: Foreign Policy & Fund for Peace 2008

Zur Erklärung fragiler Staatlichkeit zu Beginn des 21. Jahrhunderts

Staatsversagen ist an sich nichts Neues, sondern kann als übliches Phänomen des nachkolonialen Zeitalters bezeichnet werden. Mit dem Ende des Kalten Krieges sind jedoch viele Länder zu „failing" bzw. gar „failed" oder „collapsed states" (ZARTMAN 1995) geworden. Neu für die Zeit nach dem Ende der bipolaren Weltordnung war, dass die Gefahr staatlichen Verfalls, also einer Abwärtsspirale, an Bedeutung zunahm und erhöhte Aufmerksamkeit erhielt.

Ausgehend von den Grundmerkmalen eines Staates: Staatsgebiet, Staatsvolk und Staatsgewalt, weist ein fragiler Staat Defizite in der Wahrnehmung staatlicher Kernfunktionen wie die Gewährleistung von Sicherheit, die Schaffung rechtstaatlicher politischer Verhältnisse, die Bereitstellung von Wohlfahrtsleistungen (Bildung, Gesundheit, Infrastruktur) sowie die Aufrechterhaltung einer durchsetzungfähigen Verwaltung auf.

Fragile Staatlichkeit hat zunächst eine interne Dimension: Die soziale Kohärenz ist gefährdet, die Gesellschaft ist nicht mehr in der Lage, Unterstützung für bzw. Forderungen an den Staat zu artikulieren und zu aggregieren (ZARTMAN 1995). Zwar übernehmen oftmals traditionelle Autoritäten die Kontrolle in einer bestimmten Region; sie sind aber nicht in der Lage, auf gesamtstaatlicher Ebene politische Führungsfunktionen auszuüben. Daneben ist die externe Dimension zu beachten, insbesondere auf subregionaler Ebene: Denn die Nachbarstaaten sind durch Flüchtlingsströme, die räumliche Ausweitung militärischer Operationen und wechselseitige Destabilisierung gefährdet. Durch die hohe Verfügbarkeit von Waffen, die Entstehung kriegsökonomischer Strukturen sowie neue Möglichkeiten der Rekrutierung von Söldnern haben sich darüber hinaus neue Wirtschafts- und Sicherheitsstrukturen gebildet, die eine Art funktionales Äquivalent zu staatlicher Regulation darstellen (↗ **Kriege und Gewaltkonflikte**).

Angesichts der offenkundigen Relevanz des Problems stellt sich die Frage nach den Ursachen fragiler Staatlichkeit: Gibt es hierfür verlässliche Antworten? Nach wie vor liegen erstaunlich wenige empirische Erkenntnisse über die Ursachen fragiler Staatlichkeit vor. Für quantitative Untersuchungen nachteilig ist dabei, dass erst in jüngerer Zeit Länder in Bezug auf ihre Staatlichkeit hin untersucht und eingeordnet werden. Vor diesem Hintergrund wird häufig auf die Ergebnisse eines groß angelegten

Forschungsprojekts unter der Leitung der Maryland Universität rekurriert, die *State Failure Task Force*. Ziel des maßgeblich von Ted Robert Gurr geprägten Forschungsprogramms war zum einen die weltweite Erfassung von 136 Staatsverfallsprozessen zwischen 1955 und 1998 und zum anderen die Entwicklung eines Indikatorenmodells, mit dem die Wahrscheinlichkeit von verschiedenen Typen des Staatsverfalls prognostiziert werden kann (STATE FAILURE TASK FORCE 2003). Das Projekt definierte Staatszerfall allerdings sehr breit als „schwere politische Instabilität" (serious political instability) und legte insofern keine auf den Staat fokussierte Operationalisierung vor (MILLIKEN/KRAUSE 2002: 764–765).

In dem Globalmodell des Projekts für alle Weltregionen erwies sich erstaunlicherweise der jeweilige Regierungstyp als erklärungskräftigste Variable. Das markanteste Ergebnis war, dass die Chance des Scheiterns, unter ansonsten gleichen Rahmenbedingungen, für sogenannte „partial democracies" *sieben Mal* höher war als für vollständige Demokratien oder Autokratien. (STATE FAILURE TASK FORCE 2003: vi)

Zusätzliche Erklärungsfaktoren, die das Risiko von Staatsverfall ungefähr verdoppelten, waren:

- geringer Wohlstand, der über den Indikator Kindersterblichkeit operationalisiert wurde;
- geringe Integration in den Welthandel (gemessen über den Anteil des Außenhandels (Importe plus Exporte) am Bruttoinlandsprodukt);
- das Auftreten größerer Bürgerkriege in zwei oder mehr Nachbarstaaten.

Die angedeuteten Schwächen dieses quantitativ-empirischen Forschungsprojektes bei der Operationalisierung fragiler Staatlichkeit lassen es sinnvoll erscheinen, komplementär auch historische und polit-ökonomische sowie vergleichende Ansätze mit qualitativer Perspektive hinzuzuziehen (MILLIKEN/KRAUSE 2002: 755–756). Eine prominente Rolle spielen Charles Tillys (1985) Untersuchungen zur europäischen Staatswerdung, die er in der eingängigen Bezeichnung von „war-making and state-making as organized crime" pointiert zusammenfasste. Demnach sind Staaten insbesondere über die Aneignung politischer Kontrolle entstanden, die einerseits mit der Verfügung über menschliche und ökonomische Ressourcen, andererseits aber auch mit der Bereitstellung minimaler Schutzfunktionen einhergingen. Bemerkenswert ist allerdings, dass Krieg nach der Dekolonisierung

der 1950er-, 60er- und 70er-Jahre in der Dritten Welt eher zu „state failure"
denn zu „state-making" beigetragen hat. Herfried Münkler (2002: 18–19)
spricht von modernen „Staatszerfallskriegen", die nicht verglichen werden
könnten mit den „staatsbildenden Kriegen" des 19. und 20. Jahrhunderts in
Europa.

Handlungsoptionen für die Stabilisierung und Transformation fragiler Staaten

Fragile und kollabierte Staatlichkeit wird nach dem 11. September 2001
nicht nur als entwicklungspolitische, sondern auch als sicherheitspolitische
Herausforderung wahrgenommen (↗ **Frieden und Entwicklung**). Wie aber
können externe Akteure mit fragilen und gescheiterten Staaten umgehen?
Mittlerweile gibt es in der Gebergemeinschaft einen Konsens, auch unter
schwierigsten Bedingungen direkt oder indirekt in einem Land entwick-
lungspolitisch präsent zu bleiben (OECD/DAC 2004). Dabei wird gemäß
dem Grundsatz „stay engaged, but differently" nach Wegen gesucht, angemessen auf die verminderte institutionelle Leistungsfähigkeit fragiler Staaten zu reagieren und bei der Auswahl von Ansprechpartnern auch deren
Reformbereitschaft zu berücksichtigen (DEBIEL/LAMBACH 2008).
   Einige quantitative Studien zeigen, dass Entwicklungshilfe besonders
wirkungsvoll ist, wenn sie mit reformorientierten Politiken zusammentrifft
(BURNSIDE/DOLLAR 2004). Eine Erhöhung der Hilfe für fragile Staaten
dürfte insofern nur dann Sinn machen, wenn sie an Bedingungen geknüpft
ist. Diese brauchen nicht den gesamten „Wunschkatalog" von ↗ **Good
Governance** abzudecken, sondern können sich an Minimalkriterien von
„good-enough governance" orientieren, die insbesondere Rechtsstaatlichkeit und Transparenz in der Haushaltsführung einfordert. Entwicklungspolitische Maßnahmen sollten in Krisenstaaten deshalb sinnvollerweise in
erster Linie dazu beitragen, dass ein Minimum an öffentlicher Sicherheit
gewährleistet, Regierungshandeln rechtsstaatlich kontrolliert und die Korruption ebenso wie die Armut effektiv bekämpft werden.
   Einen weiteren Ansatzpunkt bilden Maßnahmen, die die externe Verwundbarkeit von (potenziellen) Krisenländern vermindern helfen und
dazu beitragen, dass sich weder Regierung noch Rebellen in nennenswer-
tem Maße bereichern können. Fragile Staaten sind zunächst in aller Regel

in einen regionalen Sicherheitskomplex eingebunden, in dem wechselseitige Stabilisierung und Destabilisierung sowie zahlreiche transnationale „spillover"-Effekte eine Rolle spielen. Soll ein Rückfall in kriegerische Gewalt vermieden werden, verdient die Stärkung der regionalen Komponente von ↗ **Global Governance** hohe Priorität, so v.a. in Subsahara-Afrika.

Schließlich gibt es Situationen, in denen staatlichem Verfall auch durch den Einsatz militärischer Mittel entgegengewirkt wird. Multilaterale Friedensoperationen haben sich seit dem Ende des Ost-West-Konflikts trotz herber Fehl- und Rückschläge (v.a. Somalia, früheres Jugoslawien, Ruanda) zu einem wichtigen Instrument entwickelt, um zur Deeskalation beizutragen und eine durch Misstrauen und den Einfluss von Gewaltakteuren geprägte Übergangsphase zu stabilisieren. Die Anzahl der UN-Friedensoperationen wurde zwischen 1988 und 2007 von sieben auf 17 mehr als verdoppelt. Im März 2007 hatten die UN-Friedensoperationen eine Personalstärke von mehr als 99.000, zwei Drittel davon mit gut 66.000 Soldaten in den fünf Missionen in Subsahara-Afrika. Mandat und Ausrüstung der Blauhelmmissionen sind inzwischen in der Regel deutlich „robuster" ausgestattet als noch vor anderthalb Jahrzehnten, sie übernehmen zudem Aufgaben des *state-building*. Gleichwohl gibt es noch erheblichen Lernbedarf hinsichtlich der Ausstattung und der kohärenten Durchführung von Operationen vor Ort.

▶ **Literatur**

Burnside, Craig/David Dollar: Aid, Policies and Growth: Revisiting the Evidence. World Bank Policy Research Working Paper 3251. Washington, D.C. 2004 (Online: http://ssrn.com/abstract=610292)

Debiel, Tobias/Daniel Lambach: From "aid conditionality" to "engaging differently": How development policy tries to cope with fragile states, in: Journal für Entwicklungspolitik, Band 23, 4, 2008: 80–99

DFID (Department for International Development): Why We Need to Work More Effectively in Fragile States. London 2005 (Online: www.dfid.gov.uk/pubs/files/fragilestates-paper.pdf)

Foreign Policy & Fund for Peace: The Failed States Index 2005, in: Foreign Policy, July/August, Issue 149, 2005: 56–65

Foreign Policy & Fund for Peace: The Failed States Index 2008, in: Foreign Policy, July/August, Issue 197, 2008: 64–68

Hewitt, Joseph/Jonathan Wilkenfeld/Ted Robert Gurr: Peace and Conflict 2008. College Park, MD 2008 (Online: www.cidcm.umd.edu)

Milliken, Jennifer/Keith Krause: State Failure, State Collapse, and State Reconstruction: Concepts, Lessons and Strategies, in: Development and Change, Vol. 33, No. 5, 2002: 753–774

Münkler, Herfried: Die neuen Kriege. Reinbek 2002

OECD/DAC: Senior Level Forum on Development Effectiveness in Fragile States. Harmonization and Alignment in Fragile States. Draft Report by Overseas Development Institute (ODI), United Kingdom. Paris 2004
(Online: www.oecd.org/dataoecd/20/56/34084353.pdf)

State Failure Task Force: State Failure Task Force Report. Phase III Findings, Center for International Development & Conflict Management. College Park, MD 2003

Tilly, Charles: War-Making and State-Making as Organized Crime, in: Peter B. Evans, Peter B./Dietrich Rueschmeyer/Theda Skocpol (Hrsg.): Bringing the State Back In. Cambridge 1985: 169–191

Zartman, I. William (Hrsg.): Collapsed States: The Disintegration and Restoration of Legitimate Authority. Boulder, CO/London 1995

▶ **Links**

Failed States Index (www.fundforpeace.org)

Institut für Entwicklung und Frieden (Publikationen zum Thema fragile Staatlichkeit und „state failure") (www.inef.uni-due.de)

State Failure Task Force, Center for International Development and Conflict Management, University of Maryland, USA (www.cidcm.umd.edu)

Frieden und Entwicklung

ANGELIKA SPELTEN

Welchen Beitrag kann Entwicklung zum Frieden leisten? Von welchem Punkt an tragen gelungene Entwicklungszusammenarbeit und wirtschaftlicher Fortschritt dazu bei, dass Bürgerkriege weniger wahrscheinlich werden? Oder ist der Zusammenhang umgekehrt und erst wenn die Menschen in ihrem Alltagsleben einen gewissen Grad an Sicherheit vor physischer Bedrohung haben, die Gewalt also beendet ist, kann wirtschaftliche Dynamik entstehen? Wissenschaft und Politik widmen diesen Fragen seit den frühen 1990er-Jahren besondere Aufmerksamkeit und diskutieren sie bis heute kontrovers. Obwohl noch viele Fragen offen sind, wurden in den letzten Jahren einige Annahmen bestätigt und andere widerlegt.

In diesem Stichwort werden wesentliche Veränderungen im Verständnis über den Zusammenhang zwischen Entwicklung und Frieden seit Beginn der 1990er-Jahre behandelt. Den Ausgangspunkt bilden drei Konzepte aus dem System der Vereinten Nationen (UNO): die Agenda für den Frieden, die Agenda für Entwicklung und der UNDP-„Bericht über die menschliche Entwicklung" von 1994. Diese Dokumente formulierten Leitbilder internationaler Politik und setzten damit auch wichtige Zäsuren für die Praxis der Entwicklungszusammenarbeit.

Friedenssehnsucht und hohe Ambitionen in den 1990er-Jahren

Die Agenda für den Frieden

Auf Bitten des UNO-Sicherheitsrates legte Generalsekretär Boutros Boutros-Ghali im Juli 1992 eine „Agenda für den Frieden" vor. Sie analysierte die bisherigen Kapazitäten zur Friedensschaffung und Friedenswahrung der UNO und enthielt Empfehlungen, wie diese Fähigkeiten ausgebaut und gestärkt werden könnten. Zwar sah die UNO-Charta bereits Handlungsmöglichkeiten der internationalen Friedenswahrung vor, doch die Bürgerkriege in Jugoslawien und Somalia hatten gezeigt, wie hilflos bis dramatisch untauglich sie in akuten Gewaltsituationen waren. Die Agenda enthält im Kern vier Maßnahmenbündel: „Vorbeugende Diplomatie", „Friedensschaffung", „Friedenssicherung" und „Friedenskonsolidierung". Die wesentlichen Neuerungen an diesen abgestuften Handlungsoptionen waren das grundsätzliche Primat der Prävention und das verstärkte Engagement der Staatengemeinschaft für die mittel- bis langfristige Stabilisierung von Gesellschaften nach der Beendigung von Kampfhandlungen.

Das Engagement der Staatengemeinschaft soll demnach sehr viel früher im Verlauf politischer Krisen beginnen und darauf angelegt sein, Feindseligkeiten beizulegen, bevor daraus gewaltsame Auseinandersetzungen entstehen. Die dazu vorgesehenen Maßnahmen umfassen ein Spektrum diplomatischer Aktivitäten. (AGENDA 1992: § 23–33)

Friedensschaffung (peacemaking) bezieht sich auf zivile und militärische Sanktionsmaßnahmen, die einsetzen, wenn es bereits zu Gewalt gekommen ist. Sie sollen dazu beitragen, dass die Konfliktparteien ihre Kampfhandlungen einstellen und auf friedlichem Wege Einigungen erzielen.

Mit der Funktion der *Friedenssicherung* (peacekeeping) trug der Generalsekretär dem gewachsenen Bedarf Rechnung, nach dem Ende von Kampfhandlungen die Umsetzung und Einhaltung von Abkommen durch UNO-Kräfte zu überwachen und abzusichern und den Konfliktparteien zuverlässige Informationen über den Verlauf der Prozesse zur Verfügung zu stellen. Dazu sollen Polizisten, Verwaltungsbeamte und Militärs eingesetzt werden können.

Das vierte Maßnahmenbündel der Agenda widmet sich den Herausforderungen der *Friedenskonsolidierung* (post-conflict peacebuilding). Die große Zahl gescheiterter Friedensprozesse hat gezeigt, dass der Wiederaufbau eine existenzielle, aber gleichzeitig sehr riskante Aufgabe ist. Die Agenda stellt in diesem Handlungsfeld eine enge Verbindung zwischen Friedens- und Entwicklungsarbeit her und fordert mehr internationales Engagement. Sie legt die Überzeugung zugrunde, dass wirtschaftliche und soziale Verbesserungen für die Bevölkerung das Vertrauen in den Frieden stabilisieren und den „Gewinn" des Friedens erfahrbar machen können. Neben diesen klassischen Aufgaben der Entwicklungszusammenarbeit sollten auch spezifische Beiträge zur Friedenskonsolidierung beispielsweise bei der Demobilisierung, Entwaffnung und Reintegration ehemaliger Kombattanten und den Aufbau von Verwaltungsstrukturen für eine zukünftige Friedensordnung erfolgen (AGENDA 1992: § 55).

Die Agenda löste in staatlichen und nichtstaatlichen Institutionen sowie in der Wissenschaft neue Dynamik aus. Es begann die Suche nach Konzepten für die praktische Umsetzung. Entwicklungspolitische Institutionen definierten neue Projekttypen, um Reformen des Sicherheits- und des Justizsektors, die Demobilisierung, Entwaffnung und Reintegration ehemaliger Soldaten, die Vorbereitung und Durchführung von Wahlen und die Dezentralisierung von Verwaltungsstrukturen zu unterstützen. Damit näherten sich die Handlungsfelder der Außen- und Sicherheitspolitik und der Entwicklungspolitik immer weiter an und die Grenze zwischen politischer Einflussnahme und der eher auf technische Unterstützung ausgerichteten Projektarbeit verschwammen zunehmend.

Menschliche Sicherheit

Die enge Verschränkung zwischen Entwicklungs- und Friedensförderung wurde zwei Jahre später durch einen weiteren Bericht aus dem System der UNO und diesmal aus einer explizit entwicklungspolitischen Sicht noch einmal bekräftigt. Das Entwicklungsprogramm der Vereinten Nationen (UNDP) prägte in seinem Bericht über die menschliche Entwicklung von 1994 den Begriff der „menschlichen Sicherheit" (human security) und schuf damit ein neues Leitbild für den friedens- und entwicklungspolitischen Diskurs.

Im Grundverständnis der UNO beinhaltet das Ziel der internationalen Friedensförderung von Anfang an zwei Dimensionen: Die „Freiheit

Der amerikanische Außenminister James F. Byrnes berichtete 1945 seiner Regierung über die Gründung der Vereinten Nationen und stellte den Friedensbegriff, der diesem Gründungsakt zugrunde lag, folgendermaßen dar:

„Der Kampf um den Frieden muss an zwei Fronten geführt werden. Die erste ist die Sicherheitsfront, bei der ein Sieg Freiheit von Furcht bedeutet. Die zweite ist die wirtschaftliche und soziale Front, an der ein Sieg Freiheit von Not bedeutet. Erst ein Sieg an beiden Fronten kann der Welt einen dauerhaften Frieden bescheren."

Quelle: UNDP 1994: 30

von Angst" (freedom from fear) und die Freiheit von Not (freedom from want).

Die konkrete Politikgestaltung führte in den Folgejahren zu einer Aufgabenteilung, bei der die Freiheit von Not zum Handlungsfeld der ↗ Entwicklungszusammenarbeit wurde, während die Freiheit von Furcht im Zuständigkeitsbereich von Außen- und Sicherheitspolitik lag und sich hauptsächlich auf die Vermeidung von zwischenstaatlichen Kriegen bezog. Das Novum des UNDP-Berichts von 1994 bestand darin, dass UNDP in beiden Bereichen den Menschen und nicht mehr den Staat als zentralen Referenzpunkt setzte. Auch bei der Freiheit von Furcht sollte es nicht mehr in erster Linie um die territoriale Sicherheit der Staaten, sondern um die Sicherheit der Individuen vor Bedrohung ihrer physischen Unversehrtheit gehen. Die konnte keineswegs nur durch externe militärische Gewalt, sondern durch ein breites Bündel von Ursachen wie Umweltdegradierung, soziale Missstände oder innerstaatliche politische Spannungen bedroht sein (ULBERT/WERTHES 2008: 15). Sieben Hauptkategorien menschlicher Sicherheit definierte UNDP und für alle wurde mehr entwicklungspolitisches Engagement empfohlen: Wirtschaftliche Sicherheit, Sicherheit der Ernährung, Sicherheit der Gesundheit, Sicherheit der Umwelt, Persönliche Sicherheit, Sicherheit der Gemeinschaft und Politische Sicherheit (UNDP 1994: 29). Da die Budgetmittel dem Wachstum der Aufgaben nicht standhielten, mussten die Finanzmittel zwischen den eher klassischen auf soziale Reformen und Armutsbekämpfung gerichteten Maßnahmen und den neueren Projekttypen, die in erster Linie der Friedenskonsolidierung dienten, aufgeteilt werden. Diese Konkurrenz setzt sich bis heute fort und schwingt bei den inhaltlichen Kontroversen um die Interpretation, Weiterentwicklung und praktische Umsetzung des Konzeptes mit.

Agenda für Entwicklung

Um dem Vorwurf zu begegnen, die UNO hätten das Ziel der Armutsbekämpfung auf einen nachrangigen Platz verschoben, stellte Boutros-Ghali im Mai 1994 eine „Agenda für Entwicklung" vor. Die zentrale Botschaft dieses Berichts ist, dass die finanziellen Aufwendungen für Frieden und Entwicklung, nicht gegeneinander aufgerechnet werden könnten, sondern nur zusammen bzw. in gegenseitiger Ergänzung überhaupt Früchte tragen können. Ohne Entwicklung kein dauerhafter Frieden, aber ohne Frieden fehlen die lokalen Ressourcen, um Entwicklungsprozesse in Gang zu setzen, so die Argumentation der Agenda. Mit ihrem Anliegen, die Mitgliedsstaaten für ein gleichgewichtiges Engagement in beiden Handlungsfeldern zu motivieren, erneuerte und verstärkte die Agenda die bereits vorher angelegte Verknüpfung von Entwicklungs- und Friedensaufgaben. Fünf Dimensionen von Entwicklung werden definiert, neben Wirtschaft, Umwelt, Gerechtigkeit und Demokratie wird Frieden als „grundlegende Dimension" hervorgehoben. Mit entsprechenden Entwicklungsmaßnahmen solle möglichst noch vor dem Ende von Kampfhandlungen begonnen werden, um von „Anfang an" den Grundstein einer neuen Gemeinwesenentwicklung und Friedensordnung zu legen (AGENDA 1994: § 20).

Friedensförderung durch Entwicklungszusammenarbeit?

Alle drei Dokumente entsprachen der Friedenssehnsucht und der Zuversicht, die sich nach dem Ende der Blockkonfrontation ausbreitete und von einem bekräftigten Mandat der UNO für die Wahrung von Frieden in der Welt ausging. Man folgte dem Generalsekretär in der Überzeugung, dass mehr internationale Unterstützung für die kriegsbelasteten Regionen notwendig war und begrüßte das Primat der Prävention als wesentlichen Ansatzpunkt internationaler Friedenspolitik. Anfang der 1990er-Jahre hatten sich auch durch friedensethische Stellungnahmen der Kirchen implizite Prämissen über den Zusammenhang zwischen Frieden und Entwicklung etabliert, die gleichzeitig Grundlage und Botschaft der drei UNO-Konzepte waren:

1. Armutsminderung und soziale Entwicklung sind per se ein Beitrag zur Friedensstabilisierung.
2. Die Prävention von Gewalteskalation ist möglich, sobald qualifizierte Frühwarnung vorhanden ist.
3. Alle Bevölkerungsgruppen wollen ein Ende der Gewalt und profitieren vom Frieden.
4. Demokratische Reformen und soziales Wachstum bedingen sich gegenseitig und haben daher insbesondere in Nachkriegssituationen nur dann Aussichten auf Erfolg, wenn sie gleichzeitig vorangetrieben werden.

Erst nach einem längeren Zeitraum konkreter Praxiserfahrung entstand eine empirische Grundlage, um die Prämissen an der Realität zu überprüfen.

Zu manchen Punkten brachten die bisherigen Ergebnisse ernüchternde Erkenntnisse hervor.

Die Entzauberung der Ideale

Entwicklungshilfe kann auch negativ wirken

Zwischen 1994 und 1996 führte die amerikanische Nichtregierungsorganisation „Collaborative for Development Action" eine Reihe empirischer Studien durch, um den Zusammenhang zwischen internationaler Hilfe und Gewaltprozessen näher zu untersuchen (ANDERSON 1999). Die Ergebnisse waren für das gesamte Spektrum staatlicher wie kirchlicher wirtschaftlicher wie humanitärer Zusammenarbeit eine bittere Pille. Mit überzeugenden Belegen wurde festgestellt, dass externe Interventionen in einem konfliktiven Umfeld immer Teil dieses Konfliktkontextes werden und daher nie apolitisch sein können. Zudem bedeutet diese Erkenntnis, dass das externe Engagement entweder konfliktmindernd oder -verstärkend wirkt, aber nie ohne Wirkung auf die Konfliktkonstellation ist. Für einzelne Fälle wurde gezeigt, dass Maßnahmen der humanitären und der Wirtschaftshilfe politische Spannungen verstärkt und im Extremfall auch ↗ Gewaltkonflikte verlängert bzw. intensiviert hatten. Die Prämisse, dass Entwicklungshilfe per se auch Friedensförderung ist, war nun nicht länger haltbar.

Frühwarnung allein verhindert Gewalt nicht

Die Agenda für den Frieden wurde weithin als Aufruf zu mehr Engagement im Bereich der Krisenfrühwarnung verstanden. Man ging davon aus, dass Gewalteskalationen und Bürgerkriege einen zeitlichen Vorlauf haben, in dem politische Spannungen zu- und die staatlichen und gesellschaftlichen Kapazitäten der konstruktiven Konfliktbearbeitung abnehmen. Wenn diese Prozesse frühzeitig erkannt werden, sollte es auch möglich sein, durch gezielte Maßnahmen eine weitere Eskalation zu verhindern. Dieser Logik folgten etliche nationale wie internationale Organisationen und entwickelten Systeme zur Frühwarnung vor politischen Krisen.

Nach einigen Jahren der Anwendung setzte eine gewisse Ernüchterung ein. Trotz des großen finanziellen und konzeptionellen Aufwandes gab es kaum merkliche Erfolge bei der Verminderung der Gewalt. 2002 zog Kofi Annan als UNO-Generalsekretär eine kritische Bilanz bisheriger

Fortschritte beim Aufbau der Kapazitäten zur Konfliktverhütung. Ernüchtert stellte er fest: „Die meisten Faktoren, die die Vereinten Nationen am Eingreifen gehindert haben, um den Völkermord in Ruanda zu verhindern, bestehen fort." (ANNAN 2002: 69) Die Gründe für das Versagen von Prävention sind vielfältig und setzen sich vermutlich in jedem Einzelfall anders zusammen. Das Haupthindernis war immer noch der fehlende politische Wille, den Boutrus-Ghali schon in seiner Agenda für den Frieden anmahnte. Ein aktuelles Beispiel ist das Abstimmungsverhalten im UNO-Sicherheitsrat bei Entscheidungen über Maßnahmen zur Friedensförderung in Darfur. Die Gewalteskalation nach den gescheiterten Wahlen in Kenia im Dezember 2007 ist hingegen ein aktuelles Beispiel dafür, dass die Frühwarnung noch große Schwächen hat. Nicht nur die meisten externen Beobachter, sondern auch die Kenianer selbst waren von der Gewaltentwicklung überrascht. Keine der einschlägigen Institutionen der Krisenfrühwarnung hatte Kenia im Jahr zuvor auf ihrer Warnliste. Weitere Gründe für das häufige Versagen der Prävention sind zu geringe materielle und personelle Ressourcen für angemessene Gegenmaßnahmen und – was oft unterschätzt wird – auch der Mangel an erprobten Strategien, die Gewalteskalation nachhaltig verhindern helfen.

Krieg hat auch Profiteure

Ende der 90er-Jahre stellten wissenschaftliche Studien das Paradigma in Frage: „dass vom Ende eines Krieges alle profitieren". Paul Collier und Anke Hoeffler konnten nachweisen, dass Kriege nicht nur als Verteilungskämpfe geführt werden, die aus mangelhaften Lebensumständen und Not entstehen. Die Gewaltanwendung an sich war in etlichen Regionen zu einem Wirtschaftsfaktor geworden und die Kriege hielten deshalb an, weil die Chance bestand, mit der Gewalt „Einkommen" zu erzielen.

In diesen sogenannten „Gewaltökonomien" gibt es „Kriegsprofiteure", die wenig Interesse am Frieden haben. Die Einkommen werden durch den gewaltsamen Zugriff auf rohstoffreiche Territorien, das Erpressen von Schutzgebühren und Zöllen oder die Kontrolle über Handelswege und Handelsgüter (z.B. Drogen, Diamanten) erzielt (↗ **Kriege und Gewaltkonflikte**).

Würde in einer Friedenssituation das Gewaltmonopol des Staates wieder hergestellt, gingen diese Bereicherungsmöglichkeiten verloren. Solange Gewaltakteure von einem Krieg profitieren und durch den Frieden verlieren, bleiben die Friedensaussichten schwach. 40 % aller Länder, die einen

Waffenstillstand oder Friedensvertrag abgeschlossen haben, fallen innerhalb von 10 Jahren wieder in massive Gewaltsituationen zurück. Um den Teufelskreis der Gewaltökonomien zu durchbrechen, ist neben sozialer Entwicklung auch internationale Ordnungspolitik vonnöten (↗ **Global Governance**).

Der Weg zu einer realistischen Bescheidenheit

Das häufige Scheitern von Friedenskonsolidierung führt zurück zum Konzept der menschlichen Sicherheit und beeinflusst seine Interpretation. Unstrittig ist, dass Frieden langfristig nur gelingen kann, wenn Freiheit von Furcht und von Not besteht. Doch lassen sich beide Ziele wirklich gleichzeitig umsetzten? Einige Forschungskreise verweisen darauf, dass gerade die Gleichzeitigkeit der Reformprozesse Nachkriegsgesellschaften oft überfordert. Den Konzepten der 1990er-Jahre lag das optimistische Bild eines gesellschaftlichen Neubeginns zugrunde. Es bestand die Erwartung und Hoffnung, durch gemeinsame Kraftanstrengung der internationalen Gemeinschaft am Ende eines Krieges alle wesentlichen gesellschaftlichen Normen und Parameter gleichzeitig zu reformieren und neu zu justieren. Erst in der konkreten Arbeit zeigte sich, dass die Herausforderungen größer sind, als in den Konzepten vermutet. Entwicklungs- und Reformprozesse bieten nicht nur Chancen, alte, ungerechte und konflikthafte Strukturen und Verteilungsmuster positiv zu verändern und gesellschaftliche Spannungen abzubauen, auch das Gegenteil ist möglich. Bei jedem Wandel sind die Profiteure der alten Ordnung die neuen Verlierer und wehren sich nicht selten mit Gewalt gegen die Veränderung.

Wenn Friedenskonsolidierung scheitert, weil die anstehenden Reformen neue Konflikte schüren, treten Freiheit von Furcht und Freiheit von Not in Konkurrenz zueinander und es müssen Prioritäten gesetzt werden. Doch wer entscheidet, ob Sicherheit oder Entwicklung den Vorrang hat? Die „Human Security Unit" der UNO plädiert dafür, in der Zeit nach Gewaltkonflikten, wenn die nationalen Autoritäten meist zu schwach sind, um die öffentliche Sicherheit zu gewährleisten, dem Schutz der Zivilbevölkerung die erste Priorität bei der Friedenskonsolidierung zu geben (HSU NEWSLETTER, ISSUE 2, 2008). Doch auch die Annahme, dass durch den Vorrang von Sicherheit die internationalen Bemühungen zur Friedensstabilisierung langfristig erfolgreicher werden, muss sich erst durch die Realität bestätigen.

► **Literatur**

Agenda für den Frieden. Bericht des Generalsekretärs an die Generalversammlung der Vereinten Nationen. New York 1992.

Agenda für Entwicklung. Bericht des Generalsekretärs an die Generalversammlung der Vereinten Nationen. New York 1994.

Anderson, Mary B.: Do No Harm: How Aid Can Support Peace – Or War. Boulder 1999

Annan, Kofi: Verhütung bewaffneter Konflikte. Bericht des Generalsekretärs. New York 2002

Collier, Paul/Anke Hoeffler: Greed and Grievance in Civil Wars (= World Bank, Policy Research Paper no. 2355). Washington, D.C. 2000

Lambach, Daniel/Tobias Debiel: Instabiler Autoritarismus: Krisenländer und Krisenregionen, in: Friedensgutachten 2008. Berlin 2008: 246–257

Ulbert, Cornelia/Sascha Werthes (Hrsg.): Menschliche Sicherheit, globale Herausforderungen und regionale Perspektiven. Baden-Baden 2008

UNDP: Bericht über die menschliche Entwicklung (Human Development Report 1994: New Dimensions of Human Security). New York/Oxford 1994 (Online: http://hdr.undp.org)

► **Links**

AG Friedensforschung an der Universität Kassel (kritische Analysen und ein Online-Archiv: u.a. Agenda 1992 und 1994 (www.uni-kassel.de/fb5/frieden)

Human Security Report Group (Simon Fraser University, Vancouver: Analysen zu menschlicher Sicherheit, insb. Human Security Report) (www.hsrgroup.org)

Human Security Unit (Büro der UNO für Initiativen zur Förderung der menschlichen Sicherheit: Dokumente, Analysen: u.a. HSU Newsletter, und mehr links) (http://ochaonline.un.org/humansecurity)

Institut für Entwicklung und Frieden (Universität Duisburg-Essen: Analysen zu Fragen des Friedens und der Entwicklung) (www.inef.uni-due.de)

International Crisis Group (internationale Nichtregierungsorganisation: Berichte zu Konflikten in allen Teilen der Welt) (www.crisisgroup.org/home)

Gender und Entwicklung

RITA SCHÄFER

Was bedeutet *Gender*?

Gender klingt wie ein magischer Türöffner für erfolgreiche Projekte, denn es ist ein Schlüsselbegriff, der in keinem Entwicklungsbericht fehlen darf. Der große Stellenwert dieses Begriffs weist darauf hin, dass die gesellschaftlich geprägten Geschlechterverhältnisse maßgeblich Projekte und Programme beeinflussen. Das betrifft keineswegs nur die konzeptionelle und planerische Ebene oder die Personalstrukturen in Geber- und Partnerorganisationen, sondern auch die Zielgruppen in der Entwicklungszusammenarbeit. Dieser Begriff bezieht sich auf Rollen und Normen ebenso wie auf das damit verbundene Verhalten von Frauen und Männern unterschiedlichen Status und Alters. Es geht also nicht um die biologische Geschlechtszugehörigkeit, sondern um soziale Beziehungen und deren Dynamiken. *Gender* berücksichtigt Differenzen zwischen Frauen und zwischen Männern, die z.B. aus ihrer unterschiedlichen familiären Stellung, ihrem Zugang zu Ressourcen oder politischem Einfluss und ihrer Religionszugehörigkeit resultieren. Folglich sollten Geschlechterhierarchien im Zusammenhang mit Machtstrukturen in Wirtschaft, Politik oder Gesellschaft analysiert und verändert werden. Diese grundlegende Zielsetzung, Geschlechterungleichheiten zu überwinden, kennzeichnet die heutige Entwicklungsforschung ebenso wie die Entwicklungszusammenarbeit.

Wohlfahrtsprogramme und Frauenprojekte

Seit 1997 gelten in der deutschen Entwicklungszusammenarbeit Leitlinien zur geschlechtergerechten Entwicklung. Das Gleichberechtigungskonzept des BMZ wurde 2001 aktualisiert. Es unterstreicht, dass Geschlechterfragen die gleiche Bedeutung wie ↗ **Menschenrechte** und ↗ **Demokratisierung** für eine gesellschaftlich gerechte Entwicklungspolitik haben. Dieser hohe Stellenwert von *Gender* hat eine lange Vorgeschichte. Verschiedenartige konzeptionelle Ansätze spiegeln historische Rahmenbedingungen und sind mit übergeordneten entwicklungspolitischen Trends und Kontroversen verwoben (KLEMP 2001).

Die Ursprünge dieser Frauenprojekte reichen weit in die Kolonialzeit zurück, als weiße Missionarinnen und Ehefrauen von Siedlern oder Kolonialbeamten Koch-, Näh- und Hygienekurse für „die Eingeborenen" anboten. Sie gingen einher mit der Vorstellung, dass Frauen in außereuropäischen Gesellschaften nur unzureichend in der Lage waren, ihre Kinder zu versorgen. Mit „Hausfrauenprogrammen", die viktorianische Frauenbilder des 19. Jahrhunderts ungebrochen auf die Kolonien übertrugen, wollten die Siedler- und Missionarsfrauen Kindersterblichkeit und Unterernährung zu Leibe rücken. Sie ignorierten, dass viele Versorgungsprobleme erst durch koloniale Landenteignungen entstanden waren. Ihr rassistisch eingefärbter Überlegenheitsdünkel missachtete das über Generationen entwickelte agrar-ökologische lokale Wissen von Frauen in Afrika, Asien und Lateinamerika, die sich vielerorts als kleinbäuerliche Produzentinnen verstanden.

Gleichzeitig verstellten eurozentrische Projektionen vom Mann als Farmer den Blick auf die oft komplizierten Aushandlungsprozesse über die Arbeitsorganisation und den Zugang zu Land, Ernten, Vieh und anderen Ressourcen. Viele koloniale Agrarprojekte ignorierten die dynamische Zusammensetzung von Haushalten, die nach Jahreszeiten und Lebensphasen variierten. Auf allen Kontinenten zerstörten Anbauvorschriften für Exportprodukte oder Zwangsarbeit die Aufteilung von Rechten und Pflichten, die u.a. auf das Alter und den familiären Status von Frauen und Männern bezogen waren. Zusätzlich verstärkten unangepasste Agrartechnologien soziale Ungleichheiten in ländlichen Gesellschaften.

Diese Trends setzten sich von Ende der 1950er-Jahre an fort, als viele Länder unabhängig wurden. Dazu zählen verschiedene Ansätze zur ausschließlichen „Frauenförderung" zwischen den 1950er- bis 1980er-Jahren. Im Unterschied zum „Wohlfahrtsansatz" erkannten Programme zur Integration von „Frauen in die Entwicklung" (Women in Development [WID]) die produktiven Leistungen von Frauen z.B. in der Landwirtschaft. Dennoch instrumentalisierten viele Projekte die weibliche Arbeitskraft für ihre eigenen Ziele und bürdeten den Kleinbäuerinnen zusätzliche Arbeitslast

Frauen bei der Feldarbeit in Zimbabwe: Sie verrichten einen großen Teil der landwirtschaftlichen Arbeit.
Foto: © Rita Schäfer

auf. Den Agrarprojekten jener Zeit lagen evolutionistische Vorstellungen von einer nachholenden Entwicklung zugrunde, die auf damalige entwicklungspolitische Leitlinien bezogen waren. Dementsprechend wurde Frauenförderung in den 1970er- und 80er-Jahren als Beitrag zur Effizienzsteigerung oder Armutsbekämpfung genutzt.

Obwohl die Armutsbekämpfungsprogramme im Unterschied zu technokratischen Modernisierungskonzepten auf die Befriedigung existenzieller Grundbedürfnisse setzten, gerieten auch sie rasch in die Kritik von EntwicklungsexpertInnen. Unter neuen Vorzeichen wurde die Arbeitskraft von Frauen in isolierten Projekten vereinnahmt, ohne strukturelle Armutsursachen zu überwinden. Zeitgleich gab es weiterhin Wohlfahrtsprogramme, die Frauen zu Hilfsempfängerinnen degradierten und Geschlechterhierarchien verstärkten (FRASER/TINKER 2004). Vielerorts lehnten Frauen diese Angebote ab, was die Planer als Rückständigkeit interpretierten, ohne sich mit der Handlungsrationalität und den eigenen Problemlösungen ihrer „weiblichen Zielgruppe" auseinanderzusetzen.

Von der Frauenförderung zu neuen Ansätzen

Im Zuge der Weltfrauendekade (1975–1985) der Vereinten Nationen fanden neue Konzepte Verbreitung, die auf die Geschlechtergleichheit abzielten. Nun richtete sich der Blick auf die Geschlechterverhältnisse im gesamten Planungs- und Projektprozess. Zwar erkannte der *Gender* and Development-Ansatz (GAD) die mehrfachen Rollen von Frauen als Mütter, Produzentinnen und Mitwirkende in ländlichen Gemeinden, dennoch betrachtete er Frauen als homogene Gruppe. Differenzen aufgrund des unterschiedlichen familiären Status oder Alters, der Religionszugehörigkeit oder politischen Position blieben unberücksichtigt, obwohl daraus Interessendivergenzen zwischen Frauen resultierten. In der Zeit – einer Hochphase der US-amerikanischen und westeuropäischen Frauenbewegung – waren Vorstellungen von der universellen Frauenunterdrückung und der weltumspannenden Schwesterlichkeit prägend.

Diesen Grundannahmen erteilten Feministinnen aus Ländern des Südens während der Weltfrauenkonferenz 1985 in Nairobi eine Absage. Sie nutzten dieses Forum zum Abschluss der Weltfrauendekade, um eigene Entwicklungskonzepte vorzustellen. Das Frauennetzwerk Development Alternatives with Women for a new Era (DAWN) führte die Problemlage verarmter Frauen auf die wechselseitige Verstärkung vielschichtiger Ausbeutungs- und Unterdrückungsformen zurück (PARPART/RAI/STAUDT 2002). Dazu zählten die Hierarchien in bäuerlichen oder urbanen Gesellschaften, die sozio-ökonomischen Ungleichheiten in ihren Ländern sowie deren Abhängigkeit vom Weltmarkt und der internationalen Handelspolitik.

Entsprechend vielfältig waren die Veränderungsansätze des ↗Empowerment-Konzeptes, das den Machtgewinn von Frauen in verschiedenen Lebensbereichen anstrebte und diesen mit Kritik an den nationalen und internationalen Rahmenbedingungen verband. Diese Konzeption bot viele Impulse für Frauenorganisationen und EntwicklungsforscherInnen in Afrika und Asien, die den *Empowerment*-Ansatz analytisch ausdifferenzierten und situationsspezifisch mit einem Rechtansatz kombinierten, indem sie z. B. Land- und Erbrechte sowie das Recht auf Gewaltfreiheit oder Gesundheit und reproduktive Selbstbestimmung forderten. Im Zusammenhang mit der ab den 1990er-Jahren grassierenden ↗HIV/AIDS-Epidemie erhielt ihre rechtspolitische Lobbyarbeit für viele Frauen und Mädchen eine überlebenswichtige Bedeutung.

Inzwischen vereinnahmten internationale Kreditgeber und Entwicklungsorganisationen das *Empowerment*-Konzept. Kritische ÖkonomInnen prangern an, dass insbesondere die Weltbank Versatzstücke des *Empowerment*-Ansatzes in ihre neoliberale Politik einpasst und die darin geforderte Neujustierung der globalen Entwicklung ausblendet. Je nachdem, wo sich EntwicklungsexpertInnen positionieren, schätzen sie die konzeptionellen und institutionellen Umorientierungen innerhalb der Weltbank unterschiedlich ein. Dies betrifft z. B. die Berücksichtigung der Aushandlungsprozesse in ländlichen Haushalten oder die institutionsinterne Aufwertung der *Gender*-Abteilungen.

Weichenstellungen für die internationale Institutionalisierung transformatorischer Ansätze nahm die Aktionsplattform der Weltfrauenkonferenz 1995 in Peking vor. Darauf geht auch das Konzept des *Gender Mainstreaming* zurück. Es bezeichnet die systematische Integration von Geschlechterdimensionen in alle entwicklungspolitischen Vorgaben und Entscheidungen sowie in Programme und Projekte. *Gender*-Analysen und *Gender*-Trainings sollen ebenfalls dazu beitragen. Obwohl noch zahlreiche Umsetzungsprobleme gelöst werden müssen, verhindert *Gender Mainstreaming*, dass Frauenpolitik als Nischenphänomen abgetan wird. Dennoch fiel die Bilanz zehn Jahre nach der Weltfrauenkonferenz in Peking ernüchternd aus. Weder die Lebensrealität von Frauen noch ihre Rechtslage hatten sich wesentlich verbessert, Geschlechtergerechtigkeit bleibt weiterhin eine Herausforderung (MOLYNEUX/RAZAVI 2005).

Millennium-Entwicklungsziele und Armutsbekämpfung

Der Umsetzungsplan zur Millenniums-Erklärung vom September 2000 umfasst acht quantifizierbare Zielvorgaben. Bis zum Jahr 2015 sollen sie zur Halbierung der weltweiten Armut führen. Das dritte Millennium-Entwicklungsziel (MDG 3) bezieht sich auf die Förderung der Geschlechtergleichheit und die Ermächtigung von Frauen. Bei anderen Zielen werden Geschlechterdimensionen nur ansatzweise berücksichtigt.

Insgesamt mahnen KritikerInnen an, dass die ↗ **Millennium-Entwicklungsziele** unzureichend Frauen- und Menschenrechte beachten und reduktionistisch seien. Auch die komplexen Ursachen von Verarmung würden ignoriert; hierzu zählen soziale Ungleichheiten, Gewalt und Rechtlosigkeit ebenso wie wirtschaftliche Ausbeutung und diskriminierende internationale Handelsabkommen. Zwischenzeitlich versuchten einige internationale und nationale Institutionen, als Reaktion auf diese Kritik, die Millennium-Entwicklungsziele stärker mit internationalen Abkommen zu Frauenrechten zu verbinden. Die Millennium-Entwicklungsziele stehen auch 2008 im Mittelpunkt einiger internationaler Konferenzen, z. B. zur Wirksamkeit von ↗ Entwicklungszusammenarbeit. Frauennetzwerke forderten bereits im Vorfeld der Konferenzen, finanzielle und inhaltliche Aspekte von Geschlechtergleichheit in den dort verabschiedeten entwicklungspolitischen Zielsetzungen zu verankern.

EntwicklungsexpertInnen und Frauenorganisationen kritisieren auch die Strategiepapiere zur Armutsbekämpfung, die internationale Kreditgeber seit 1999 im Rahmen von Entschuldungen fordern. Seitdem sollen hochverschuldete Länder in Zusammenarbeit mit der Zivilgesellschaft *Poverty Reduction Strategy Papers* (PRSP) vorlegen. Darin sollen makroökonomische Strukturreformen und sozialpolitische Maßnahmen zu einer übergreifenden Strategie verbunden werden. Obwohl *Gender*-Dimensionen berücksichtigt werden sollen, weisen die meisten Papiere keine geschlechtsspezifischen Prioritätensetzungen auf, *Gender* wird nur selten und unsystematisch integriert. Das liegt u. a. am mangelnden politischen Willen, an intransparenten Verfahren und an der unzureichenden Mitsprache von Frauenorganisationen.

Vielfach beschränken sich die PRSP auf klassische Frauenförderkonzepte, wenngleich übersektorale Strategien notwendig wären. *Gender*-Analysen fehlen mit Blick auf die Mikroebene, z. B. Hierarchien in ländlichen Haushalten sowie deren Auswirkungen auf die Ressourcenverteilung, und hinsichtlich der politischen und wirtschaftlichen Rahmenbedingungen auf der Makroebene, wozu die Stabilisierung der Staatshaushalte und die Privatisierung öffentlicher Dienstleistungen, z. B. in der Wasser- und Stromversorgung, zählen. Ebenso bleibt die Handelsliberalisierung unberücksichtigt, obwohl sie vielerorts katastrophale Folgen für Kleinbäuerinnen und Kleinhändlerinnen hat (RODENBERG 2004: 82).

Maskulinität in der Entwicklungszusammenarbeit

Die mangelnde Analyse der Zusammenhänge zwischen Geschlechterhierarchien und Armut betrifft keineswegs nur die PRSP. *Gender*-ForscherInnen weisen seit einigen Jahren nach, wie der unzulängliche Zugang von Frauen zu politischen Entscheidungsprozessen, die fortschreitende Verarmung, der Anstieg von HIV/AIDS und geschlechtsspezifische Gewalt sich wechselseitig verstärken. Viele Männer sind mit widersprüchlichen Maskulinitätsvorstellungen konfrontiert, die sie nicht bewältigen können. Rollenmodelle vom familiären Versorger lassen sich angesichts mangelnder Einkommen kaum noch verwirklichen. Gleichzeitig messen zahlreiche Gesellschaften Maskulinität aber weiterhin an einer absoluten Vormachtstellung in Ehen und Familien. Diese Widersprüche schlagen sich oft in Gewalthandeln nieder, vor allem wenn sexuelle Aspekte hinzukommen.

Angesichts der grassierenden HIV/AIDS-Epidemie unterstellen zahllose Männer ihren Partnerinnen, dass sie untreu gewesen seien und sich so infiziert hätten. Hierdurch lenken sie von ihrer eigenen Verantwortung und dem Druck ab, den Männer aufeinander ausüben, indem sie zahlreiche ungeschützte Sexualkontakte als Inbegriff maskuliner Abenteuerlust, als Potenzbeweise und sexuelle Macht zelebrieren. Indem AIDS-Programme mehrheitlich Frauen und Mädchen ansprechen, verstärken sie den Eindruck, AIDS sei ein Frauenproblem. Entgegen der Postulate zum *Gender Mainstreaming* wenden sich Entwicklungsorganisationen kaum an Männer als Akteure grundlegender Veränderungsprozesse. Zwar bemühen sich einige Programme gezielt um Informationsangebote für Männer, doch aktuelle Studien belegen, dass diese nicht reichen, um ihr Sexualverhalten zu ändern. Vielerorts stehen *Gender*-Programme noch am Anfang, wenn es darum geht, Männern akzeptable Foren zu bieten, um über ihre eigene Sexualität, den Gruppendruck durch andere Männer und unerfüllbare gesellschaftliche Erwartungen zu reflektieren.

Auch bei Kleinkredit-Programmen für Frauen ist es wichtig, die Männer konstruktiv in die Planung einzubeziehen. Sonst ist nicht auszuschließen, dass verarmte Ehemänner die isolierte Geldvergabe als Affront auffassen und mit häuslicher Gewalt reagieren. So werden Kämpfe über verfehlte Entwicklungsansätze in der Privatsphäre ausgefochten. Zwar dokumentieren *Gender*-Forschungen seit über einem Jahrzehnt die enormen Ausmaße und die komplexen sozio-ökonomischen Folgen geschlechtsspezifischer und sexualisierter Gewalt, viele Entscheidungsträger in Entwicklungsorganisationen bagatellisieren die Probleme jedoch weiterhin als „Frauensache". Erst wenn die Veränderung von Maskulinität systematisch in der Entwicklungszusammenarbeit verankert ist und Männer auf unterschiedlichen Ebenen aktiv am Kampf gegen HIV/AIDS und Gewalt sowie der Umsetzung von Frauenrechten mitwirken, sind Wege für eine gleichberechtigte Entwicklung geebnet.

▶ **Literatur**

Fraser, Arvonne/Irene Tinker (Hrsg.): Developing power. How women transform international development. New York 2004

Klemp, Ludgera: Gender and global governance. Perspektiven von Geschlechtergerechtigkeit im Rahmen transnationaler Politik, in: Nord-Süd aktuell, 1. Quartal, 2001: 129–144

Molyneux, Maxine/Shahra Razavi: Beijing plus ten. An ambivalent record on gender justice, in: Development and Change, Vol. 36, No. 6, 2005: 983–1010

Parpart, Jane/Shirin Rai/Kathleen Staudt (Hrsg.): Rethinking empowerment. Gender and development in a global/local world. London 2002

Rodenberg, Birte: Das Recht auf Geschlechtergerechtigkeit in der Armutsbekämpfung der Entwicklungsinstitutionen, Ansätze für ein neues entwicklungspolitisches Paradigma?, in: Femina Politica, Heft 2, 2004: 76–86

▶ **Links**

Development Alternatives with Women for a New Era (DAWN) (www.dawnnet.org)

Eldis Community (Informationen zu Entwicklungsfragen) (www.eldis.org/go/topics/resource-guides/gender)

United Nations Development Fund for Women (UNIFEM) (www.unifem.org)

United Nations Inter-Agency Network on Women and Gender Equality (IANWGE) (www.un.org/womenwatch)

United Nations International Research and Training Institute for the Advancement of Women (www.un-instraw.org)

WIDE (Europäisches Netzwerk von Frauenorganisationen) (www.wide-network.org)

WOMNET (Deutsche NGO zu Gender und Globaler Strukturpolitik) (www.womnet.de)

Global Governance

FRANZ NUSCHELER

Genese des Global Governance-Konzepts

Das Konzept von Global Governance hat viele politische und wissenschaftliche Geburtshelfer, aber bei allen Unterschieden in Begrifflichkeiten, Begründungen und Vorschlägen zu Problemlösungen eine gemeinsame Zielsetzung: Institutionelle Mittel und Wege zur kooperativen Bearbeitung von Weltproblemen (issues of global concern) und zur politischen Gestaltung der ⊿ Globalisierung aufzuzeigen.

Willy Brandt brachte in seiner Einleitung zum Brandt-Bericht von 1980 mit dem richtungsweisenden Titel „*Das Überleben sichern*" in weiser Voraussicht den Begründungszusammenhang von Global Governance auf den Punkt:

> „Ob es uns passt oder nicht: Wir sehen uns mehr und mehr Problemen gegenüber, welche die Menschheit insgesamt angehen, so dass folglich auch die Lösungen hierfür in steigendem Maße internationalisiert werden müssen. Die Globalisierung von Gefahren und Herausforderungen (…) erfordert eine Art ‚Weltinnenpolitik', die über den Horizont von Kirchtürmen, aber auch über nationale Grenzen hinausreicht" (BRANDT-BERICHT 1980: 27).

Die Weltkonferenzen der 1990er-Jahre wurden zutreffend als „Baustellen für Global Governance" bezeichnet (FUES/HAMM 2001), weil auf ihnen eine neue Dramaturgie der Weltpolitik inszeniert wurde. Hier zeichneten sich neue globale Akteurskonstellationen ab, die darauf schließen ließen, dass die Staaten nicht mehr wie auf dem Wiener Kongress in diplomatischer Exklusivität schalten und walten können und nicht mehr das Monopol bei der Gestaltung der internationalen Beziehungen besitzen.

Inzwischen gehört Global Governance zur Rhetorik von vielen politischen Akteuren, die über die Gestaltung der Globalisierung nachdenken und reden. Die Enquete-Kommission des Deutschen Bundestages zur

„*Globalisierung der Weltwirtschaft*" widmete dem Konzept ein umfangreiches Hauptkapitel und wertete es zum Königsweg zum weltweiten Schutz öffentlicher Güter und globaler Gemeinschaftsgüter auf. Global Governance ist zu einem in der Not der drohenden Unregierbarkeit der Welt geborenen Projekt zur Gestaltung der Globalisierung und kooperativen Bearbeitung von Weltproblemen geworden; es ist allerdings auch zu einem politischen und akademischen Streitobjekt geworden.

Neokonservative Denkfabriken in den USA attackierten das Konzept als Angriff auf die unilaterale Handlungsfähigkeit einer Supermacht, weil es auch auf deren Einbindung in multilaterale Regelwerke setzt. „Realisten" in der Disziplin der Internationalen Beziehungen setzten der aus dem „*Ewigen Frieden*" von Kant abgeleiteten Vision einer „Föderation freier Republiken" das Fortbestehen nationalstaatlicher Macht- und Interessenpolitik entgegen. Sie präferierten stattdessen die Regelsysteme von internationalen Regimen, die zu wichtigen Regelungsinstrumenten von grenzüberschreitenden Problemen und der horizontalen Selbstregulierung des Staatensystems wurden.

Von der Regimetheorie zu Global Governance

Internationale Regime bilden wichtige Bausteine der Global Governance-Architektur, bleiben aber einem staatszentrierten Politikverständnis verhaftet. Einen entscheidenden Schritt von der Regimetheorie zur Global Governance-Forschung leisteten James N. Rosenau und Ernst-Otto Czempiel in ihrem 1992 veröffentlichten Buch mit dem richtungsweisenden Titel „*Governance without Government*". Die beiden Autoren unterschieden *government*, das auf gesetzlich definierter und mit polizeilicher Gewalt ausgestatteter Autorität beruht, von *governance*, die sie als „*system of rule*" bei Abwesenheit einer zentralen Durchsetzungsgewalt definierten. Was sie meinten, verdichtete Michael Zürn (1998) in dem Buchtitel „*Regieren jenseits des Nationalstaates*".

Zu einem internationalen Referenzdokument wurde dann der 1995 vorgelegte Bericht der *Commission on Global Governance* (CGG) mit dem deutschen Titel „*Nachbarn in Einer Welt*". Governance unterscheidet sich deutlich von den hierarchischen Vorstellungen, die dem deutschen Begriff des Regierens (*government*) zugrunde gelegt werden. Der vom neuen

Institutionalismus begründete Governance-Begriff, auf den die CGG zurückgriff, meint Regieren in komplexen Regelsystemen, in denen staatliche und private Akteure, also Staaten-, Wirtschafts- und Gesellschaftswelt, von der lokalen bis zur globalen Ebene zusammenwirken, um gemeinsam Probleme zu bearbeiten, die Staaten allein nicht mehr lösen können:

> „Ordnungspolitik bzw. Governance ist die Gesamtheit der zahlreichen Wege, auf denen Individuen sowie öffentliche und private Institutionen ihre gemeinsamen Angelegenheiten regeln … Der Begriff umfasst sowohl formelle Institutionen und mit Durchsetzungsmacht versehene Herrschaftssysteme als auch informelle Regelungen, die von Menschen und Institutionen vereinbart oder als im eigenen Interesse liegend angesehen werden" (CGG 1995: 4).

Bausteine von Global Governance

Der vom Bericht der CGG inspirierte akademische und politische Global Governance-Diskurs entwickelte verschiedene Varianten, die einzelne Aspekte unterschiedlich akzentuierten, aber auf den folgenden Bausteinen aufbauten, die teilweise schon von den Interdependenz- und Regimetheorien vorgefertigt worden waren:

Erstens: Global Governance heißt nicht Global Government, also Weltregierung oder Weltstaat. Ein solcher ist weder eine realistische noch eine erstrebenswerte Option, weil eine bürokratische Superbehörde kaum demokratische Legitimation gewinnen könnte und weit entfernt von den zu lösenden Problemen wäre. Die Herausforderung besteht darin, die Welt ohne Weltstaat zu regieren. Die Vision von *Global* Governance entspricht eher der bereits von Immanuel Kant anvisierten Weltföderation von freien Republiken mit einem notwendigen Minimum an Zentralstaatlichkeit.

Zweitens: Global Governance beruht auf verschiedenen Formen und Ebenen der internationalen Koordination, Kooperation und kollektiven Entscheidungsfindung. Internationale Organisationen übernehmen diese Koordinationsfunktion und tragen zur Herausbildung globaler Sichtweisen bei. Regime übersetzen den Willen zur Kooperation in verbindliche Regelwerke. In solchen Regimen verpflichten sich die Staaten durch vertragliche Vereinbarungen zur Bearbeitung von gemeinsamen Problemen. Auch Hegemone lassen sich auf solche Regime ein, wenn und weil sie etwas regeln, was ihnen für das eigene Wohlergehen wichtig ist und was sie nicht allein regeln können.

Drittens: Der Zwang zur Kooperation verlangt Souveränitätsverzichte, die Globalisierungseffekte und Interdependenzstrukturen schon längst erzwungen haben. Auch die Großmächte müssen sich, um sich als kooperationsfähig zu erweisen, mit „geteilten Souveränitäten" abfinden, die – wie das Beispiel der EU zeigt – keinen Verlust, sondern einen Zugewinn an gemeinsamer Handlungs- und Problemlösungsfähigkeit bewirken können. Global Governance macht das traditionelle Verständnis von Souveränität, die durch die zunehmende Entgrenzung der Staatenwelt durchlöchert wurde, endgültig zu einem anachronistischen Relikt eines durch das Spinnwebe-Modell abgelösten Billardkugel-Modells internationaler Beziehungen.[1]

Viertens: Die Neuverteilung der weltwirtschaftlichen und weltpolitischen Gewichte, die auf den Begriff der „multipolaren Welt" gebracht wurde, ist begleitet von einem Prozess der Regionalisierung. Die Gleichzeitigkeit von Globalisierung und Regionalisierung und von Globalisierung und Lokalisierung (Glokalisierung) gehört zu den strukturbildenden Entwicklungstrends von Weltgesellschaft und Weltpolitik. Global Governance muss auf solchen regionalen Kooperationskernen aufbauen und sie als organisatorischen Unterbau nutzen, weil das Subsidiaritätsprinzip auch im globalen Kontext sinnvoll bleibt.

Fünftens: Global Governance ist kein Projekt, an dem nur Regierungen oder internationale Organisationen als Instrumente der Staatenwelt beteiligt sind. Das neue und unterscheidende Konzept der *Commission on Global Governance* liegt nicht nur in einem Mehr an staatlich organisiertem Multilateralismus, sondern vielmehr im „Zusammenwirken von staatlichen und nichtstaatlichen Akteuren von der lokalen bis zur globalen Ebene". Diese *Public-Private-Partnership* (PPP) soll Staaten, internationale Organisationen, privatwirtschaftliche und zivilgesellschaftliche Akteure in globale Politiknetzwerke zur gemeinsamen Problembearbeitung einbinden, weil die Staaten eben nicht mehr alles in exklusiver Kompetenz regeln können.

Zu diesen Global Players gehören natürlich die multinationalen Unternehmen mit ihrer Finanzkraft, ihren Managementfähigkeiten und ihren

---

1   Das Spinnwebe-Modell ist durch vielfältige Interdependenzbeziehungen charakterisiert, während das Billardkugel-Modell die Interaktion macht- und sicherheitsorientierter staatlicher Akteure abbildet.

multinationalen Organisationsstrukturen, aber auch die zunehmend transnational organisierten Interessenverbände und Nichtregierungsorganisationen (NGOs). Mit guten Gründen ist von einem globalisierten Neokorporatismus die Rede. Ein prominentes und schwergewichtiges Beispiel für PPP bildet der *Global Fund* (GFATM) zur Bekämpfung von ↗ HIV/**Aids**, Malaria und anderen Infektionskrankheiten, in den die *Melinda and Bill Gates Foundation* mehr einbezahlt als der Global Player Deutschland.

Sechstens: Die NGOs gehören längst zur Dramaturgie von Weltkonferenzen und verschafften sich durch Sachkunde und medienwirksame Kampagnen in einzelnen „weichen" Politikbereichen (wie der Umwelt-, Menschenrechts- und Entwicklungspolitik) eine konsultative und korrektive Funktion. Regierungen binden sie in Konsultationsmechanismen ein, um ihre Expertise anzuzapfen und ihr Protestpotenzial zu neutralisieren. Ihr Druckpotenzial entsteht durch hohe gesellschaftliche Akzeptanz, aber auch durch die Fähigkeit, durch transnationale Aktionsformen eine „kontra-hegemoniale Globalisierung" zu organisieren. Ihre internationale Vernetzung ermöglicht es ihnen, die Rolle von „Globalisierungswächtern" zu spielen. Sie streuen Sand ins Getriebe von undurchsichtigen Machtkartellen und erzwingen ein Stück Transparenz, wo sich solche Machtkartelle im Prozess der Globalisierung und Multilateralisierung der Politik zunehmend demokratischer Kontrolle entziehen.

Global Governance = Ende des Nationalstaates?

Die Nationalstaaten verlieren zwar in vielen Politikbereichen im Gefolge ihrer Einbindung in Interdependenzstrukturen an autonomen Handlungsspielräumen, aber sie bleiben die Hauptakteure der internationalen Politik, die weiterhin allein autoritative Entscheidungen treffen können. Sie bilden deshalb auch die tragenden Stützpfeiler der Global Governance-Architektur. Aus diesem Grund ist die Formel „*governance without government*" zumindest missverständlich. Das Gerede vom „Ende des Nationalstaates" ist substanzlos, solange die „Weltkultur der Nationalstaaten" nicht von einem Weltstaat überwölbt wird.

Nun aber stellt sich auch die Frage, wer die globalen öffentlichen Güter (wie Frieden, Entwicklung, gesunde Umwelt, Stabilität der Finanzmärkte etc.) bereitstellen und *global bads* verhindern soll. Der Staat ist nicht mehr der allmächtige und allzuständige Problemlöser. Er ist in vielen Bereichen auf die Kooperation mit gesellschaftlichen Gruppen angewiesen und muss neue Aufgaben übernehmen, die ihm aus der Einbindung in multilaterale Kooperations- und Entscheidungsmechanismen erwachsen.

- Er ist als Interdependenzmanager mit komplexen Koordinationsaufgaben in Mehrebenen-Entscheidungssystemen konfrontiert, weil Globalpolitik ohne Existenz eines Weltstaates auf die Selbstkoordination der Staatenwelt angewiesen bleibt und die Kooperation in regionalen Integrationsprojekten auch außerhalb Europas an Bedeutung gewinnen wird. Regieren heißt heutzutage in erheblichem Umfang Koordinieren zwischen verschiedenen Handlungsebenen.
- Er muss einerseits die Interessen der eigenen Gesellschaft im internationalen Umfeld vertreten und sie andererseits vor negativen Einflüssen aus diesem Umfeld schützen. Er ist Adressat von Entscheidungen, die auf multilateraler Ebene getroffen werden und muss für deren Umsetzung im eigenen Zuständigkeitsbereich sorgen.

Perspektiven des Global Governance-Projekts: Vision oder Illusion?

Das *Global Governance*-Projekt wurde mit mehrfachen Einwänden konfrontiert: Es sei ein theorieloses Konstrukt, das sich aus der kritischen Analyse der rauen Gegenwart in voluntaristische Zukunftsvisionen flüchte; es blende den Machtfaktor und Hegemonialinteressen aus und liefere deshalb angesichts der realen Machtverhältnisse in der Weltpolitik und globalen Ökonomie nicht einmal eine konkrete Utopie für die Welt von morgen; es ignoriere feministische Konzepte und vernachlässige emanzipatorische Konfliktstrategien, kurzum: es sei ein „Modell der neoliberal-hegemonialen Ordnung" (vgl. BRAND U.A. 2000). „Realisten" in Politik und Wissenschaft geben dem Projekt nur geringe Realisierungschancen. Sie erkennen im Gefolge der Globalisierung eher verschärfte Konkurrenzsituationen, Deregulierungswettläufe und Handelskonflikte, die sich auch durch *Global Governance* nicht bändigen lassen.

Zu Beginn des 21. Jahrhunderts ist *Global Governance* in der Tat noch ein brüchiges Projekt. Die Hinwendung der Bush-Administration zu einer unilateralistischen Hegemonialpolitik und die tendenzielle Demontage des UN-Systems, das den tragenden Stützpfeiler der *Global Governance*-Architektur bildet, unterminieren die Vision einer „neuen Weltordnung", in der nicht Macht, sondern internationales Recht und eine Kultur der Kooperation das Handeln der Staaten bestimmen sollten.

Die von der Kritik als „globale Gouvernanten" gescholtenen Konstrukteure des normativen Konzepts halten dagegen, dass die globalen Herausforderungen nur durch eine Verdichtung der multilateralen Kooperation bewältigt werden können und der Problemdruck der steigenden Transaktionskosten auch die Global Players zur Regulation der Eigendynamik der Globalisierung bewegen wird. Sie gewichten die Output-Legitimation von kooperativen Problemlösungen höher als die zivilgesellschaftliche Input-Legitimation.

Global Governance ist ein normatives Konzept, kein romantisches Projekt für eine heile Welt, sondern eine realistische Antwort auf die Herausforderungen der Globalisierung und der globalen Risiken. Weil die Staatenwelt mit den herkömmlichen Methoden und Instrumenten die Weltprobleme nicht lösen kann, die Globalisierung die Steuerungskapazitäten der Nationalstaaten überfordert und auch Weltmächte zur eigenen Zukunftssicherung auf internationale Zusammenarbeit angewiesen sind, müssen die Weichen der Weltpolitik in Richtung Global Governance neu gestellt werden. Die Kritik übersieht geflissentlich, dass Global Governance eine Zielprojektion, keine Zustandsbeschreibung der internationalen Beziehungen zu sein beansprucht.

▶ **Literatur**

Brandt-Bericht (Bericht der Nord-Süd-Kommission): Das Überleben sichern. Gemeinsame Interessen der Industrie- und Entwicklungsländer. Köln 1980
Brand, Ulrich/Brunnengräber, Achim/Schrader, Lutz/Stock, Christian/Wahl, Peter: Global Governance. Möglichkeiten und Grenzen von Alternativen zur neoliberalen Globalisierung. Münster 2000
Commission on Global Governance: Nachbarn in Einer Welt. Bonn (Stiftung Entwicklung und Frieden) 1995
Dror, Yehezkel: Ist die Erde noch regierbar? München 1994
Fues, Thomas/Hamm, Brigitte (Hrsg.): Die Weltkonferenzen der 90er-Jahre: Baustellen für Global Governance. Bonn 2001

Messner, Dirk: Globalisierung, Global Governance und Perspektiven der Entwicklungszusammenarbeit, in: Nuscheler, Franz (Hrsg.): Entwicklung und Frieden im 21. Jahrhundert. Bonn 2000: 267–294

Messner, Dirk/Nuscheler, Franz: Das Konzept Global Governance – Stand und Perspektiven, in: Stiftung Entwicklung und Frieden (Hrsg.): Global Governance für Entwicklung und Frieden. Bonn 2006: 18–79

Rosenau, James N. /Czempiel, Ernst-Otto: Governance without Government. New York 1992

Zürn, Michael: Regieren jenseits des Nationalstaates. Frankfurt/Main 1998

Globale Umweltprobleme

GEORG KRÄMER

Die unvermeidbare Globalisierung

„Die Globalisierung ist ebenso wenig zu vermeiden wie der nächste Winter" (Nelson Mandela). Nirgendwo wird diese Unvermeidlichkeit deutlicher als im Bereich der Ökologie. Die Treibhausgase, in welchem Land auch immer sie verursacht werden, heizen den einen Planeten Erde auf; FCKWs und Halone zerstören die eine Ozonschicht; Tankerunfälle und andere Einleitungen vergiften die Meere, „das gemeinsame Erbe der Menschheit"; die Ausrottung der Arten ist eine Hypothek für alle kommenden Generationen, wo immer sie auch leben werden usw.

Diese unvermeidbare Globalisierung in den Blick zu nehmen und daraus politische wie private Konsequenzen zu ziehen, ist die Herausforderung, vor der auch die politische Bildung steht. Doch ob es gelingen wird, die Folgen unseres Handelns oder Unterlassens zu erkennen, die entweder weit außerhalb unseres Blickfeldes „am anderen Ende der Welt" sichtbar werden oder von denen erst spätere Generationen betroffen sind, muss zunächst fraglich bleiben. Alfred K. Treml hat wiederholt darauf hingewiesen, dass wir Menschen instinktmäßig nur einen begrenzten Horizont haben. Wir sind via Evolution auf den Nah- und Mesobereich programmiert. Dorthin orientiert sich unsere Wahrnehmung, dort erkennen wir Gefahren und reagieren mit Angriffs- oder Fluchtverhalten. Bedrohungen vorwegzunehmen, die erst in einigen Jahrzehnten eintreten werden oder die zunächst nur in unüberblickbarer Entfernung festzustellen sind, liegt außerhalb unserer evolutionären Programmierung. Entweder gelingt es, sich eine solche Horizonterweiterung durch Bildung anzueignen, oder aber wir müssen eingestehen, dass der unvermeidbaren Globalisierung offensichtlich kein globalisiertes Bewusstsein folgt. Dieses Defizit aber könnte das Ende menschlichen Lebens auf unserem Planeten bedeuten.

Mein ökologischer Fußabdruck

Wie kann man berechnen, wie viel vom begrenzten Umweltraum der Erde jeder und jede von uns verbraucht? Wackernagel und Rees entwickelten hierzu (1997) eine Messzahl, die sie den „ökologischen Fußabdruck" nannten, ein Flächenmaß, das diejenigen Land- und Wasserflächen angeben soll, die notwendig sind, um die von uns konsumierten Ressourcen bereitzustellen. Berücksichtigt wird z.B. die genutzte Wohnfläche, aber auch die landwirtschaftliche Fläche, die für die jeweilige Nahrungserzeugung (Pflanzen, aber auch Weidefläche für tierische Produkte) aufgebracht wird. Auch der Energieverbrauch wird flächenmäßig berücksichtigt, indem die hier freigesetzten Kohlendioxidemissionen jener Waldfläche entsprechen, die notwendig wäre, um dieses CO_2 zu binden.

Sicher ist es immer nur in Grenzen möglich, sämtliche Stoff- und Materialströme zu berücksichtigen. Dennoch ist der „ökologische Fußabdruck" ein interessanter Indikator, der den eigenen Konsum- und Lebensstil zu überdenken hilft.

Im internationalen Vergleich zeigen die Berechnungen des „ökologischen Fußabdrucks", dass Deutschland und ganz Europa weit von einer „Nachhaltigkeit" entfernt sind. „Würden alle Menschen den Konsum- und Lebensstil pflegen, wie es die Deutschen tun, so bräuchte man 2,5 Erden", fasst der „World Wide Fund for Nature" die Situation zusammen (WWF 2007).

Zahlreiche Programme stehen zur Verfügung, um den eigenen „ökologischen Fußabdruck" zu berechnen. Einige Städte und Regionen haben eigene Berechnungskalkulatoren erarbeitet, die über die einschlägigen Suchmaschinen im Internet zu finden sind.

Zukunftsfrage Energie

Die Energieversorgung gehört zu den Bereichen, bei denen andere Völker von unseren Entscheidungen ebenso betroffen sind wie wir von den gewählten Energiepfaden anderer Nationen. Welche Energienachfrage wir in den nächsten Jahren und Jahrzehnten befriedigen wollen und auf welche Weise wir dies tun werden, bestimmten nicht nur das Tempo des

Klimawandels, sondern auch die Kostenentwicklung im Energiebereich und die Armutsentwicklung in den Entwicklungsländern.

Die Verfügbarkeit von Energien ist eine unbestreitbare Voraussetzung für ökonomische und soziale Entwicklung. So war das Wachstum in den Industrieländern unlösbar verknüpft mit dem fossilen Zeitalter der Menschheit, in dem Kohle, Erdöl und Erdgas in großen Mengen und preisgünstig zur Verfügung standen. Heute ahnen wir, dass wir an den „neuen Grenzen des Wachstums" (MEADOWS ET AL. 1992) angekommen sind. Nicht mehr die Erschöpfung der Reserven von Kohle (laut Bundesanstalt für Geowissenschaften und Rohstoffe noch ca. 200 Jahre), Erdöl (ab 2020 abnehmende Förderung) oder Erdgas (noch ca. 65 Jahre) scheint das größte Problem zu sein, sondern vielmehr die fortdauernde Ausbeutung und Nutzung dieser fossilen Energiequellen, weil sie unweigerlich mit einer nicht mehr zu bewältigenden Emission von Treibhausgasen verbunden sind. Während man deshalb in den westlichen Ländern nach Wegen eines „nachhaltigen Energiekonsums" sucht (Effizienzverbesserungen, Umstellung auf erneuerbare Energien), sind viele „arme Länder" gerade erst dabei, ihre Versorgung mit bezahlbarer und zugänglicher Energie anzustoßen. Denn rund ⅔ der Menschheit nutzen bis heute für ihren Energiebedarf ausschließlich traditionelle Biomasse wie Brennholz, Holzkohle oder Tierdung, haben beispielsweise keinen Zugang zu Elektrizität. Diese Menschen brauchen dringend neue Energiequellen, um ihre Lebenssituation (vor allem Kochen, Beleuchtung oder Transport) zu verbessern. Diese Ungleichzeitigkeit ist für eine verantwortungsbewusste Energiepolitik konstitutiv: Während die Armen dringend eine höhere Energieversorgung brauchen, sind in den reichen Ländern Energiesparen und die Umstellung auf regenerative Energieträger das Gebot der Stunde.

Dabei darf allerdings nicht übersehen werden, dass die qualitative Gestaltung dieser Energienachfrage durch Entwicklungs- und Schwellenländer von entscheidender Bedeutung ist. Es muss ein globales politisches Ziel sein, dass diese Länder einen möglichst „nichtfossilen Energiepfad" beschreiten. Denn ohne die Schwellenländer – vor allem China und Indien – hat der Klimaschutz keine Chance, auch wenn deren Pro-Kopf-Emissionen an Treibhausgasen (THG) nur ein Drittel dessen betragen, was in den USA oder Europa pro Einwohner an THGs in die Luft geblasen wird. Es kommt deshalb in Zukunft darauf an, dass die Energieversorgung soweit wie möglich auf regenerativen Energien beruht und darüber hinaus fossile Energieträger in effizienter Weise genutzt werden.

Sind Agrarkraftstoffe/Biosprit die Lösung?

Seit einigen Jahren ist die energetische Nutzung nachwachsender Pflanzen in der (internationalen) Diskussion. Mit den „Agrarkraftstoffen" – Raps aus Deutschland, Palmöl aus Indonesien, Zuckerethanol aus Brasilien, Jatropha aus Afrika u.ä.m. – soll das Klimaproblem entschärft werden, denn die Biosprit-Pflanzen nehmen beim Wachstum diejenige Kohlendioxidmenge auf, die sie später bei Verbrennung oder Verrottung wieder freigeben. So erscheinen die Agrarkraftstoffe als Chance, Energie zu nutzen, ohne dass das Klima zusätzlich durch das Treibhausgas CO_2 belastet wird. Außerdem könnte sich so eine neue Einnahmequelle für die Tropenländer bieten.

Leider hält die Praxis nicht immer, was die Theorie verspricht. Zur Klimabilanz der Biosprits müssten weitere Faktoren einbezogen werden. Eine veränderte Landnutzung (etwa die Rodung von Wäldern oder die Trockenlegung von Mooren zum Zweck der Errichtung von Plantagen) oder auch die Verwendung von Stickstoffdünger setzen ihrerseits erhebliche Mengen von Treibhausgasen frei. Wenn diese Emissionen einbezogen werden, kann die Treibhausgasbilanz der Agrarkraftstoffe schnell negativ werden. Hier wäre also eine genaue Prüfung mit einer umfassenderen Treibhausgasbilanz erforderlich.

Doch auch die Entwicklungsfolge eines vermehrten Anbaus von Agrarkraftstoffen wäre zu prüfen. Weil der Biosprit-Boom massive Flächenausdehnungen benötigen wird, ist ein Anstieg der Marktpreise für Agrarprodukte zu erwarten. Dies kann den Erzeugern im ländlichen Raum, wo der größte Teil der Armen der Welt lebt, nutzen. Preiserhöhungen bei Nahrungsmitteln sind aber auf der anderen Seite für einkommensarme Menschen (z.B. Stadtbevölkerung) bedrohlich. Der Anstieg der Zahl der Hungernden (2008: 907 Mio. Menschen, davon 75 Mio. Menschen zusätzlich seit 2007) deutet darauf hin, dass die drastischen Getreidepreiserhöhungen seit 2006 solche negativen Folgen haben könnten (↗ **Hunger und Ernährung**). Auch die sozialen Folgen der Agrarkraftstoffe wären also einer kritischen Überprüfung zu unterziehen, selbst wenn bei der bisher nur geringen quantitativen Bedeutung der Bioenergien – 1,9 % der landwirtschaftlichen Fläche – die Agrarkraftstoffe nicht als alleinige Ursache für die Verschärfung des Hungers herangezogen werden können.

Quelle: Welthaus Bielefeld 2008

Schon heute wird z.B. die Wasserkraft in vielen Entwicklungsländern in hohem, aber noch ausbaufähigem Maße genutzt. Auch eine verstärkte Einbeziehung der Sonnenenergie und eine effizientere Nutzung der Biomasse stehen auf der Entwicklungsagenda. Wesentlich ist dabei stets, dass auch die Armen Zugang zu den möglichst dezentralen Energiequellen haben.

Eine Verbesserung der Energieversorgung der Dritte-Welt-Länder hätte neben den ökologischen auch positive ökonomische Effekte. Der drastische Preisanstieg des Erdöls (das weltweit zu einem Drittel zur Energieversorgung beiträgt) hat die Entwicklung in manchen Ländern erheblich belastet. Eine verstärkte Import-Unabhängigkeit bei der Energieversorgung wäre für diese Länder entwicklungsfördernd.

Wasserkrise – Entwicklungskrise

Wie kann eine wachsende Weltbevölkerung in Zukunft ausreichend mit Süßwasser versorgt werden? Kaum eine Frage ist derart bedeutend für die zukünftigen Überlebensbedingungen, weil sie unmittelbar zusammenhängt mit der Ernährung der Menschheit, mit Gesundheitsentwicklung und Kindersterblichkeit, mit dem Überleben von Tier- und Pflanzenarten.

Auch wenn Bewässerungslandwirtschaft noch immer nur auf rund 20 % der landwirtschaftlichen Fläche stattfindet, so hat sie doch enorme Bedeutung für die Ernährung der Menschheit. Man schätzt, dass ⅔ des Getreides (inkl. Reis) unter Einsatz künstlicher Bewässerung produziert werden (vgl. LOTZE-CAMPEN 2006). Zwar gibt es noch erheblichen Spielraum, die Effizienz dieser Bewässerungslandwirtschaft (z.B. durch drip irrigation, bei der das Wasser nur tropfenweise an die Pflanzenwurzeln abgegeben wird) zu verbessern. In etlichen Regionen der Welt (vor allem Nordafrika, Mittlerer Osten, Teile von China und Indien) aber zeichnet sich bereits eine deutliche Wasserknappheit bis hin zum Wassermangel (weniger als 1.000 m³ Süßwasser pro Einwohner) ab, die in den nächsten Jahren wohl noch zunehmen wird. 2025 werden rund 3 Mrd. Menschen in Ländern leben, die von Wasserknappheit oder von Wassermangel betroffen sind.

Denn viele Regionen – nicht nur die genannten Knappheitsgebiete, sondern z.B. auch der Mittlere Westen in den USA, die wichtigste „Kornkammer" der Welt – betreiben einen nicht-nachhaltigen Umgang mit dem Süßwasser, verwenden und verschwenden mehr Wasser als durch die

Unser virtueller Wasserverbrauch

Die Deutschen verbrauchen im Haushalt pro Einwohner lediglich 127 Liter Wasser pro Tag. Allerdings könnte eine andere Rechnung zu völlig anderen Zahlen kommen, dann nämlich, wenn auch derjenige Wasserverbrauch einbezogen wird, der verdeckt in der Herstellung jener Produkte steckt, die wir zuhauf konsumieren und zu einem wesentlichen Teil auch importieren. So werden rund 20.000 Liter Wasser benötigt, um ein einziges Kilogramm Kaffee zu erzeugen, und rund 16.000 Liter Wasser sind notwendig, um ein Kilogramm Rindfleisch herzustellen, denn Rinder verfügen über einen besonders ausgeprägten Durst.

John A. Allan prägte (1995) für diesen Zusammenhang den Begriff des „virtuellen Wassers". Auch wenn die Berechnung im Einzelfall schwierig ist und eine Bewertung von Transfers virtuellen Wassers nicht ohne ökonomische Bestandsaufnahme von Kosten und Einnahmen sinnvoll ist, so kann das Konstrukt vom „virtuellen Wasser" doch dabei helfen, sich den globalen Umweltverbrauch im Bereich Wasser vor Augen zu führen, den wir uns mit unserem Lebensstil leisten. 4.000 l Wasser pro Person sind ungefähr unser tatsächlicher Wasserverbrauch pro Tag. Deutschland gehört zu den 10 Top-Importeuren von „virtuellem Wasser". Nachhaltigkeit würde bedeuten, auch diesen Wasserverbrauch in den Blick zu nehmen.

Quelle: Welthaus Bielefeld 2008

Niederschlagsregeneration zur Verfügung steht. Die Folge sind immer tiefere Brunnen und ein beständig sinkender Grundwasserspiegel (besonders dramatisch in Indien). Eine endgültige Erschöpfung dieses Grundwasserreservoirs, das ähnlich wie das Erdöl in Jahrmillionen entstanden ist, scheint absehbar zu sein.

Dieser Prozess wird durch den bereits einsetzenden ↗ **Klimawandel** beschleunigt. Schon heute treten zunehmende Trockenheiten auf, welche die landwirtschaftlichen Erträge vor allem in den Tropenländern verringern. Auch die Starkniederschläge nehmen zu: Was früher als nützlicher Regen über Wochen die landwirtschaftliche Produktion begünstigt hat, kommt heute in kürzester Zeit als Starkregen nieder, schwemmt fruchtbaren

Frauen beim Wasserholen in Mali: Zugang zu sauberem Wasser fördert Hygiene und Gesundheit.
Foto: © Curt Carnemark/Weltbank

Boden weg und bedroht die Ernten. Ägypten und Bangladesh werden allein durch den erhöhten Meeresspiegel rund 15 % ihres fruchtbarsten Ackerlandes verlieren.

Neben dem Wassermangel ist die Wasserqualität eine große Herausforderung. Rund ein Fünftel der Menschheit hat keinen Zugang zu sauberem Trinkwasser (UNDP 2007). Laut Unicef sterben jeden Tag rund 4.500 Kinder, weil sie verschmutztes Wasser getrunken haben und an Durchfallerkrankungen leiden. Dass jeder Zweite in der Dritten Welt keinen Zugang zu einer auch nur primitiven Sanitärversorgung hat, gehört ebenfalls in diesen Zusammenhang. Eine sichere Trinkwasserversorgung und eine minimale Sanitärversorgung sind Teil der ↗ „Millennium-Entwicklungsziele".

Ohne Lösung der Wasserkrise keine Entwicklung. Längst sind sich internationale Konferenzen darin einig, dass wir einen nachhaltigen Umgang mit der Ressource Wasser brauchen. Effizienzgewinne durch verbesserte Technologien sind notwendig und möglich; moderne, angepasste Bewässerungssysteme können mit weniger Wasser mehr Pflanzenwachstum befördern; Rückhalte- und Sammelsysteme können helfen, die

Regenniederschläge zu sammeln und besser zu nutzen. Vor allem ist ein verbessertes Wassermanagement notwendig, das einen angepassten Umgang mit der Ressource Wasser regelt, Bodenerosion und Versalzung vermeidet, Knappheiten vorwegnimmt und der trotz Knappheit erkennbaren Verschwendung (z.b. durch ein löchriges Leitungsnetz in den Städten) vorbeugt. Eine große Bedeutung hat hierbei der Wasserpreis. Ist Wasser ein „globales Gut", das unabhängig vom Einkommen allen Menschen zur Verfügung stehen muss, oder ist es ein knappes Gut, bei dem der Preis (vielleicht jenseits eines bestimmten Grundbedarfs) auch die Knappheit widerspiegelt und so zu einem sparsameren Umgang veranlasst? (↗ **Umweltprobleme in Entwicklungsländern**)

Arteneinfalt – Artenvielfalt

Wie viel Tier- und Pflanzenarten unsere Erde beherbergt, darüber gibt es nur Schätzungen. Folgt man dem UN-Umweltprogramm, dann gibt es zur Zeit rund 10 Millionen Tier- (weit überwiegend Insekten) und Pflanzenarten. Bei soviel Artenreichtum in der Folge der Evolution scheint Biodiversität – das heißt die Artenvielfalt, ihre genetische Vielfalt und ihre Lebensräume – kein Problem zu sein. Tatsächlich aber beobachten Forscher ein besorgniserregendes Schwinden von Arten, vorwiegend verursacht durch die Zerstörung von Lebensräumen (etwa Regenwaldgebiete) und das Vordringen menschlicher Besiedlung. Der WWF („Living Planet Index") geht davon aus, dass zwischen 1970 und 2005 die Artenvielfalt um 27 % gesunken ist. Rund 34.000 Arten sind laut WWF unmittelbar vom Aussterben bedroht. Der Artenrückgang macht unsere Ökosysteme anfälliger für Störungen und Krankheiten. Vielfalt ist eine unverzichtbare Voraussetzung für Stabilität.

Der Erhalt der Biodiversität – 80 % der Arten sind in den Entwicklungsländern beheimatet – ist ein gutes Beispiel für das Ineinandergreifen ökologischer, ökonomischer und sozialer Belange. Der Erhalt der Ökosysteme (z.B. von Regenwaldgebieten) ist gleichzeitig die Bewahrung der Lebensgrundlagen von Millionen von lokalen Völkern, die im Regenwald und vom Regenwald leben. Sie müssen die Chance haben, die Ressourcen des Regenwaldes – Holz, Pflanzen, Tiere, Wirkstoffe von Pflanzen als Arzneimittel – nachhaltig zu nutzen. Die von der UNO 1992 beschlossene „Convention on Biological Diversity" (CBD) sollte neben dem Schutz und der Erhaltung der Biodiversität gewährleisten, dass die Artenvielfalt auf nachhaltige Weise genutzt wird und dass es zu einer „gerechten Verteilung aus der Nutzung der Biodiversität" kommt. Diese Zielsetzung ist bisher nicht erreicht. 97 % aller Saatgut-Patente sind heute in der Hand von westlichen Firmen, eine ganz offensichtliche Enteignung von bäuerlichen Produzenten aus Lateinamerika, Afrika oder Asien.

Eine Umwelt – Eine Welt?

Die globale Ökologie spiegelt die unabweisbare Einheit unseres Planeten wieder, von der alle Menschen und alles Leben gemeinsam betroffen sind. Die politischen und sozialen Abgrenzungen stehen dieser Tatsache häufig entgegen. Doch ohne sozialen Ausgleich, ohne gute Politikgestaltung im Norden und im Süden und ohne die Stimulierung der ökonomischen Kräfte zur Überwindung der Armut können die globalen Umweltprobleme nicht wirklich bewältigt werden. Die Menschheit steht vor der Aufgabe, der gegebenen ökologischen Einheit ein politisches Handeln folgen zu lassen, das sich der globalen Verantwortung bewusst ist.

▶ **Literatur**

Bringezu, Stefan: Towards a sustainable biomass strategy. What we know and what we should know (= Wuppertal-Institut Papers 163). Wuppertal 2007

Lotze-Campen, Herman: Wasserknappheit und Ernährungssicherheit, in: Aus Politik und Zeitgeschichte, Heft 25 (Themenheft „Wasser"), 2006: 8–13 (Online: www.bpb.de)

Meadows, Donella & Dennis/Jorgen Randers: Die neuen Grenzen des Wachstums. Stuttgart 1992

UNDP: Human Development Report 2007/2008. Fighting climate change: Human solidarity in a divided world. New York 2007 (Online: hdr.undp.org)

Wackernagel, Mathis/William Rees: Unser ökologischer Fußabdruck. Wie der Mensch Einfluss auf die Umwelt nimmt. Basel 1997

Welthaus Bielefeld: Zukunftsfähige Bioenergie? Klimaschutz, nachwachsende Energierohstoffe und die Chancen auf Entwicklung. Rheine/Bielefeld 2008 (Bezug über: www.welthaus.de/publikationen-shop)

WWF: Living Planet Report 2007. Gland (Schweiz) 2007 (Online (deutsche Fassung): www.wwf.de)

▶ Links

Biodiversität (Texte, Informationen und Themenvorschläge auf dem Landesbildungsserver BaWü) (www.schule-bw.de/unterricht/faecher/biologie/projekt/biodiversitaet)

Latsch! (Projekt der Jugend im Bund für Umwelt und Naturschutz, mit einem Rechner zur Erfassung des eigenen „ökologischen Fußabdrucks") (www.latschlatsch.de)

Plattform nachhaltige Biomasse (NGO-Initiative mit kritischen Analysen der Umwelt- und Entwicklungsfolgen eines verstärkten Anbaus von Agrarkraftstoffen (www.plattform-nachhaltige-bioenergie.de)

Virtuelles Wasser (Informationen und Aktivitäten zum Thema „virtuelles Wasser". Ein Projekt der Vereinigung Deutscher Gewässerschutz) (www.virtuelles-wasser.de)

Globalisierung und globaler Wandel

DIRK MESSNER

Globalisierung impliziert zunächst die immer engere Verdichtung ökonomischer Interdependenzen und das immer feinere Netz von Handelsbeziehungen, Finanzströmen und Direktinvestitionen, die die Entwicklungsdynamiken der „Volkswirtschaften" und die Handlungsspielräume der Politik in einem Maße mit der Entwicklungsdynamik der Weltwirtschaft verbindet, das vor wenigen Jahrzehnten (vor dem Zusammenbruch des Bretton Woods-Systems) noch undenkbar gewesen wäre. Die Kommunikationstechnologien sind wesentliche Treiber der Globalisierung, denn sie verringern die Transaktionskosten internationaler Interaktionen. Zudem wird erst mit dem Kollaps des Sozialismus nach dem Fall der Berliner Mauer, der Öffnung Chinas zur globalen Ökonomie im Jahr 1978 sowie dem Übergang der meisten Entwicklungsländer von binnenmarktorientierten zu weltmarktorientierten Entwicklungsstrategien die Teilung der Weltwirtschaft überwunden. Seit Anfang der 90er-Jahre des 20. Jahrhunderts entsteht zum ersten Mal seit der industriellen Revolution ein Weltmarkt, in den alle Ökonomien und Gesellschaften, wenn auch in sehr unterschiedlichen Formen, eingebunden sind (ALTVATER/MAHNKOPF 1996).

Ökonomische Globalisierungsprozesse bringen eine Vermehrung und Verdichtung grenzüberschreitender Interaktionen mit sich, die fast alle Gesellschaften, Staaten, Organisationen, Akteursgruppen und Individuen, freilich mit unterschiedlichem Tiefgang, in ein System wechselseitiger Abhängigkeiten verwickelt. Handlungsspielräume von Individuen, die Reichweite nationalstaatlicher Politik, Lebenswelten, soziale Ordnungsmuster und die Tiefenstrukturen von Gesellschaften verändern sich nachhaltig. Globalisierung ist daher nicht nur ein ökonomischer, sondern auch ein sozialer, kultureller und politischer Prozess.

Globalisierung ist also ein *räumliches* Phänomen. Lokale, nationale, makroregionale und globale Räume werden immer enger miteinander verwoben. Regionale Integrationsprojekte von Ländergruppen schieben sich zwischen die Nationalstaaten und die globale Ebene. Wirtschaftliche, soziale und kulturelle Aktivitäten ordnen sich entlang des Kontinuums von den lokalen zu den globalen Handlungsebenen neu. Weit entfernte Ereignisse wirken auf lokale Entwicklungen zurück und vice versa. Mobile Akteure (z.B. Unternehmen, Kapitalbesitzer, NGOs, Experten-Communities) können eher von dieser Mehrebenenvernetzung der Globalisierung profitieren als immobile Akteure (z.B. Regierungen, schlecht qualifizierte Arbeitskräfte). Globalisierung hat zudem eine *zeitliche* Dimension. Informationen, Wissen, Kapital, Waren und auch Menschen werden in immer kürzerer Zeit rund um den Globus transportiert. Aktivitäten, Entscheidungen oder auch Unterlassungen an einer Ecke der Erde wirken sich daher oft sogar auf alltägliches Handeln am anderen Ende der Erde aus. Globalisierung ist außerdem durch *dichte kausale Interdependenzen* zwischen unterschiedlichen globalen Trends charakterisiert. Weltweite wirtschaftliche, politische und soziale Entwicklungen, Bevölkerungswachstum, Umweltwandel und technologische Innovationsprozesse wirken auf spezifische Weise aufeinander ein und bilden den Raum, innerhalb dessen Individuen, Unternehmen, Organisationen und Staaten agieren.

Typologie globaler Probleme und Anforderungen an die Politik

Globale Problemkonstellationen sind die Kehrseite der Globalisierung. Im Rahmen der Globalisierungsdebatte wird oft sehr allgemein von globalen Problemen und Herausforderungen gesprochen. Es macht aber Sinn, zwischen divergierenden Problemtypen zu differenzieren:

1) *Globale öffentliche Güter*: Nationale Gesellschaften sind auf öffentliche Güter angewiesen, die über Markttransaktionen nicht, oder nicht ausreichend zur Verfügung gestellt werden (z.B. Sicherheit, Stabilität gesellschaftlicher Regelwerke, Bildung, Gesundheit). Unter Bedingungen der Globalisierung gewinnen globale öffentliche Güter an Bedeutung, die für die Stabilität der Weltwirtschaft (Schaffung weltwirtschaftlicher Rahmenbedingungen), friedlichen Interessenausgleich zwischen unterschiedlichen Akteuren (Völkerrecht, multilaterale Organisationen als Plattform internationaler Regime) und zur Bewältigung von globalen Umweltkrisen (z.B. internationale Klimaregime, Biodiversitätskonvention) konstitutiv sind. Umstritten bleibt, ob zum Beispiel Gesundheit und Bildung zunehmend

globale öffentliche Güter werden, für deren „Produktion" die internationale Gemeinschaft verantwortlich wäre. Die Sicherung globaler öffentlicher Güter kann nur durch internationale Kooperation, also eine Weiterentwicklung von Global Governance-Strukturen, gelingen (KAUL 1999).

2) *Globale Interdependenzprobleme*: Internationale Finanzmarktkrisen können den Zugang von Entwicklungsländern zu den Kreditmärkten begrenzen, Wachstum verlangsamen, Armut erhöhen und politische Krisen an Orten hervorrufen, die geographisch weit von den Verursachern der Krise entfernt liegen; Wirtschaftskrisen verursachen Verelendungsprozesse, die grenzüberschreitende ↗ **Migrationsprozesse** auslösen können; der Klimawandel kann die Anpassungsfähigkeiten von Gesellschaften überfordern, Umweltkonflikte oder die Erosion von Staatlichkeit anschieben; Bioenergiepolitiken in den OECD-Ländern können zur Minderung von Treibhausgasemissionen führen, aber zugleich Ernährungskrisen in Entwicklungsländern auslösen (↗ **Hunger und Ernährung**); Welthandelsströme erhöhen den Wohlstand der Nationen, können aber über steigende Transportbewegungen die Umweltsysteme überfordern usw. Die Sicherung von Politikkohärenz und das Management von Interdependenzen zwischen Politikfeldern ist schon im nationalen Rahmen schwierig. Im internationalen Rahmen besteht hier noch mehr Handlungsbedarf. Die handlungsmächtigen Internationalen Organisationen sind klassische „single issue"-Organisationen (wie WTO, IWF, NATO), die die komplexen Folgewirkungen ihres Handelns auf andere Akteure und Politikbereiche kaum berücksichtigen. Es mangelt an Global Governance-Orten, die diese Integrationsaufgaben leisten könnten (MESSNER/NUSCHELER 2003).

3) *Globale Phänomene*: Unregierbarkeit von Megastädten (↗ **Urbanisierung**), Krisen hierarchischer Großorganisationen und staatlicher Verwaltungen oder Prozesse zunehmender gesellschaftlicher Fragmentierung sind Herausforderungen, die weltweit auftreten, ohne notwendigerweise durch grenzüberschreitende Interdependenzbeziehungen hervorgerufen zu sein. Auch Armut und Hunger werden oft als globale Phänomene in diesem Sinne wahrgenommen. Dieser Typus von Weltproblemen kann und muss weiterhin primär im Rahmen nationalstaatlicher Politik bearbeitet werden. Es eröffnet sich jedoch ein weites Feld für internationale Lerngemeinschaften: Erfahrungen anderer Länder und Regionen können systematisch ausgewertet werden, bi- und multilaterale Pilotprojekte zur Lösung ähnlich gelagerter Probleme wären denkbar: São Paulo, Jakarta, Paris, New York und

Peking haben in vielen Bereichen untereinander sicherlich mehr Gemeinsamkeiten und Ansatzpunkte für gemeinsame Lernprozesse als mit Klein- und Mittelstädten ihrer Länder. Die Globalisierung eröffnet Spielräume für transnationale Lernprozesse und Problemlösungen.

4) *Systemwettbewerb der Nationalstaaten in der Weltwirtschaft*: Die Globalisierung der Ökonomie und weltweite Liberalisierungsschübe haben den Systemwettbewerb zwischen den Nationalstaaten verschärft. Nicht nur ökonomische Institutionen, sondern auch Sozial- und Umweltregulierungssysteme stehen in der Weltwirtschaft im Wettbewerb miteinander. Wird dieser Wettbewerb nicht institutionell eingebettet, drohen Deregulierungs- und Unterbietungswettläufe, die die Weltwirtschaft destabilisieren, sowie soziale und umweltpolitische Errungenschaften aushebeln. Der Steuerwettlauf ist ein Beispiel für diesen Typus von Herausforderung; die aktuelle Finanzmarktkrise demonstriert diesen Zusammenhang ebenfalls. Aufgrund schwacher Regulierungen im Finanz- und Bankensystem der USA konnten Finanzakteure über zwei Dekaden enorme Gewinne realisieren, zogen daher Kapital aus aller Welt an und erschwerten im Kontext weltweiten Wettbewerbs um Kapitalanlagen die Etablierung weitergehender Regulierungssysteme für Finanzmärkte im „Rest der Welt". Erst der Zusammenbruch des US-Finanzsektors im Herbst 2008 eröffnet die Möglichkeit zur Schaffung eines stabilen Ordnungsrahmens für die globalen und nationalen Kapitalmärkte. Märkte bedürfen einer ordnungspolitischen Einbettung, um ihre Stabilität zu sichern, externe Effekte (wie Umweltschäden) zu internalisieren, für Wettbewerb zu sorgen sowie soziale und umweltpolitische Anreize für nachhaltiges Wirtschaften zu setzen. Die Globalisierung muss daher durch weltwirtschaftliche Ordnungspolitik eingebettet werden.

5) *Grenzüberschreitende Probleme*: Die Häufung von Phänomenen wie grenzüberschreitende Flüchtlingsbewegungen, die Verschmutzung der Nordsee, der saure Regen oder Arbeitsmigration überschreiten die Reichweite nationaler Politik und stellen das traditionelle Konzept nationalstaatlicher Kooperation in Frage, weil Aktivitäten oder Unterlassungen in einem Land (Verklappung von Schadstoffen in der Nordsee) Wirkungen auf andere Länder haben, auch wenn diese keine weltweiten Dimensionen annehmen. Sie verlangen ein steigendes Maß an Kooperation und den Willen zur gemeinsamen Problemlösung zwischen Nationalstaaten und beteiligten Akteursgruppen, jenseits der klassischen, auf Friedenssicherung orientierten Außenpolitik. Viele der grenzüberschreitenden Probleme können im

Kontext regionaler Integrationsprojekte bearbeitet werden. Die EU ist weltweit, trotz aller internen Probleme, ein Vorreiter auf diesen Feldern zwischenstaatlicher Kooperation.

Zu Beginn des 21. Jahrhunderts sind drei Felder globalen Marktversagens offensichtlich, die zeigen, dass Globalisierung ohne funktionsfähige Global Governance-Strukturen in Instabilitäten, Krisen, Verteilungskonflikten und politischer Delegitimierung des Konzeptes der Verbindung von Marktwirtschaft und Demokratie münden würde: a) die globale Finanzmarktkrise von 2008 ist ein Ergebnis fehlender Ordnungspolitik und verdeutlicht die weltweite Sprengkraft fehlender globaler Rahmenbedingungen für die entgrenzte Ökonomie; b) die Dynamik des Klimawandels wurde von Niklas Stern als vielleicht folgenreichstes Marktversagen in der Geschichte der Menschheit bezeichnet, das auf die Notwendigkeit politischer Rahmensetzung zur Reduzierung von Treibhausgasemissionen verweist; c) die Globalisierung hat in vielen Ländern und Regionen das Wohlstandsniveau deutlich erhöht, jedoch zugleich soziale Polarisierungstrends in und zwischen Gesellschaften drastisch verschärft. Gesellschaftsspaltungen sind häufig Ausgangspunkte für Unsicherheit, Krisen und Gewalt – dies gilt auch für die im Entstehen begriffene Weltgesellschaft. Die Politik hat bisher also keine wirkungsvollen Antworten auf die Globalisierung gefunden. Die Hoffnungen auf eine sich parallel zur Entgrenzung herausbildende leistungsfähige Global Governance-Architektur wurden bisher eher enttäuscht. Die WTO-Verhandlungen treten seit Jahren an Ort, die UN-Reformversuche sind weitgehend wirkungslos verpufft, der Krieg gegen den Terror hat die zentralen Akteure der Weltgemeinschaft nicht etwa geeint, sondern weit auseinandergetrieben. Die Zukunft der Globalisierung hängt also davon ab, ob die Politik Antworten auf die Herausforderungen der Globalisierung finden wird (↗ **Global Governance**).

Zugleich wird immer deutlicher, dass die vergangenen knapp zwei Dekaden nicht etwa eine neue globale Ära charakterisieren, deren Grundlagen sich langsam konsolidieren, sondern eher den Auftakt zu einer weitergehenden „großen globalen Transformation" darstellen, deren Konturen sich langsam abzuzeichnen beginnen. Die erste Hälfte des 21. Jahrhunderts wird neben den skizzierten Globalisierungsherausforderungen durch zwei weitere Prozesse globalen Wandels charakterisiert, die die Weltpolitik und -wirtschaft signifikant verändern werden.

Die zweite Welle globalen Wandels – tektonische Machtverschiebungen Richtung Asien

China und Indien, die „Asian drivers of global change" (KAPLINSKY/MESS-NER 2008), wurden in der ersten Globalisierungsdiskussion nur am Rande wahrgenommen. Seitdem wird immer deutlicher, dass die rasche Integration der beiden asiatischen Giganten in die Weltwirtschaft die Globalisierung noch einmal enorm beschleunigt (WINTERS/YUSUF 2007) und zudem der bereits manifeste ökonomische und politische Aufstieg Chinas und der sich abzeichnende Bedeutungszuwachs Indiens die globalen Machtverhältnisse in den kommenden zwei, drei Dekaden signifikant verändern werden. „Tektonische Machtverschiebungen" Richtung Asien deuten sich an, ein System „turbulenter Multipolarität" entsteht, an dessen Endpunkt sich die Frage stellt, ob die spätestens seit der industriellen Revolution gültige Dominanz des Westens in der Welt an ihr Ende gerät (GU/HUMPHREY/MESSNER 2008). Sollte sich der Aufstieg der beiden „Low Income Countries" zu globalen Mächten fortsetzen, dürfte die Weltpolitik im Jahr 2035 völlig anders strukturiert sein als das heutige internationale System. Schon jetzt zeichnet sich ab, dass der Wettlauf zwischen den alten und neuen Mächten um die knapper werdenden Ressourcen der Erde von Afrika über Lateinamerika bis nach Zentralasien an Schärfe gewinnt; die westlichen Finanzmarktakteure irritiert auf die Devisenreservenberge Asiens reagieren; kaum mehr ein internationaler Konflikt ohne China zu lösen ist; sich die Süd-Süd- und damit zugleich die Nord-Süd-Beziehungen verändern; der „Beijing-Konsensus", der autoritäre Herrschaft toleriert und das Prinzip der Nichteinmischung hochhält, die westlichen Entwicklungsvorstellungen herausfordert; und in den internationalen Organisationen und Clubs, von der Weltbank, über die WTO bis hin zur G8, das Gerangel über die zukünftige globale Machtverteilung in vollem Gange ist.

Die Theorie der internationalen Beziehungen und die Geschichte der Weltpolitik lehren, dass solche weitreichenden Machtverschiebungen innerhalb des internationalen Systems Knotenpunkte globaler Entwicklung darstellen. Der „Aufstieg und Fall der großen Mächte" ging, wie Paul Kennedy 1987 schrieb, in der Regel mit weitreichenden Konflikten einher. Sicher ist, dass eine „peaceful transition of power" (KUPCHAN ET AL. 2003) nur gelingen kann, wenn es handlungsmächtige weltpolitische Akteure gibt, die massiv in Strategien für friedliche Machtverschiebungen investieren.

Am Ende dieser Neuordnung des globalen Machtgefüges könnte durchaus eine inklusivere internationale Ordnung stehen, in die mehr Akteure als heute aktiv eingebunden sind und in der neben den etablierten Interessen der OECD-Welt auch die Gestaltungsansprüche der „Asian drivers of global change" und möglicherweise weiterer Entwicklungsländer und -regionen angemessener repräsentiert werden könnten. Das Ergebnis der neuen globalen Machtkonstellation könnte jedoch auch eine fragmentiertere, durch ungezügelten Machtwettbewerb charakterisierte, instabilere und konfliktreichere Weltordnung sein. In welche Richtung die Machttransformation die Weltpolitik treibt, hängt von den Entscheidungen der zentralen Akteure in den kommenden zwei, drei Dekaden ab.

Deutlich wird: Die oben skizzierte erste Welle der Globalisierung setzt sich im Schatten des Aufstiegs von China und Indien und damit im Kontext tiefgreifender ökonomischer und politischer Machtverschiebungen fort – „Globalisierung und Amerikanisierung" oder auch „Globalisierung als Siegeszug westlicher Länder" sind längst keine Synonyme mehr. Interessant ist auch, dass Staaten (insbesondere China und Indien) Motoren der zweiten Welle globalen Wandels sind, während die erste Globalisierungswelle eher markt- und technologiegetrieben war und zur Schwächung von Nationalstaaten zu führen schien (MESSNER 1998). Staaten verlieren also auch in der Globalisierung nicht an Bedeutung und Relevanz. Aber Staaten sind in der Epoche der Globalisierung zunehmend auf internationale Kooperation und die Schaffung von Global Governance-Strukturen angewiesen, um die Dynamik der Globalisierung und deren Effekte auf ihre jeweiligen Gesellschaften politisch steuern und gestalten zu können. Dies gilt auch für die Regierungen der „Asian Drivers"-Länder, deren Handlungsspielräume ebenso wie die der westlichen Gesellschaften durch globale Interdependenzen eingegrenzt werden. Die Zukunft der Nationalstaaten wird also paradoxerweise von ihrer Fähigkeit und Bereitschaft abhängen, globale Ordnungstrukturen zu schaffen, also Souveränität abzugeben oder mit anderen zu poolen.

Die dritte Welle globalen Wandels – die Folgen des Klimawandels destabilisieren das Erdsystem ... oder revolutionieren die Weltwirtschaft.

Die Zukunft des Weltklimas entscheidet sich in der gleichen Phase, in der auch die globalen Machtverschiebungen stattfinden. Dass der Klimawandel nicht nur eine Herausforderung für die internationale Umweltpolitik darstellt, sondern die globale Erwärmung einerseits von der dynamischen ökonomischen und fossil basierten Globalisierung vorangetrieben wird und sich andererseits selbst in einen Treiber globalen Wandels transformiert, ist erst im Verlauf des Jahres 2007 einer breiteren Öffentlichkeit deutlich geworden. Misslingt der Versuch, die globale Erwärmung durch eine wirksame weltweite Klimapolitik auf 2 Grad Celsius zu begrenzen, und setzt sich der „business as usual-Trend" der Emittierung von Treibhausgasen fort, könnte die globale Erwärmung gegen Ende des 21. Jahrhunderts irgendwo zwischen 3,5 und 6 Grad landen. Noch nie in der Geschichte der Menschheit hat in so kurzer Zeit ein solch radikaler Klimawandel stattgefunden. Der Anstieg um den es in diesem Szenario geht, entspricht dem Temperaturunterschied zwischen heute und der letzten Eiszeit vor 20.000 Jahren, in der bekanntlich die Eisberge des Nordpols bis Berlin reichten. Neueste Daten zeigen, dass das Szenario einer globalen Erwärmung weit über die 2-Grad-Grenze hinaus keineswegs unwahrscheinlich ist, denn im Verlauf dieser Dekade sind die CO_2-Emissionen jährlich um 3,3 % gestiegen und damit noch einmal deutlich schneller als in den 1990er-Jahren (1,3 %), während zugleich die Fähigkeit der globalen Ökosysteme, menschenverursachte Treibhausgase zu absorbieren, stetig sinkt.

Sollte sich ein solch ungebremster Klimawandel durchsetzen, würden sich im Verlauf des Jahrhunderts die globalen, regionalen, nationalen und lokalen Naturräume tiefgreifend verändern. Die IPCC-Berichte zeigen, dass und in welchem Ausmaß Dürren, Wüstenbildungen, Extremwetterereignisse und Wasserknappheiten Folgen der globalen Erwärmung wären. Die Klimaforscher warnen, dass von einer Erderwärmung von um die 4 Grad an „Kipp-Punkte" im globalen Ökosystem erreicht werden könnten, die zu einer Transformation komplexer Naturraumsysteme führen würden (mehr hierzu ↗ Klimawandel).

Die vielfältigen Auswirkungen eines ungebremsten Klimawandels auf die Entwicklungsländer, die Nord-Süd-Beziehungen und die

Entwicklungspolitik können hier nur angedeutet werden: Die Zahl überforderter und scheiternder Staaten dürfte durch einen radikalen Klimawandel zunehmen, die Umweltdegradation würde Armutsprozesse beschleunigen, Konflikte zwischen den OECD-Ländern als den Hauptmotoren der globalen Erwärmung und den „Opfern des Klimawandels" in den Entwicklungsregionen wären zu erwarten (↗ **Kriege und Gewaltkonflikte**), kostspielige Klima-Anpassungsstrategien für Entwicklungsländer müssten konzipiert und finanziert werden, „Klimaflüchtlinge" würden zu einer Herausforderung für das internationale System (WBGU 2008).

Doch nicht nur eine ungebremste globale Erwärmung wird zu einem Treiber des globalen Wandels. Sollte eine wirksame Klimapolitik gelingen und die globale Erwärmung auf unter zwei Grad begrenzt werden können, würde auch dies weitreichende globale Veränderungsprozesse mit sich bringen. Zum einen werden auch unterhalb der 2-Grad-Grenze bereits weltweit beachtliche Anpassungsinitiativen notwendig sein, um die Folgen des begrenzten Klimawandels abzufedern. Gravierender wären in diesem positiven Szenario jedoch zum anderen tiefgreifende Auswirkungen einer effektiven Klimapolitik auf die globale Wirtschaft, das weltweite Innovationssystem und die internationale Arbeitsteilung. Eine wirksame Klimapolitik setzte eine Reduzierung der weltweiten Treibhausgasemissionen bis Mitte des Jahrhunderts um etwa 50 % voraus, die nur zu schaffen sein wird, wenn die OECD-Staaten ihre Emissionen um etwa 80 % senken. Eine Dynamik in diese Richtung würde den Abschied von einer im Kern fossil basierten Weltwirtschaft und den Weg in Richtung einer „Low Carbon Global Economy" implizieren (EDENHOFER ET AL. 2006). Erfolgreiche Klimapolitik heißt demnach für die kommenden Dekaden bis in die Mitte dieses Jahrhunderts: Aufbau einer treibhausgasarmen Weltenergieversorgung, umfassende Veränderungen im weltweiten Mobilitätssystem, Umbau der fossilen in eine nichtfossile Chemiewirtschaft, Durchbrüche in Richtung einer energieeffizienten Städte- und Landschaftsplanung. Eine wirksame Klimapolitik kann nur gelingen, wenn Rahmenbedingungen für eine neue lange Innovationswelle in der Weltwirtschaft geschaffen werden, um den Ausstieg aus der fossilen Industrialisierung der vergangenen 250 Jahre zu realisieren. Eine solche weltwirtschaftliche Transformation wird neue Gewinner und Verlierer produzieren, die weltweiten Terms of Trade verändern, Handels- und Investitionsströme umlenken und damit auch die Nord-Süd-Beziehungen tangieren.

Die besondere Herausforderung des Klimawandels als der dritten Welle globalen Wandels besteht für die Politik darin, dass einerseits, wie schon die ökonomische Globalisierungsdynamik, die Verursachung des Problems und deren Wirkungen geographisch entkoppelt werden. Die Motoren des Klimawandels waren in den vergangenen Jahrzehnten die OECD-Länder – Hauptbetroffene werden demgegenüber Entwicklungsländer sein (WBGU 2008). Andererseits kommt hinzu, dass Ursache und Wirkungen zeitlich entkoppelt werden. Die Treibhausgasemissionen des Nordens von heute führen im Jahr 2040/50 zu irreversiblen Schäden auf der südlichen Erdkugel. Die geographische sowie die zeitliche Entkopplung von Ursachen und Wirkungen führen zu einem System organisierter Verantwortungslosigkeit, solange der Politik der Sprung in ein Global Governance-System nicht gelingt, das das Verursacherprinzip und intergenerationale Gerechtigkeits- und Fairnessnormen zu internalisieren hätte.

Die skizzierten drei Wellen globalen Wandels (Globalisierung der Ökonomie und Proliferation von Weltproblemen; tektonische Machtverschiebungen; Klimawandel als Treiber globalen Wandels) beschreiben die Korridore, innerhalb derer die großen globalen politischen Transformationen in der ersten Hälfte des 21. Jahrhunderts stattfinden werden.

▶ **Literatur**

Altvater, Elmar/Birgit Mahnkopf: Grenzen der Globalisierung. Münster 1996
Edenhofer, Ottmar et al.: Technological Change. Exploring its Implications for the Economics of Athmospheric Stabilization, in: The Energy Journal, Special Issue, Endogenous Technological Change and the Economics of Athmospheric Stabilization, 2006: 207–222
Gu, Ying/John Humphrey/Dirk Messner: Global Governance and Developing Countries, in: Kaplinsky, Raphael/ Dirk Messner: 274–292
Kaplinsky, Raphael/Dirk Messner: The Impacts of Asian Drivers on the Developing World, Special Issue, World Development, Vol. 36, No. 2, 2008
Kaul, Inge: Global Public Goods. Oxford 1999
Kupchan, Charles et al.: Power in Transition. New York/Paris 2003
Messner, Dirk (Hrsg.): Die Zukunft des Nationalstaates. Bonn 1998
Messner, Dirk/Franz Nuscheler: Das Global Governance Konzept. Stand und Kontroversen, INEF-Report, Nr. 67. Duisburg 2003
WBGU (Wissenschaftlicher Beirat der Bundesregierung Globale Umweltveränderungen): Climate Change as a Security Risk. London 2008
Winters, Alan/ Safir Yusuf: Competing with Giants. Who wins, who loses? (World Bank). Washington, D.C. 2007

HIV/Aids – mehr als eine menschliche Katastrophe

STEFAN JANKOWIAK

Die Wechselwirkungen zwischen HIV/Aids und ↗ Armut, ↗ Gender-Un-gleichheit und Verletzungen der ↗ Menschenrechte sind unübersehbar. Mehr als 92 % der mit dem HI-Virus infizierten Menschen leben in Entwicklungs- oder Transformationsländern. Mit der explosionsartigen Ausbreitung der Epidemie sind Entwicklungsfortschritte in einigen dieser Länder in kürzester Zeit stark zurückgedrängt oder sogar rückgängig gemacht worden (z.B. bei der Lebenserwartung). So ist die HIV/Aids-Epidemie nicht nur eine menschliche Katastrophe, sondern hat für die betroffenen Länder weitreichende soziale und wirtschaftliche Konsequenzen.

Die HIV/Aids-Epidemie – eine globale Krise

Jeden Tag infizieren sich weltweit 6800 Menschen mit dem HI-Virus, 5700 Menschen sterben täglich an den Folgen von Aids, unter ihnen fast 1000 Kinder. Kaum einer von ihnen hatte Zugang zu medizinischer Behandlung oder zu Präventionsmaßnahmen. Im Jahre 2007 waren weltweit, so UN-Schätzungen, 33,2 Millionen Menschen mit dem HI-Virus infiziert. Im

Epidemie oder Pandemie?
Von einer Epidemie wird gesprochen, wenn eine Infektionskrankheit in einem Land oder einem größeren Landstrich zur Massenerkrankung wird. Eine weltweite Epidemie wird als Pandemie bezeichnet.
Bei HIV/Aids gibt es keine eindeutige Sprachregelung. Beide Begriffe werden verwendet. Wir folgen der UNO-Diktion und sprechen von Epidemie.

selben Jahr starben 2,1 Millionen Menschen an den Folgen von Aids, 2,5 Millionen infizierten sich mit dem HI-Virus (UNAIDS 2007).

Die weltweit am stärksten von HIV/Aids betroffene Region ist nach wie vor *Sub-Sahara-Afrika* mit mehr als 2/3 aller HIV-Infizierten (68 % oder 22,5 Mio. Menschen), davon allein 5,7 Millionen in Südafrika. In *Asien* lebten 2007 fast 5 Mio. Menschen mit dem Virus. Es wird aber befürchtet, dass die Infektionsrate aufgrund der hohen Bevölkerungsdichte signifikant steigen könnte. In einigen Ländern der Region wie z.b. Vietnam, Indonesien und Papua Neuguinea, wurden erhebliche Anstiege registriert. Gleiches gilt für die Region *Osteuropa und Zentralasien,* wo sich die Zahl der HIV-Infizierten in nur sechs Jahren um 150 % auf 1,6 Millionen erhöht hat. Mit 1,6 Mio. Infizierten ist die HIV/Aids-Epidemie in *Lateinamerika* in den vergangenen Jahren weitgehend stabil geblieben. Ausgenommen davon ist der karibische Raum mit einem drastischen Anstieg der Infektionen, insbesondere in der Dominikanischen Republik und Haiti, wo Aids die Todesursache Nr. 1 unter den 25- bis 44-Jährigen ist.

Die anhaltende weltweite Ausbreitung der Epidemie verläuft in den einzelnen Ländern unterschiedlich. In einer Vielzahl der Länder beschränkt sie sich auf einzelne Gruppen mit Verhaltensweisen, die ein hohes Infektionsrisiko beinhalten (Männer, die Sex mit Männern haben; Sex-Workers; Drogenbenutzer). Sind weniger als 1 % der allgemeinen Bevölkerung infiziert, wird die Epidemie als „konzentriert" bezeichnet. Sind mehr als 1 % der Bevölkerung betroffen, wird von einer Generalisierung der Epidemie gesprochen, die sich ausgehend von den sog. Risikogruppen zügig in der Bevölkerung verbreitet (WEINRICH/BENN 2005: 21ff.). Dies ist in Sub-Sahara-Afrika geschehen. In Ländern wie Botswana und Swaziland sind 25 % der Bevölkerung im Alter von 15–49 Jahren mit dem Virus infiziert.

In den Hoch-Prävalenzländern der Dritten Welt sind *Frauen und Mädchen* eine besonders verletzliche Gruppe, die überproportional von der Immunschwäche betroffen ist. In Sub-Sahara-Afrika machen sie 57 % aller HIV-Infizierten aus. Bei jungen Frauen zwischen 15 und 24 Jahren beträgt dieser Anteil sogar 75 %. Gründe für die rasante Ausbreitung sind sowohl fehlende Aufklärung und Rechte als auch der niedrige soziale Status von Mädchen und Frauen. Vergewaltigungen, sexueller Missbrauch, schädliche Sexualpraktiken verursachen genitale Verletzungen und erhöhen die Ansteckungsgefahr. Umfragen südafrikanischer Soziologinnen und Studien in Uganda und Kenia belegen den Missbrauch von mehr als 40 % der befragten Frauen. Besonders verletzlich sind auch *Kinder und Jugendliche*. 570.000 Mädchen und Jungen sterben Jahr für Jahr an der Immunschwäche, mehr als 600.000 Kinder unter 15 Jahren infizieren sich jährlich neu.

Soziale und wirtschaftliche Auswirkungen

So wie ⁊ **Armut** mehr ist als der Mangel an Einkommen, ist HIV/Aids weit mehr als eine Krankheit. Es ist ein komplexes Entwicklungsproblem, das die menschliche Existenz in ihrem sozialen, kulturellen, ökonomischen, ethischen, legalen und psychischen Kontext berührt (WEINRICH/BENN 2005: 63ff.).

Menschen, die an Aids sterben, befinden sich überwiegend im ökonomisch produktiven Alter. Dieser Umstand hat gravierende Auswirkungen auf den Faktor Arbeitskraft und damit auf die Ökonomie der Länder. Welchen Anteil der Verlust an Arbeitskräften durch Aids an wirtschaftlichen Einbußen tatsächlich hat, ist schwer zu errechnen, da auch andere Faktoren eine Rolle spielen. Bei den am stärksten betroffenen Ländern sind die Auswirkungen jedoch spürbar. Im Falle Südafrikas z.B. geht die Weltbank von markanten Rückgängen im Bruttoinlandsprodukt durch die Folgen von Aids aus.

Deutlich feststellbar sind bereits heute die Veränderungen in der Bevölkerungsstruktur. In den Ländern des südlichen Afrika, wo die höchsten HIV/Aids-Infektionsraten weltweit bestehen, ist die Lebenserwartung seit Beginn der 1990er-Jahre, als sie zwischen 50 und 60 Jahren lag, auf annähernd 40 Jahre heute zurückgegangen. In Botswana, Swaziland und Simbabwe lag sie sogar unter 40 Jahren (HIV/Aids, in: Online-Handbuch Demografie. ⁊ **Weltbevölkerung**). Hinter dieser Zahl verbergen sich zugleich Veränderungen in der Zusammensetzung der Bevölkerung. Wenn die Erwachsenen, die Eltern sterben, müssen oft die Großeltern, nicht selten sogar das Älteste der verwaisten Kinder Verantwortung für die verbliebene Familie übernehmen. Traditionelle Sicherungssysteme werden durch solche Ausfälle wirtschaftlich und sozial extrem belastet. Und in den Ländern, in denen die Infektionsrate hoch und auch Heranwachsende stark betroffen sind, wird es zukünftige Todesfälle durch Aids geben und folglich weitere Ausfälle von arbeitsfähigen Menschen.

Ohnehin arme Haushalte werden durch HIV/Aids-Erkrankungen zusätzlich belastet. Mit der Erkrankung fallen die Arbeitskraft und das schon geringe Einkommen weg. Die Pflege und die Suche nach Behandlung absorbiert auch die Arbeitskraft der Angehörigen. Kaufkraftreserven wie Ersparnisse oder auch Eigentum werden aufgebraucht. Die tägliche Ernährungssicherung lässt dann kaum Mittel übrig für medizinische Behandlung. Das Stigma, das in vielen Gesellschaften mit Aids verbunden ist und zur Isolierung erkrankter Personen führt, kann die Situation noch erschweren.

Für viele HIV/Aids-Infizierte ist medizinische Versorgung kaum verfügbar. Denn auch qualifizierte Fachleute fallen Aids zum Opfer und stehen als Arbeitskraft der Volkswirtschaft nicht mehr zur Verfügung. Die Auswirkungen auf soziale Einrichtungen wie Krankenhäuser und Schulen sind in einigen Regionen Afrikas beträchtlich. Eine Studie aus Südafrika besagt, dass im Jahr 2004 fast 10 % aller Lehrer an den Folgen von Aids gestorben sind, 12,7 % der Lehrer waren zu diesem Zeitpunkt HIV-positiv (Grown, in: WEINRICH/BENN 2005: 69).

Bei Ärzten und beim Krankenhauspersonal ist seit Jahren zudem eine Abwanderung in Industrieländer zu verzeichnen. Aus Nigeria z.B. sind 20.000 Ärzte und Pflegepersonal in die Länder des Nordens abgewandert. Gründe sind die chronische Unterfinanzierung der Gesundheitssysteme und die damit verbundenen geringen Gehälter, die fehlende Infrastruktur und die extrem hohe Arbeitsbelastung. Die Menschen in Afrika sind die Leidtragenden dieses sogenannten „brain drain", der Abwanderung von Fachkräften. Der verstärkte Druck infolge des anwachsenden Behandlungsbedarfs von HIV/Aids und den anderen Infektionskrankheiten, die wegen der Epidemie gehäuft auftreten, hat in vielen afrikanischen Ländern die Gesundheitssysteme überfordert, sodass sie praktisch kollabiert sind. Während 14 % der Weltbevölkerung in Afrika lebt, trägt der Kontinent 25 % der globalen Krankheitslast, verfügt aber nur über 1,3 % des weltweiten Gesundheitspersonals (im Vergleich Europa 18,9 %, Nordamerika 24,8 %).

Strategien im Kampf gegen HIV/Aids

Eine Heilung von HIV und Aids mit Medikamenten ist bisher nicht möglich. Ebenfalls ist es nicht gelungen, einen wirksamen Impfstoff gegen den HI-Virus zu entwickeln. Um die Epidemie zu bekämpfen, gibt es drei Strategien.

Prävention: Die Reduktion der Neuinfektionen ist von zentraler Bedeutung. Präventionsstrategien sind: Beratung und HIV-Tests, Nutzung von Kondomen, Reduktion der SexualpartnerInnen, Information und Bildungsmaßnahmen, die Förderung der Menschenrechte, insbesondere der Frauenrechte, und die Bekämpfung der Stigmatisierung.

Zugang zu Behandlung und Pflege: Antiretrovirale Medikamente (ARV) finden im fortgeschrittenen Stadium der Erkrankung Anwendung. Mit ihnen ist es möglich, die Virusvermehrung zu senken (Viruslast). Der Krankheitsverlauf verlangsamt sich, die Krankheitshäufigkeit und das Auftreten von opportunistischen Infekten wird reduziert.

Unterstützung: Um die sozialen, wirtschaftlichen und politischen Auswirkungen zu verringern, ist vor allem eine bessere soziale Sicherung der Menschen in den Entwicklungsländern dringend notwendig. Benötigt werden Versicherungssysteme für den Gesundheitsbereich, die den Erkrankten helfen und gleichzeitig dazu beitragen, die Gesundheitssysteme der einzelnen Länder zu stärken.

Globale Antworten auf die Ausbreitung der HIV/Aids-Epidemie

Zu keinem Zeitpunkt waren die am stärksten betroffenen Länder in der Lage, der HIV/Aids-Epidemie eigenständige, wirkungsvolle und finanzierbare Bekämpfungsstrategien entgegenzusetzen. Dies hat die internationale Gemeinschaft über einen viel zu langen Zeitraum ignoriert und somit der rasanten Ausbreitung Vorschub geleistet. Erst mehr als zehn Jahre nach Ausbruch der Immunschwäche-Krankheit wurde 1994 das integrierte Programm der UNO für HIV/Aids (UNAIDS)[1] ins Leben gerufen.

Mit den ↗ **Millennium-Entwicklungszielen** (MDGs) haben die Vereinten Nationen die Bekämpfung von HIV/Aids im MDG 6 festgeschrieben und zu einer ihrer Hauptaufgaben gemacht. Bis zum Jahre 2015 soll die Epidemie zum Stillstand gebracht werden und eine Trendumkehr eingeleitet sein.

---

1   UNAIDS: Das integrierte Programm der UN koordiniert die HIV/Aids-Arbeit von zehn UN-Institutionen, darunter die von der WHO und UNICEF.

Ein Umdenken auf internationaler Ebene setzte allerdings erst im Jahr 2001 ein. Auf einer Sondersitzung der UNO-Generalversammlung (UNGASS) unterzeichneten 189 Mitgliedstaaten eine „Declaration of Commitment on HIV/AIDS". Sie verpflichteten sich darin, auf globaler, regionaler und nationaler Ebene eine wirksame Antwort auf die Epidemie zu finden. Der weltweite *universelle Zugang* (universal access) zu Prävention, Behandlung, Pflege und soziale, materielle und psychologische Unterstützung bis zum Jahr 2010 wurde als Ziel definiert und in den darauffolgenden Jahren bekräftigt.

Aus dieser Konferenz ging der *„Global Fund to Fight AIDS, Tuberculosis and Malaria"* (GFATM) hervor, der zum wichtigsten Finanzierungsinstrument bei der Bekämpfung der drei weltweit gefährlichsten Krankheiten geworden ist. Der Fonds ist eine unabhängige Einrichtung, dessen Finanziers Regierungen, Stiftungen, Unternehmen und Privatleute sind. Bisher wurden 8,4 Mrd. US-$ in den Fonds eingezahlt, ein Großteil davon von den G8-Staaten. Gefördert wurden damit bis 2008 450 Gesundheitsprogramme in 136 Ländern.

Die USA haben 2003 ihr eigenes „U.S. President's Emergency Plan for AIDS Relief" (PEPFAR) aufgelegt, für den bis 2015 48 Mrd. US-$ bereitgestellt werden sollen, ein erheblicher Teil davon zur Finanzierung des Globalen Fonds.

Ein Drittel der PEPFAR-Gelder ist allerdings für Programme bestimmt, die Abstinenz und Treue fördern. Kritiker sehen darin eine Stärkung der konservativen, religiösen Gruppierungen, die Abstinenz propagieren und wirksame Kampagnen für den Gebrauch von Kondomen ablehnen. Die Bill und Melinda Gates-Stiftung, die mit einem Kapitalstock von 37 Mrd. US-$ die größte Privat-Stiftung der Welt ist, unterstützt die Bekämpfung von HIV/Aids u.a. durch Projekte zur Versorgung von Betroffenen in Afrika und zur Erforschung von Impfstoffen gegen den HI-Virus, Malaria und TB.

In zunehmendem Maße wird der Globale Fonds (GFATM) ebenfalls von der Bundesregierung gefördert. Hatte Deutschland im Jahr 2007 80 Mio. Euro als Jahresbeitrag überwiesen, ist dieser 2008 auf 200 Mio. erhöht worden. Darüber hinaus unterstützt die Bundesregierung die „Debt2Health"-Initiative (Schulden für Gesundheit) des Fonds. Eine erste Vereinbarung dieser Art wurde 2007 mit Indonesien abgeschlossen (AKTIONSBÜNDNIS GEGEN AIDS 2008: 24f.). Demnach werden Indonesien Schulden unter der Bedingung erlassen, dass die Hälfte der freiwerdenden

Gelder zur HIV/Aids-, TB- und Malaria-Bekämpfung im eigenen Land eingesetzt werden.

In einem Aktionsplan bekräftigt die Bundesregierung ihr Engagement zur Bekämpfung der HIV/Aids-Epidemie mit einem entwicklungspolitischen Ansatz, der auf „capacity building" ausgerichtet ist. Ziel des Ansatzes ist, Organisationen und Funktionsträger in den Partnerländern zu befähigen, eine effektive, nationale Antwort auf Aids zu finden. Schwerpunkte sind die Stärkung der Gesundheitsversorgung und Therapie durch Einführung sozialer Sicherungssysteme; Ausweitung freiwilliger Tests; die Schaffung eines Klimas von Solidarität und Nicht-Diskriminierung; und die Prävention durch Aufklärung vor allem bei Jugendlichen (BMZ 2007: 72ff.)

Der Zugang zu den lebensrettenden ARV-Medikamenten

Der Zugang zu antiretroviralen Medikamenten ist für Millionen von HIV-Infizierten der Schlüssel, um ihr Leben verlängern zu können. Mit dem Einsatz der Medikamente können potenziell die Folgen der Epidemie, wie soziale Instabilität und Verelendung, verhindert oder gemildert werden. Geht es um die effektive Bekämpfung von HIV/Aids, kommt bisher niemand an den internationalen Pharmaunternehmen vorbei. Sie sind wichtige Akteure, wenn es um Forschung und Behandlung geht, die aber gleichzeitig mit ihrer Preis- und Patentpolitik den „universellen Zugang" zu Medikamenten behindern.

Zwar sanken die Preise von ARV-Medikamenten (Dreifachkombination) von 10.000 US-$ pro Patient/Jahr im Jahr 2000 auf aktuell ca. 100 US-$ in den weniger entwickelten Ländern. Gründe dafür sind zum einen der verstärkte Ausbau der Generikaproduktion. Dieser führte aufgrund des Wettbewerbs auf dem Pharmamarkt zu Preisnachlässen. Zum anderen trug aber auch der öffentliche Druck gegenüber der Pharmaindustrie dazu bei, der vor allem von Nichtregierungsorganisationen (NGOs) in vielen Ländern ausgeübt wurde. Zur Koordinierung weltweiter Aktivitäten wurde die internationale NGO „World AIDS Campaign" gegründet, die unter der Losung „Stop AIDS. Keep the Promise" auf die Erfüllung der Verpflichtungserklärung von 2001 dringt.

Die erzielten Erfolge bei den Medikamentenpreisen scheinen jedoch aufgrund der im Rahmen der WTO-Verhandlungen (↗ **Weltwirtschaft**) eingeführten TRIPS- (Trade-Related Aspects of Intellectual Property Rights) Regelungen, die einen Patentschutz auf Medikamente zukünftig für 20 Jahre gewähren, in Gefahr zu geraten. Denn damit verfügen Inhaber von Patenten über eine Monopolstellung. Auf Druck der afrikanischen Staaten war es zwar 2001 gelungen, Ausnahmeregelungen im TRIPS-Abkommen durchzusetzen, die den Patentschutz ganz legal außer Kraft setzen. Sie finden Anwendung, wenn eine Regierung den Notstand für den Bereich der öffentlichen Gesundheit erklärt und sog. Zwangslizenzen an lokale Pharmahersteller erteilt. Diese sind damit autorisiert, entsprechende ARVs als Generika herzustellen, ohne dass es der Einwilligung des Patenthalters bedarf. Was wie eine Lösung in Notsituationen aussieht, findet trotzdem kaum Anwendung. Dies verhindert vor allem der erhebliche politische und ökonomische Druck, dem die Entwicklungsländer von geldkräftigen Gebern (USA) und privaten Stiftungen (Gates-Stiftung) und natürlich den Pharma-Konzernen ausgesetzt sind (MEDICO 2008).

Hoffnungen und Hemmnisse

Trotz der sich ausweitenden Epidemie gibt es hoffnungsvolle Lichtblicke im Hinblick auf das Ziel des „universellen Zugangs". So ist dem im April 2008 vorgelegten Bericht des UN-Generalsekretärs (UN 2008) zu entnehmen, dass:

- 40% der jungen Männer und 36% der jungen Frauen ausreichende Kenntnisse über die HIV-Prävention haben;
- 34% der HIV-infizierten Mütter Zugang zu antiretroviraler Therapie, um eine Mutter-zu-Kind-Übertragung zu verhindern, haben, eine Steigerung von 20% im Vergleich zum Jahr 2005; und
- drei Millionen Menschen in Ländern mit niedrigem oder mittlerem Einkommen in antiretroviraler Therapie sind.

In einigen afrikanischen Ländern wie z.B. Uganda, konnte die Infektionsrate gesenkt und auf einem Niveau von 5,4% stabilisiert werden. Malawi und Sambia meldeten für 2007, dass die weitere Verbreitung der Epidemie gestoppt werden konnte. In Burkina Faso, Mali und der Elfenbeinküste ist ein leichter Rückgang der Epidemie zu verzeichnen (UNAIDS 2008).

*Kundgebung der südafrikanischen NGO „Treatment Action Campaign" (TAC),
um eine Vorsorge-Behandlung HIV-positiver schwangerer Frauen von der
Regierung einzufordern.*
Foto: © Gideon Mendel/CORBIS

Dass Präventionsprogramme, umfassende Aufklärungs- und Bildungs-
angebote und die Behandlung mit ARVs in Hoch-Prävalenzländern in einigen Fällen Erfolge zeigen, ist ein ermutigendes Zeichen. Trotzdem darf nicht
übersehen werden, dass, während im Jahre 2007 eine Million Infizierte erst-
malig mit antiretroviralen Medikamenten behandelt werden konnten, sich
im gleichen Zeitraum 2,5 Millionen Menschen neu infiziert haben. Das bedeutet, dass alle bisherigen Anstrengungen bei weitem nicht ausreichen, um
die Epidemie zu stoppen. Im Jahr 2010 benötigen voraussichtlich 13 Millionen Infizierte eine ARV-Therapie. Bleibt es bei der aktuellen Steigerungsrate
beim Zugang zu ARVs, könnten im Jahre 2010 nur 4,6 Millionen medizi-
nisch versorgt werden, über 8 Millionen Aids-Kranken drohte der Tod.

Bei der Bekämpfung der HIV/Aids-Epidemie ist die Spaltung der inter-
nationalen Gemeinschaft in ideologische Lager ein deutliches Hemmnis.
So stehen die stark moralisierenden Haltungen der Vertreter der PEPFAR-
Programme den Positionen vieler europäischer Geberländer, NGOs und
Aids-Aktivisten gegenüber, die für Kondomverteilung, offenere Sexualer-
ziehung und Stärkung der Mädchen- und Frauenrechte eintreten. Mit einer

solchen, offensiven Vorgehensweise haben zuweilen Kirchen erhebliche Probleme. Nach wie vor postuliert die katholische Amtskirche, dass jeder sexuelle Akt auf die Zeugung neuen Lebens ausgerichtet zu sein hat, und dies auch nur im Rahmen der Ehe (GRILL/HIPPLER 2007). Wer ein Kondom benutzt, begeht daher eine sündhafte Handlung. Der Gebrauch von Kondomen ist zwar kein sicherer Schutz, aber neben anderen Strategien ein wesentliches und durchaus entscheidendes Element aller Präventionsbemühungen. Wenn es um den Gebrauch von Kondomen geht, sehen Kritiker gerade die Kirchen als Teil des Problems.

Viele engagierte Menschen in den Kirchen spüren den Widerspruch, dem sie ausgeliefert sind. Ohne Frage tragen in vielen Entwicklungsländern gerade kirchliche Krankenhäuser, Gesundheitsstationen und zahllose MedizinerInnen und Pflegekräfte mit dazu bei, dass den Aids-Kranken medizinische Hilfe und Pflege zuteil wird. Gleichzeitig stoßen sie immer wieder an die Grenzen der Vorgaben der Amtskirche, die ihr Handeln einschränkt. Doch die Kritik wird lauter, auch aus katholischen Gemeinden. Zunehmend setzen sich Geistliche über die Vorgaben ihrer Kirche hinweg und verteilen kostenlos Kondome.

Ohne Frage ist seit der UNO-„Declaration of Commitment on HIV/AIDS" von 2001 eine Menge passiert. Auch die G8-Staaten haben 2007 mit ihrer Finanzzusage von 60 Mrd. US-$ für die HIV/Aids-Bekämpfung ein starkes Signal gesetzt. Wer aber mehr als ein Jahr später nach konkreten Finanzierungsplänen fragt, wer wissen möchte, wer aus dem Kreise der G8-Staaten welche Kosten übernimmt, bekommt nur unzureichende, ausweichende oder keine Antworten. Auf dem letzten UNGASS-Treffen in New York im Juni 2008 wurde deutlich, dass der „universelle Zugang" bis 2010 wohl kaum noch erreicht werden kann. Etwas spät kommt der Gebergemeinschaft die Einsicht, dass finanzielle Mittel allein globale Probleme nicht lösen können, sondern dass strukturelle Bedingungen in den Hoch-Prävalenzländern ebenso gegeben sein müssen (siehe z.B. die Haltung des „AIDS denialism" in der Ära Mbeki in Südafrika). Dessen ungeachtet dringt UN-Generalsekretär Ban Ki-Moon jedoch auf die Einhaltung der für die Bekämpfung der HIV/Aids-Epidemie gemachten Finanzzusagen.

► Literatur

Aktionsbündnis gegen AIDS: Globale Krise und Deutschlands Beitrag zur Globalen Antwort. Zweite zivilgesellschaftliche Bestandsaufnahme des deutschen Engagements für die Umsetzung der internationalen HIV/Aids-Ziele. Tübingen 2008

Bundesministerium für wirtschaftliche Zusammenarbeit und Entwicklung (BMZ) (zus. Mit BM für Gesundheit sowie Bildung und Forschung): Aktionsplan zur Umsetzung der HIV/AIDS-Bekämpfungsstrategie der Bundesregierung, 3. Aufl. Bonn/Berlin 2007

Grill, Bartolomäus/Stefan Hippler: Gott – Aids – Afrika. Eine Streitschrift. Köln 2007

medico international (Hrsg.): Patienten, Patente und Profite. Globale Gesundheit und Geistiges Eigentum (= medico-Report 27). Frankfurt/M. 2008

UN General Assembly: Declaration of Commitment on HIV/AIDS and Political Declaration on HIV/AIDS: midway to the Millennium Development Goals. Report of the Secretary General, A/62/780, 1 April 2008

UNAIDS: AIDS epidemic update: December 2007. Genf 2007

UNAIDS: 2008 Report on the global AIDS epidemic. Genf 2008

Weinrich, Sonja/Christoph Benn: Aids: Eine Krankheit verändert die Welt. Daten – Fakten – Hintergründe, 3. Aufl. Frankfurt/M. 2005

► Links

Aktionsbündnis gegen AIDS (Dachorganisation deutscher NGOs als Lobby für die Aids-Bekämpfung) (www.aids-kampagne.de)

Deutsche AIDS-Stiftung (Hilfsorganisation) (www.aids-stiftung.de)

Global Fund to Fight AIDS, Tuberculosis and Malaria (GFATM) (www.theglobalfund.org)

UNAIDS (www.unaids.org)

World AIDS Campaign (www.worldaidscampaign.org)

Hunger und Ernährung

PETER MEYNS

Hunger in der Welt und Ernährungskrise

Eine ausreichende Ernährung ist nicht nur eine elementare Voraussetzung für die Existenz der Menschen, sie ist auch ein wesentlicher Bestandteil einer „menschlichen Entwicklung" im Sinne der ↗ **Millennium-Entwicklungsziele**. Zudem ist ein Recht auf Nahrung auch ein weithin anerkanntes ↗ **Menschenrecht**.

Dennoch ist Hunger in der Welt verbreitet und die Ernährungssicherheit von Menschen in vielen Ländern, insbesondere Entwicklungsländern, nicht gewährleistet. Zehn Jahre nach dem Welternährungsgipfel in Rom musste die FAO im Jahr 2006 einräumen, dass die Zahl der Menschen in der Dritten Welt, die Hunger leiden, sich kaum verändert hatte und immer noch 820 Millionen betrug. Nur in Relation zur vergrößerten ↗ **Weltbevölkerung** war der Anteil von 20 % auf 17 % gesunken. Das Ziel, die Zahl der unterernährten Menschen bis zum Jahr 2015 zu halbieren, lag jedoch in weiter Ferne.

Hinter der Gesamtzahl verbirgt sich, wie Tabelle 1 zeigt, eine Verschiebung der Größenordnungen. Während sich die Zahl der unterernährten Menschen vor allem in China, aber auch in Südostasien deutlich verringert hatte, hatte sich die Lage in Afrika südlich der Sahara sowie im Nahen Osten verschlimmert. Das Ausmaß der Hungerprobleme in der Welt bleibt trotz dieser Verschiebungen beträchtlich. Vor allem das Nebeneinander eines Überflusses von Nahrungsmitteln mit extremer Entbehrung, Hunger und Not in vielen Ländern der Welt ist nach wie vor eine zentrale Herausforderung der globalen Entwicklung.

Entgegen den Erwartungen der FAO hat sich die Lage in den letzten Jahren nicht verbessert. Vielmehr ist es zu einer Ernährungskrise gekommen, die sich in erster Linie in sprunghaft gestiegenen Preisen für Grundnahrungsmittel niedergeschlagen hat. Zwischen 2007 und 2008 hat sich der

Tabelle 1: Unterernährung in den Entwicklungsländern				
	Zahl in Millionen		Anteil an Bev. in %	
	1990–1992	2001–2003	1990–1992	2001–2003
Asien und Pazifik	570	524	20	16
China	(194)	(150)	16	12
Südostasien	(80)	(65)	18	12
Lateinamerika	59	52	13	10
Naher Osten/Nordafrika	25	38	8	9
Afrika südlich der Sahara	169	206	35	32
	823	820	20	17
Quelle: FAO 2006: 32–34				

Weltmarktpreis für Weizen verdoppelt, Mais ist um 66 % und Reis um 75 % teurer geworden. Arme Haushalte geben bis zu 75 % ihrer Ausgaben allein für Nahrungsmittel aus. Wenn zusätzliche Faktoren wie Naturkatastrophen oder Bürgerkriege hinzu kommen, um ihre Notlage zu verschärfen, reichen ihre Produktionskapazitäten bzw. ihre Ansprüche (d.h. ihre Kaufkraft im weiten Sinn) oft nicht aus, um eine ausreichende Ernährung zu sichern. Hungerproteste in vielen Ländern der Dritten Welt wie z.B. Haiti, Côte d'Ivoire, Kamerun, Ägypten oder Indonesien zeugen von dieser Ernährungskrise und von der Brisanz der Problematik. Vor diesem Hintergrund war die Zahl der unterernährten Menschen in der Welt, nach Angaben der FAO, 2008 auf 923 Millionen angestiegen.

Für das Verständnis der Problematik ist es zum einen wichtig, die vielfältigen Faktoren zu berücksichtigen, die die Ernährungskrise in der Welt beeinflussen, und zum anderen, sich die unterschiedlichen Konzepte zur Schaffung von Ernährungssicherheit vor Augen zu führen. Nicht nur, weil ein Großteil des Hungers in der Welt Menschen im ländlichen Raum betrifft, sondern auch, weil Ernährung durch landwirtschaftliche Produktion gewährleistet wird, haben beide Fragen wesentlich mit Agrarwirtschaft und ländlicher Entwicklung zu tun.

Der Welthunger-Index

wird vom International Food Policy Research Institute (IFPRI) berechnet und wurde 2008 zum dritten Mal ermittelt. Er beruht auf einem mehrdimensionalen Ansatz, der drei Indikatoren berücksichtigt: den Anteil der Unterernährten an der Bevölkerung; den Anteil der untergewichtigen Kinder unter fünf Jahren; und die Sterblichkeitsrate von Kindern unter fünf Jahren. Global zeigt der Index im Vergleich zum Bezugsjahr 1990 eine Verbesserung der Ernährungssicherheit, von Land zu Land gibt es jedoch große Unterschiede. Für 33 Länder zeigte der Index 2008 besorgniserregende Hungerprobleme an (Werte über 20, während ein Wert unter 5 geringen Hunger anzeigt): die meisten davon in Afrika, aber auch Indien, Pakistan und Bangladesh gehörten trotz Verbesserungen im Vergleich zu 1990 dazu. Am dramatischsten war die Lage in der DR Kongo aufgrund der fortdauernden ↗ Kriegssituation mit einem Wert von 42,7.

Quelle: Welthunger-Index. Herausforderung Hunger 2008

Hunger und Ernährung – Einflussfaktoren

Dass die Zahl der unterernährten Menschen in der Welt steigt, ist nicht auf einen einzigen, sondern auf eine Vielzahl von Faktoren zurückzuführen, die teilweise globale, teilweise lokale Dimensionen haben. Die wichtigsten davon sollen nachfolgend aufgezählt werden, wobei zu beachten ist, dass in jedem einzelnen Fall eine jeweils spezifische Kombination globaler und lokaler Faktoren auftreten kann.

1) Das Wachstum der ↗ Weltbevölkerung spielt ohne Frage eine wichtige Rolle bei der Ernährungssicherung. Die Kausalität jedoch, die seinerzeit der Ökonom Malthus behauptet hat, dass nämlich die Bevölkerung schneller wachsen werde als die Nahrungsmittelproduktion und es daher zu Hungersnöten kommen werde, hat sich nicht bewahrheitet. Die Agrarwirtschaft ist grundsätzlich in der Lage, auch eine wachsende Bevölkerung auf der Erde ausreichend mit Nahrung zu versorgen.

2) Wie die verfügbaren Nahrungsmittel weltweit und im lokalen Kontext verteilt werden, ist indessen eine Frage von *Angebot und Nachfrage*. Hunger

ist in beträchtlichem Maße das Ergebnis von Einkommensungleichheiten, die dazu führen, dass arme Menschen keine kaufkräftige Nachfrage geltend machen können. Amartya Sen hat in seiner klassischen Studie über „Poverty and Famines" (1981) an Hand der historischen Hungersnöte in Bangladesh und Äthiopien gezeigt, dass dort, wo die Kaufkraft der Menschen aus welchen Gründen auch immer ausfällt oder zu gering ist, das Angebot auch ausbleibt, weil die Händler ihre Produkte dort verkaufen, wo sie höhere Preise erzielen können. Dieser Marktmechanismus tritt im lokalen, im nationalen wie im globalen Maßstab auf.

Nationale Agrarpolitik kann Angebot und Nachfrage durch Preisfestsetzungen oder Subventionen beeinflussen und die Nahrungsmittelproduktion fördern. Dies kann die nationale Selbstversorgung stärken oder auch negative Auswirkungen haben. Preissubventionen für die städtische Bevölkerung, verbunden mit niedrigen Agrarpreisen, vertiefen die Kluft zwischen Stadt und Land. Die Vernachlässigung der Landwirtschaft durch erdölreiche Länder wie Nigeria oder Angola hat ihre Agrarproduktion für den Markt schwer beeinträchtigt. Die gewaltsamen und willkürlichen Farmenteignungen in Simbabwe haben eine produktive Landwirtschaft ruiniert und die Kornkammer der Region in ein Armenhaus verwandelt. – Die ↗ Weltwirtschafts-Dimension staatlicher Interventionen in den freien Handel wird gegenwärtig in der sog. Doha-Runde der WTO verhandelt, wo nationale Agrarpolitiken – vor allem der USA und der EU – zentrale Hindernisse einer Einigung zwischen Industrie- und Entwicklungsländern darstellen.

3) Außerökonomische Faktoren können drastische Auswirkungen auf Hunger und Ernährung haben. ↗ Kriege und Gewaltkonflikte wie derzeit in Darfur machen Millionen Menschen zu Flüchtlingen im eigenen Land oder in Nachbarländern, wo sie außerstande sind, für sich selbst zu sorgen. Ebenso entziehen *Naturkatastrophen* wie Anfang 2008 die Überschwemmungen in Myanmar oder die wiederkehrenden Sahel-Dürreperioden der Bevölkerung die Lebensgrundlage, und dies umso mehr, wenn eine Regierung mehr am eigenen Machterhalt als am Wohlergehen der Menschen interessiert ist. Wenn beides zusammen kommt wie in Somalia zu Beginn der 1990er-Jahre, spitzt sich die Hungersnot noch weiter zu.

4) Naturkatastrophen stehen aber auch in dem größeren globalen Zusammenhang des ↗ Klimawandels, der in einem gesonderten Stichwort ausführlich behandelt wird. Die Erwärmung der Erde in Folge von hohen

Schadstoffemissionen und die damit verbundenen Unregelmäßigkeiten globaler Wetterverhältnisse wie z.b. der „El Niño"-Effekt, haben besonders drastische Auswirkungen auf die regenabhängige Landwirtschaft von Kleinbauern in den Entwicklungsländern, die etwa 70 % der unterernährten Menschen in der Welt ausmachen (↗ **Globale Umweltprobleme**).

5) Nichts verdeutlicht die Komplexität der gegenwärtigen globalen Ökonomie besser als der Konflikt zwischen *Agrarkraftstoffen/Biosprit* und Ernährungssicherheit. Um die globale Erwärmung einzudämmen, wird – zu Recht – eine Einschränkung der CO_2-Emissionen gefordert. Als praktikabler Weg dazu wird die Erzeugung von Ethanol und Biodiesel aus Agrarprodukten wie Zuckerrohr, Mais, Palmöl oder Raps angesehen. 2007 hat die EU ihr 2003 erstmals formuliertes Ziel gesteigert und beschlossen, dass bis zum Jahr 2020 mindestens 10 % der Kraftstoffe im Verkehrssektor in den Mitgliedsstaaten aus Agrarkraftstoffen stammen sollen. Erst die Eskalation der Preise für Nahrungsmittel in jüngster Zeit hat die anfängliche Euphorie gedämmt und Kritik aufkommen lassen, ob die wachsende, staatlich geförderte Nutzung von Agrarflächen für Agrarkraftstoffe nicht zugleich den Hunger in der Welt befördert. Die angestrebte Erhöhung des Biosprit-Anteils kann in der EU nicht erzeugt werden. Sie hat daher einen weltweiten Nachfrageboom nach Agrarkraftstoffen ausgelöst. In Malaysia und Indonesien ebenso wie in Kolumbien sind riesige Palmöl-Plantagen aufgebaut worden, denen Kleinbauern oft unfreiwillig weichen mussten. Auch in Afrika, z.B. in Äthiopien, Mosambik und Tansania, haben sich westliche Firmen große Flächen gesichert, um Agrarkraftstoffe anzubauen. Zwar kann diese Nutzung von Agrarprodukten nicht allein den Preisanstieg für Nahrungsmittel erklären, sie trägt aber, wie internationale Fachleute festgestellt haben (VON BRAUN 2007), eindeutig dazu bei. Es kommt hinzu, dass auch die CO_2-Bilanz zunehmend angezweifelt wird, da die Erzeugung von Biosprit den Einsatz von fossiler Energie erfordert und der Aufbau der Plantagen oft mit der Zerstörung tropischer Wälder, wie in Brasilien, einhergeht.[1]

6) Ein weiterer Faktor, der die Nahrungsmittelproduktion beeinflusst, sind die sich mit steigendem Wohlstand verändernden *Konsumgewohnheiten* der Menschen, vor allem der zunehmende Konsum von Fleisch und

---

1   Diese kritische Bewertung von Agrarkraftstoffen soll nicht außer Acht lassen, dass sie unter nachhaltigen Bedingungen eine wichtige alternative Energie- und auch Einkunftsquelle für bäuerliche Haushalte sein können.

anderen tierischen Produkten, nicht zuletzt in China und Indien, der den Bedarf an Futtermittel in die Höhe treibt. Bereits heute werden 35 % des global produzierten Getreides als Futtermittel verwendet. Für ein Kilo Fleisch werden jedoch 3 bis 7 kg Getreide benötigt, sodass die Nahrungsbilanz des verfügbaren Getreides bei erhöhtem Fleischkonsum sich deutlich verschlechtert.

Alle diese Faktoren wirken zusammen, um die Lage von Hunger und Ernährung in der Welt zu beeinflussen. Günstige Konstellationen wie z.b. große Ernten der global führenden Getreideproduzenten Australien und Kanada können das Angebot erhöhen, sodass Preise nachgeben. Die Volatilität der Preise wird aber durch das Interesse *spekulativen Kapitals* zusätzlich angeheizt, für das Getreide ein weiteres Produkt ist, das gute Profite verspricht, die durch Termingeschäfte an der Warenbörse noch gesteigert werden können. So ist auch in den nächsten Jahren bei durch Biosprit und Futtermittel weiterhin hochgehaltener Nachfrage und durch den Erdölpreis bedingte hohe Produktionskosten (Düngemittel, Transportkosten) mit hohen Nahrungsmittelpreisen zu rechnen. Die armen Menschen in den Entwicklungsländern werden von den hohen Preisen in der Regel kaum profitieren können (OXFAM 2008). Sie sind Preisnehmer, deren Kaufkraft, ob sie auf dem Lande leben oder am Rande der großen Städte, durch steigende Preise beeinträchtigt wird und für eine normale Ernährung oft nicht mehr ausreicht.

Lösungskonzepte für die Ernährungskrise

Eine Korrektur der langjährigen Vernachlässigung der Agrarförderung in der internationalen Zusammenarbeit ist in jüngster Zeit in die Wege geleitet worden. Über die richtigen Konzepte für die Bewältigung der Ernährungskrise gibt es aber stark divergierende Auffassungen.

1) Bei akuten Hungersnöten ist *Nahrungsmittelhilfe* als Soforthilfe das geeignete Instrument, da es um Leben oder Tod geht. Das UN-Welternährungsprogramm (WFP), der größte Träger humanitärer Hilfe, versorgt 73 Millionen Menschen in 78 Ländern. Die Preisschübe auf dem Weltmarkt erschweren auch dem WFP die Arbeit, denn die Nahrungsmittel ebenso wie die Transportkosten verschlingen wachsende Summen, zumal wichtige Geber wie die USA bevorzugt Überschussgetreide aus eigener Produktion

Wie ist dir das passiert?!   © Godfrey Mwampembwa (Kenya)

spenden. Deutsche Hilfe dagegen erlaubt den Aufkauf auf regionalen Märkten. Nahrungsmittelhilfe ist jedoch ein zweischneidiges Schwert, da es lokale Produzenten aus dem Markt drängen bzw. Menschen von eigener Anbautätigkeit abhalten kann. Deshalb ist sie als dauerhafte entwicklungspolitische Strategie kontraproduktiv.

2) Eine Neuauflage im Zeichen der Gentechnologie erlebt heute die sog. *„grüne Revolution"*. Bereits in den 1960er- und 70er-Jahren wurden in Versuchsreihen entwickelte Hochleistungssorten eingesetzt, um die Produktivität beim Anbau von Getreide zu erhöhen. Vor allem Indien konnte auf diese Weise von einem Defizit- zu einem Überschussland werden und gilt seither als Erfolgsstory.[2] Dass der erfolgreiche Einsatz von hybridem Saatgut

---

2 Dass Indien dennoch noch über 200 Millionen unterernährte Menschen hat, bestätigt die Feststellung, dass die Ernährungskrise nicht allein von der Produktion abhängt, sondern vor allem auch durch fehlende Kaufkraft und die Einkommensverteilung bedingt ist.

von weiteren Inputs (Düngemitteln, Pestiziden, Bewässerung) abhängt, begünstigt reichere Bauern, die auf großen Flächen mechanisierte Landwirtschaft betreiben können. Dazu kommen, was im Punjab, der Kornkammer Indiens, erst Jahre später deutlich wurde, die Umweltbelastungen der „grünen Revolution": Versalzung der Böden, Vergiftung des Grundwassers, Verknappung der Wasserreserven, die das Leben der Menschen belasten und die Zukunft der Agrarproduktion in der Provinz gefährden.

Als Reaktion auf die aktuelle Ernährungskrise hat die kapitalkräftige Bill und Melinda Gates-Stiftung 2006 eine „Alliance for a Green Revolution in Africa" (AGRA) ins Leben gerufen, um in Afrika, das von der früheren Phase der „grünen Revolution" kaum tangiert wurde, die Agrarproduktion zu fördern. Der Fokus ist erneut auf verbessertes Saatgut gerichtet. Zwar werden Kleinbauern als Zielgruppe benannt und die ökologischen Defizite der ersten Phase erwähnt, die Zusammenarbeit mit den führenden Biotechnologie- und Saatgut-Konzernen Syngenta und Monsanto nährt aber die Vermutung, dass die AGRA-Ziele vor allem durch gentechnisch verändertes Saatgut erreicht werden sollen. Während das Potential solchen Saatguts nicht negiert werden soll, bestehen doch hinsichtlich der langfristigen ökologischen wie sozialen Auswirkungen seines Einsatzes erhebliche Bedenken.

3) Eine alternative Sicht präsentiert der im April 2008 vorgelegte Weltagrarbericht der „International Assessment of Agricultural Knowledge, Science and Technology for Development" (IAASTD), einer hochkarätigen Expertengruppe, die zu Beginn des Millenniums von Weltbank und der FAO einberufen wurde, um zu untersuchen, wie agrarisches Wissen beitragen kann, den Hunger in der Welt zu verringern, ländliche Lebensverhältnisse zu verbessern und ökologisch, sozial und wirtschaftlich ↗ nachhaltige Entwicklung zu fördern. „Business as usual", heißt es im Bericht mit Nachdruck, „ist keine Option". Der einseitige Fokus auf erhöhte Produktion, der das Problem des Hungers in der Welt nicht gelöst hat, wird zugunsten eines Konzepts von *Landwirtschaft als multifunktionelle Tätigkeit* aufgegeben. In den Mittelpunkt wird der Fokus auf kleinbäuerliche Haushalte gestellt, die vor allem von Hunger und Armut betroffen sind. Es geht darum, sie zu ermächtigen („empowerment"), die Aufgabenbereiche der Agrarkraftstoffe, der Biotechnologie, des Klimawandels, der Gesundheit, des Ressourcenmanagements, des Welthandels, des tradierten Wissens und lokaler Innovationen sowie der Rolle der Frauen, die die Hauptlast des Anbaus von Nahrungsmitteln in ländlichen Haushalten tragen, in eine Agrarperspektive

zu integrieren, die die Verringerung des Hungers mit einer nachhaltigen Entwicklung verbindet. Weil der Bericht Agrarwissen in allen seinen Facetten berücksichtigt und gentechnisch manipuliertes Saatgut eher kritisch beleuchtet, haben sich die Vertreter der Biotechnologie-Konzerne unter Protest aus der Expertengruppe zurückgezogen. Der richtige Weg zur Bewältigung der Ernährungskrise bleibt angesichts der Macht solcher Interessengruppen umkämpft.

▶ **Literatur**

Food and Agriculture Organization (FAO): The State of Food Insecurity in the World 2006. Rom 2006 (Online: www.fao.org)

Landwirtschaft global. Der Kampf um Ernährungssicherheit und Nachhaltigkeit. INKOTA-Dossier 2 (INKOTA-Brief, Nr. 144). Berlin 2008

Sen, Amartya: Poverty and Famines. An essay on entitlement and deprivation. Oxford 1981

von Braun, Joachim: The World Food Situation: New Driving Forces and Required Action (= Food Policy Report No. 18). Washington, D.C. 2007 (Online: www.ifpri.org/pubs/fpr/pr18.asp)

welt-sichten, Heft 6–2008 (Schwerpunkt: Welternährung). Frankfurt

World Bank: World Development Report 2008: Agriculture for Development. Washington, D.C. 2007 (Online: www.worldbank.org)

▶ **Links**

International Assessment of Agricultural Knowledge, Science and Technology for Development (IAASTD) (deutsch: Weltagrarbericht) (www.agassessment.org) (dokumentiert den Synthesis Report vom April 2008 und Presseberichte zum Thema) (www.vdw-ev.de/aktuelles.html) (Weltagrarbericht auf Deutsch u.a.)

Oxfam (Analysen zu Hunger und Ernährung, u.a. „Double-Edged Prices" Oxfam Briefing Paper 121/2008) (www.oxfam.org/en/policy)

Welthunger-Index: Herausforderung Hunger 2008 (Bonn/Washington, D.C./ Dublin, Okt. 2008) (www.welthungerhilfe.de/fileadmin/media/pdf/WHI/ Welthunger-Index-2008.pdf)

Interkulturelle Begegnungen

RENATE NESTVOGEL

Zum Verständnis von „Begegnungen" und „Kulturen"

Die Anlässe und Ursachen von Begegnungen unter Menschen verschiedener nationaler, ethnischer, kultureller Herkunft waren in der Geschichte (und sind bis heute) häufig weder friedliche noch von beiden/allen Seiten gewollte. Sie hatten/haben mit Eroberungszügen (kolonialen wie postkolonialen), mit Macht- und Herrschaftserweiterung sowie Profitstreben zu tun. Neben kriegerischen, gewaltförmigen Auseinandersetzungen veranlassen ungleiche Bevölkerungs- und Wirtschaftsentwicklungen/-verteilung, politische, kulturelle und religiöse Unterdrückung/Ausgrenzung sowie Umweltkatastrophen Menschen zum Verlassen ihres Herkunftsortes (↗ Migration und Flucht) mit der Folge, dass die Koexistenz von Menschen verschiedener Kulturen auf demselben Territorium zunimmt.

Als flankierende Maßnahmen zur Friedenssicherung und friedlicher Kooperation wurden zahlreiche Institutionen eingerichtet und Maßnahmen ergriffen, die interkulturelle Begegnungen fördern soll(t)en, um darüber zum Abbau von historisch-gesellschaftlich tradierten Feindbildern, Stereotypen und Vorurteilen sowie zum Aufbau von Kooperationen in verschiedenen gesellschaftlichen Bereichen beizutragen. Hierzu zählen die diversen Einrichtungen der Vereinten Nationen, Kulturinstitute, Einrichtungen, die bi-/multinationalen Jugendaustausch fördern, Städte-, Hochschul- und Schulpartnerschaften etc.

Interkulturelle Begegnungen können gewollt und organisiert sein (z.B. bei Austauschprogrammen), sie können spontan entstehen (z.B. auf Reisen) oder den Umständen geschuldet sein (z.B. durch Zuwanderung, wenn Menschen verschiedener Herkunft im selben Wohnviertel wohnen, im selben Betrieb arbeiten oder in derselben Schulklasse unterrichtet werden).

Vielen Begegnungsprogrammen liegt die sogenannte Kontakthypothese zugrunde, der zufolge zunehmende Interaktionen zu vermehrten und differenzierten gegenseitigen Kenntnissen, zu erlebter Ähnlichkeit und intensivierten Gefühlen gegenseitiger Sympathie und damit zum Abbau von Vorurteilen führen (THOMAS 1994: 228). Dagegen besteht in der Begegnungsforschung Konsens darüber, dass dies keinesfalls so sein muss. „Engere Kontakte, also dichtere Sozialbeziehungen allein, können ebenso Unverständnis und Vorurteile verstärken und Feindschaft erzeugen" (Nicklas, in: NICKLAS ET AL. 2006: 115), wenn nicht weitere Voraussetzungen für das Gelingen interkultureller Kontakte und den Abbau gegenseitiger Vorurteile – wie die Statusgleichheit der Gruppenmitglieder, gemeinsame Ziele und Interessen, eine institutionelle Förderung des Kontakts und ein positives soziales Klima – gegeben sind.

Ähnlich ambivalent wie der Begriff der Begegnung ist der Kulturbegriff. Sinnvoll erscheint ein sog. erweiterter Kulturbegriff der UNESCO, der „die Gesamtheit von typischen Lebensformen, Denkweisen und Werten einer Bevölkerungsgruppe" umfasst. Demzufolge prägen „Kulturen ebenso das Handeln des Einzelnen und ganzer Gesellschaften [...] wie sie ständig von ihnen neu geschaffen und verändert werden. Zu diesen internen Faktoren kommen externe – die Verunsicherung und der Austausch zwischen Kulturen. Kultur ist kein Gefängnis, sondern so lebendig wie das Geschehen in einer globalen Werkstatt" (Schöfthaler, zit. nach: NESTVOGEL 2004: 351f).

Die Ausgangslage interkultureller Begegnungen

Jeder Mensch wird in einer familial, sozialstrukturell und ökologisch spezifisch gestalteten Lebenswelt sozialisiert, die wiederum in größere, historisch gewachsene, regionale, nationale und transnationale Zusammenhänge eingebunden ist. In interkulturellen Begegnungen treffen Menschen mit unterschiedlichen Wahrnehmungs-, Deutungs- und Handlungsmustern aufeinander. Zunächst werden sie annehmen, dass ihre Muster auch woanders geteilt werden (z.B. Begrüßungsformen). Werden Unterschiede wahrgenommen (Bsp.: eine Frau weigert sich, einem Mann bei der Begrüßung die Hand zu geben), treten Irritationen auf, die zwischen Neugier, Faszination und Abwehr, Ablehnung, Abwertung schwanken können. Das Phänomen, den eigenen (kulturellen) Selbstverständlichkeiten verhaftet zu sein, sie als normal zu sehen, das Verhalten anderer daran zu messen und nach den eigenen Maßstäben zu bewerten (auch „egocentric bias", ‚natürlicher'

Schaubild 1: Interkulturelle Interaktionsmuster

Wahrnehmungs-,
Deutungs-,
Handlungsmuster

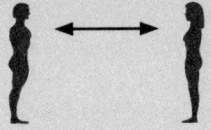

bedingt durch:

▷ Alter

▷ Geschlecht

▷ physische/psychische Merkmale (kognitive, soziale, affektive Einstellungen)

▷ Selbst-/Fremdbilder (individuelle – nationale – transnationale/globale)

▷ lokale/regionale/nationale/ethnische Merkmale und Kollektiverfahrungen

▷ sozialstrukturelle Merkmale/Schicht-/Klassenzugehörigkeit

▷ Wertorientierungen (Religion, Ethik, Körper-/Geschlechterkonzepte

▷ Bildung (u.a. nationales, transnationales Wissen um internationale, historische, interkulturelle Zusammenhänge) etc.

oder ‚naiver' Ethnozentrismus oder Kulturzentrismus etc. genannt), kann möglicherweise als universelles Grundmuster betrachtet werden, als Bestandteil einer sozialen und kulturellen Identität.

Wie die fremde (hier deutsche) Kultur durch die eigene hindurch wahrgenommen, mit dieser verglichen und gedeutet wird, lässt das Beispiel 1 erkennen: Die vielfältige Sicht auf Deutschland zeigt, wie wenig objektiv Abbildbares von einer Kultur aus einem multiperspektivischen Blickwinkel bleibt. Dieses Phänomen wird in kulturwissenschaftlicher Sicht als „Abhängigkeit des Kulturkonzeptes vom jeweiligen Standpunkt des Betrachters, den individuellen und gruppenbezogenen Interessen (ökonomischer, wissenschaftlicher oder identitätsbezogener Art) und den jeweiligen

Beispiele interkultureller Begegnungen

Beispiel 1: Aussagen junger Expo-MitarbeiterInnen zu Deutschland:

„Hier ist vieles anders als bei uns. Die Kälte. Der Regen. Dass man mit 20 von zu Hause auszieht und jeder auf sich gestellt ist. (...) Ach ja – die Männer! Die sind hier zu sehr um ihre Frauen besorgt. Immer wollen sie ihnen alles recht machen. Legen ständig den Arm um sie. Bei uns lassen sich Mann und Frau gegenseitig mehr Raum." (Sophie, 22, aus Dakar/Senegal)

„Bei uns herrscht überall Hektik und Enge. Die Luft ist schlecht. Hier in Deutschland dagegen scheint alles so geordnet, so sauber, so frisch." (Hua Zhong, 24, Shanghai/China)

„Der größte Unterschied zwischen Deutschland und Kuba ist, dass sich hier alles in geschlossenen Räumen abspielt. Bei uns findet das Leben auf der Straße statt. Dort wird getanzt, diskutiert, und jeder kennt jeden. Hier wissen viele nicht mal, wer neben ihnen wohnt." (Lisbeth, 23, Havanna/Kuba)

„Überhaupt gehts bei uns viel ruhiger zu als hier. In Deutschland sind die Menschen temperamentvoller, aufgeschlossener. Sie haben keine Hemmungen, andere anzusprechen." (Mika, 20, Helsinki, Finnland)

„Regeln sind das Wichtigste für die Deutschen. Sie gucken ungern, was rechts und links vom vorgegebenen Weg liegt." (Taha, 19, Sanaa/Jemen)

(Scholz 2000, in: Nestvogel 2004: 358)

Beispiel 2: Türkisch sprechen verboten

„Wenn die SchülerInnen zu mir in die Hausaufgabenbetreuung kommen, dürfen sie die türkische Sprache nicht benutzen. Diese Regel habe ich aufgestellt, da es regelmäßig Situationen gab, in denen die SchülerInnen zu mir kamen und sagten, dass entweder ich oder andere SchülerInnen auf Türkisch beleidigt wurden. Nach dem Verbot ergab sich die Situation, dass mehrere türkische SchülerInnen zusammen mit mir und einer deutschen Schülerin in der Betreuung saßen. Zwei Türkinnen unterhielten sich auf Türkisch. Ich bat sie damit aufzuhören, da es auch Menschen an diesem Tisch gab, die sie nicht verstehen konnten. Sie kümmerten sich nicht um mein Verbot, und ich drohte ihnen mit einem Rauswurf."

(Fallbeschreibung einer Lehramtsstudentin zu einer schulischen Hausaufgabenbetreuung)

historischen Kontextbedingungen des Kontakts (Eroberung, Kolonialisierung, Missionierung)" bezeichnet (Krewer 1996: 150).

Interkulturalitätsstrategien

Vier Typen von Interkulturalitätsstrategien

1. Die Höherwertigkeit der eigenen Kultur (ethnozentrierter Universalismus)
2. Die Unvereinbarkeit von Kulturen (kulturalistischer Relativismus)
3. Das Entdecken von Gemeinsamkeiten (Schnittmengen) verschiedener Kulturen
4. Die Erzeugung von Gemeinsamkeiten durch interkulturelle Kontakte

Quelle: Krewer 1996: 153f.

1) Anders als der eingangs geschilderte „natürliche" Ethnozentrismus besitzt der erste Typus die Qualität eines hartnäckigen Festhaltens an eigenen Wahrnehmungs-, Deutungs- und Handlungsmustern im Sinne einer Überzeugung von deren Überlegenheit. Die implizite oder explizite Aufforderung, die eigene Kultur aufzugeben und sich an die Dominanzkultur, die „Deutsche Leitkultur" anzupassen, charakterisiert viele interkulturelle Begegnungen im multikulturellen Deutschland. Die darin enthaltene kulturelle Entwertung des anderen bleibt den Akteuren oft ebenso verschlossen wie die dahinter liegenden Motive. Oft verstehen sie nicht, warum die ‚Fremden' an ihrer Kultur und Sprache festhalten (Beispiel 2), wenn sie in Deutschland leben wollen. Deren Widerstand, z.T. auch Aggressivität, wird nicht als Reaktion auf Erfahrungen von Entwertung, mangelnder Anerkennung und Diskriminierung gedeutet, sondern häufig kulturalisiert. Misslingen Strategien ethnozentrischer Vereinnahmung, Verschmelzung, Assimilation und Akkulturation, ist es oft nur ein kleiner Schritt hin zu Ausgrenzung und Aussonderung.

2) Die Unvereinbarkeit von Kulturen bedeutet, dass kulturelle Normen für nicht koexistenzfähig gehalten werden. Diesem zweiten Typus liegt häufig die Vorstellung von in sich abgeschlossenen, homogenen und eher statischen Kulturen zugrunde, die kulturelle Verflechtungen und Überschneidungen ausschließen.[1] In der Praxis münden interkulturelle Begegnungen

---

1 Huntingtons „Kampf der Kulturen" (1996) in der internationalen Politik fußt auf

leicht in diese Strategie, vor allem wenn der Konflikt auf unterschiedliche Grundwerte („Beschneidung bei kleinen Mädchen, Polygamie, Laizismus, Verstöße gegen die in unseren Kodes festgeschrieben Werte, Traditionen, Bräuche und Gewohnheiten" [Lipiansky, in: Nicklas et al. 2006: 119]) zurückgeführt wird.

Es stellt sich die Frage, wie mit wahrgenommenen Unvereinbarkeiten konstruktiv umgegangen werden kann. Camilleri versucht das Dilemma kulturrelativistisch zu lösen, indem er getrennt lebenden Gruppen zugesteht, sich „die kulturellen Vorstellungen und Werte [zu] geben, die sie wollen – vorausgesetzt, sie werden von der Gesamtheit ihrer Mitglieder akzeptiert, welche allein befugt sind, sie in Frage zu stellen." Bei Koexistenz auf demselben Territorium dagegen „müssen beide Seiten ein Minimum an Werten akzeptieren, die das Zusammenleben möglich machen" (demokratisches Modell; Camilleri, in: Nicklas et al. 2006: 53). Ein Ausweg aus dem Dilemma der Unvereinbarkeit liegt hier also darin, etwas gemeinsames Drittes (s. 4. Typus) für alle verbindlich zu machen wie die ↗ **Menschenrechte**, das Grundgesetz etc.

Allerdings ist vieles nur bei oberflächlicher Betrachtung kulturell unvereinbar. Kulturelle Phänomene werden verständlich(er), wenn deren Funktion aus der Kultur heraus erschlossen wird, innerhalb derer sie entstanden sind. Dabei kann die Beschäftigung mit fremden Kulturen den Blick auf die eigene schärfen. Zwar variiert die Art, wie Gäste empfangen, Erziehungsmaßnahmen, Hygienevorstellungen, der Umgang zwischen den Geschlechtern, Generationen und verschiedenen Schichten praktiziert werden, stark von Kultur zu Kultur. Solche Unterschiede können aber über funktionale Äquivalenzen verstanden und zumindest z.T. als anders, aber gleichwertig gedeutet werden. Ein als unvereinbar gewertetes Verhalten (Beispiel 2) kann auch als eine Reaktion auf in Deutschland erfahrene Abwertungen gedeutet werden.

3) Der 3. Typus vertritt „die Idee einer gemeinsamen, unter Umständen latenten Basisausstattung oder Basisorientierung, die es zu erschließen gilt. Interkulturalität wäre dementsprechend eine bereits vor dem Kontakt existierende Schnittmenge von Gemeinsamkeiten der beiden kulturellen Systeme" (Krewer 1996: 154). Dieser Typus verweist auf ein Kulturverständnis von historischen wie aktuellen Vermischungen und Austauschbeziehungen von Kulturen.

einem solchen Verständnis (↗ **Religion und die transnationale Weltgesellschaft**).

Je nach Kontext kann es sinnvoll sein, eher „das uns allen gemeinsame Menschliche" (Camilleri, in: NICKLAS ET AL. 2006: 47), die Tatsache, dass „die potentiellen Fähigkeiten der Menschen allerorts gleich sind" (ebd.), zu betonen. In interreligiösen Begegnungen zwischen Juden, Christen und Muslimen ist der abrahamitische Ursprung der drei Religionen eine Gemeinsamkeit; humanitäre Grundlagen finden sich in allen religiösen und ethischen Traditionen; über Menschenrechte und Kinderrechte lassen sich Gemeinsamkeiten im globalen Kontext diskutieren; Altersgruppen (Kinder, Jugendliche), Orte (Stadt, Wohnviertel, Schule/Schulklasse), Migrationserfahrungen der Familien in Geschichte und Gegenwart, eine ähnliche Freizeitgestaltung etc. können als Gemeinsamkeiten entdeckt und kreativ gestaltet werden.

4) Beim 4. Typus handelt es sich darum, neue Lösungen und Wege wie auch Verständigung über Gemeinsamkeiten aus der Sicht der beteiligten Kulturen zu entwickeln. Kulturen sind nach dieser Strategie nicht in sich geschlossene und homogene Einheiten; und Menschen sind nicht durch ihre Kultur prädeterminiert, sondern Akteure, die Kultur mit- und neu gestalten und sich Anregungen von anderen Kulturen holen können. Diese Strategie wurde ausdifferenziert in postkolonialen Konzepten der Kulturtheorie, in Modellen interkultureller Synergie (Tjitra/Thomas, in: NICKLAS ET AL. 2006: 254ff.) und der Schaffung neuer, „dritter" Räume hybrider Kulturen.

Allerdings ersetzt auch diese Strategie nicht die Auseinandersetzung mit Unterschieden, soweit diese als „Störfaktoren" in interkulturellen Begegnungen auftauchen. Vielmehr wird eine gelungene Bearbeitung und ein vertieftes Verständnis von Unterschieden als Voraussetzung für die Gewinnung neuer Ressourcen und die Konstruktion von Gemeinsamkeiten erachtet (vgl. Pateau, in: NICKLAS ET AL. 2006: 247).

Fazit: Anerkennung kultureller Vielfalt

Interkulturelle Begegnungen im Rahmen transnationaler Verflechtungen ebenso wie in intranationalen multikulturellen Zusammenhängen sind zu vielfältig und zudem zu komplex, als dass es einfache Handlungsanweisungen oder gar Lösungen für einen konstruktiven Umgang mit kultureller Vielfalt gäbe. Grundlegend ist die Schaffung einer Kultur der Anerkennung, das Prinzip der „Achtbarkeit aller Kulturen" (Camilleri, in: NICKLAS

ET AL. 2006: 50), die Akzeptanz von Differenz, wie sie die Menschenrechte und auch das Grundgesetz vorsehen, ohne dabei Differenzen zu naturalisieren, zu stereotypisieren oder zu kulturalisieren. Wichtig ist es zu erkennen,

- welches Kulturverständnis in die interkulturelle Begegnung einfließt, weil dieses die Weichen für Deutungen stellt und Konsequenzen für das Verständnis von Interkulturalität hat. Dies beinhaltet auch zu erkennen, dass viele Konflikte, die oberflächlich einer anderen Kultur zugeordnet werden, andere Ursachen wie Anerkennungsprobleme, asymmetrische Machtverhältnisse, soziale Zwänge und Diskriminierungserfahrungen, haben;
- welche Interkulturalitätsstrategien Anwendung finden. Diese können im Laufe der Dynamik einer Begegnung wechseln; sie können bewusst gemacht und auch (spielerisch) verändert werden;
- dass das Bewusstsein der eigenen ethnozentrischen mentalen Muster („cultural awareness", „Dezentrieren", „Abstand zu sich selbst gewinnen", die „Anerkennung der Relativität und Standortgebundenheit der Positionen" [NICKLAS ET AL. 2006: 17]), eine Sensibilität für kulturellen Pluralismus, der Kern einer interkulturellen Sichtweise ist. Dies kann in interkulturellen Begegnungen normalerweise nicht vorausgesetzt werden, sondern muss mit den Beteiligten erarbeitet werden;
- dass interkulturelle Begegnungen in der Praxis eher selten ein harmonisches Geschehen sind oder längerfristig bleiben. Daher sind gerade die dabei auftretenden Irritationen, Dissonanzen, Kulturschocks, Fremdheitserfahrungen nicht als Störfaktor abzutun, sondern als herausfordernde, faszinierende wie frustrierende Lern- und Erfahrungsräume aufzugreifen und für ein vertieftes Fremd- und Selbstverstehen – ein besseres Verstehen der Außenwelten wie der eigenen Innenwelt – zu nutzen;
- dass das Entdecken oder die Produktion von Gemeinsamkeiten eine wichtige Basis für und auch Ziel von interkulturellen Begegnungen ist;
- dass ein Bemühen um Verstehen und Kenntnisse der Unterschiede ein konstruktives Miteinander fördern kann, hierfür aber auch die Akzeptanz des eigenen Nichtverstehens und der eigenen Begrenztheit nötig sind.

Begegnungen konstruktiv und produktiv zu gestalten, ist letztlich eine Aufgabe von gesamtgesellschaftlicher Relevanz auf multikultureller nationaler wie auch globaler Ebene. Denn letztlich hängt davon die Konfliktregelungsfähigkeit und der soziale Frieden (↗ **Frieden und Entwicklung**) auf der zwischenmenschlichen wie der strukturellen Ebene multikulturell-nationaler wie globaler Kontexte ab.

▶ **Literatur**

Krewer, Bernd: Kulturstandards als Mittel der Selbst- und Fremdreflexion in interkulturellen Begegnungen, in: Thomas, Alexander (Hrsg.): Psychologie interkulturellen Handelns. Göttingen 1996: 147–164

Nestvogel, Renate: Interkulturelle Kompetenzen in der beruflichen Alltagspraxis und die Aushandlung von Macht, in: Karakasoglu, Yasemin/Julian Lüddecke (Hrsg.): Migrationsforschung und Interkulturelle Pädagogik. Münster/New York 2004: 349–362

Nicklas, Hans/Burkhard Müller/Hagen Kordes (Hrsg.): Interkulturell denken und handeln. Frankfurt/New York 2006

Thomas, Alexander (1994): Können interkulturelle Begegnungen Vorurteile verstärken?, in: Ders. (Hrsg.): Psychologie und multikulturelle Gesellschaft. Göttingen 1994: 227–238

▶ **Links**

AFS Interkulturelle Begegnungen (Deutschlandbüro einer internationalen NGO: Praxisinformationen und -kontakte für Jugendaustauschprogramme) (www.afs.de)

Arbeitsgemeinschaft Interkulturelle Pädagogik (weitere Literatur von Renate Nestvogel) (www.uni-duisburg-essen.de/agip/Veroeffentlichungen.shtml)

Klimawandel

SVEN HARMELING

Der Vierte Sachstandbericht des UN-Klimawissenschaftlergremiums IPCC (Intergovernmental Panel on Climate Change), der im Jahr 2007 veröffentlicht wurde, hat eindeutig festgestellt, dass auf allen Kontinenten und in den meisten Ozeanen zahlreiche natürliche Systeme von Klimaänderungen, insbesondere Temperaturerhöhungen, betroffen sind. Diese führen vielfach zu negativen Konsequenzen für den Menschen, zum Beispiel durch verringerte Wasserverfügbarkeit, abnehmende landwirtschaftliche Produktivität etc.

„Die Dürre kommt immer häufiger und führt zur Austrocknung des Bodens und dem Verschwinden der Vegetation. Das Leben einer ganzen Bevölkerung hält an, auf Wolken wartend, die immer weniger Regen bringen und schließlich die Hoffnung zerstören, dass Viehzüchter und ihre Herden gesunde Weiden nutzen können. Sie zerstören auch die Hoffnung der Menschen auf eine bessere Zukunft mit einer fülligen Ernte, die so stark von den Bauern herbeigesehnt wird."
Paul Mayan Mariao, Chief Kaikor, Turkana

„Dürre ist ein natürliches Klimaphänomen, aber was sich in den vergangenen Jahrzehnten dramatisch geändert hat, ist die Fähigkeit der Natur, essentielle Dienstleistungen wie Wasser und Feuchtigkeit während solcher schwierigen Zeiten bereitzustellen … Dies liegt daran, dass so viele wasserbringende Funktionen der Natur beschädigt oder zerstört wurden. Wir müssen den Klimawandel durch substantielle Verringerungen der Treibhausgasemissionen bekämpfen, und wir müssen verletzlichen Gemeinschaften dabei helfen, sich an den bereits vorhandenen und an den kommenden Klimawandel anzupassen."
Klaus Töpfer

(Zitate aus: Working Group on Climate Change and Development: Africa – Up in Smoke? Reports 1 and 2. 2005 and 2006)

Aufgrund der klimatischen Veränderungen und bestehender Problemfaktoren wie der Armut gelten der afrikanische Kontinent, die kleinen Inselstaaten und die Megadeltas in Asien und Afrika als besonders verletzlich gegenüber den Folgen des Klimawandels; ihre Anpassungsfähigkeit ist stark eingeschränkt. Für das Ausmaß der negativen Auswirkungen spielen daher sowohl Fortschritte bei einer nachhaltigen ↗ **Armutsbekämpfung** als Ansatz zur Verringerung der Verwundbarkeit der Menschen, gezielte Anpassungsstrategien wie auch die Begrenzung des globalen Temperaturanstiegs durch eine deutliche Verringerung der Treibhausgasemissionen eine zentrale Rolle.

Der Klimawandel als Entwicklungsthema

Durch unterschiedliche Konsequenzen kann der Klimawandel, ausgelöst durch die Emission von Treibhausgasen wie durch die Verbrennung fossiler Energien, die Entwicklungsmöglichkeiten von Ländern und Menschen negativ beeinflussen oder sogar zurückwerfen (Schaubild 1). Absolute Rückgänge und die zeitliche Veränderung von Niederschlägen beeinträchtigen die Landwirtschaft und die Wasserversorgung. Extreme Niederschlags- oder Dürreereignisse können in wenigen Stunden viele Menschenleben kosten, größere Zerstörungen und wirtschaftliche Schäden anrichten. Beispielsweise verursachten Stürme und extreme Niederschläge im Jahr 2004 auf den Seychellen wirtschaftliche Schäden, die die jährliche Wirtschaftsleistung um mehr als das Doppelte überstiegen. Die verheerende Sahel-Dürre in den 1960er- und 70er-Jahren wird mittlerweile zu einem großen Teil dem von Menschen gemachten Klimawandel zugeschrieben, Temperaturveränderungen der Meeresströmungen verlagerten den afrikanischen Monsun und brachten weniger Niederschläge in diese Region. In vielen Regionen wird mit dem Klimawandel eine Intensivierung solcher Extremereignisse erwartet. Niederschläge werden beispielsweise im südlichen Afrika oder im Mittelmeerraum deutlich zurückgehen. Der Meeresspiegelanstieg gefährdet Siedlungen und Infrastruktur in Küstennähe, wo sich immer Menschen ansiedeln. Trinkwasserreservoire können versalzen, und ganze Inseln sind langfristig buchstäblich dem Untergang geweiht. Zwar hat sich das Klima immer auch natürlich verändert, doch übertrifft der Klimawandel der letzten Jahrzehnte, dessen weitere Beschleunigung in Zukunft erwartet wird, die Erfahrungen des Menschen.

Schaubild 1: Der Klimawandel und die ↗ Millennium-Entwicklungsziele

MDGs		Auswirkungen des Klimawandels (Beispiele)
1. Bekämpfung der extremen Armut und des Hungers	←	Zerstörung von Ernten, Gefährdung des Wirtschaftswachstums, Verlust von Infrastruktur und Besitz durch extreme Wetterereignisse
2. Verwirklichung der allgemeinen Primärschulbildung	←	Verringerung der Möglichkeiten des Schulbesuchs • Infolge der Zerstörung wichtiger Infrastruktur (Schulgebäude etc.) durch Extremereignisse, • durch den Zwang zur Migration infolge von Konflikten um knapper werdende Ressourcen (Wasser, Nahrung etc.)
3. Förderung der Gleichheit der Geschlechter und Stärkung der Rolle der Frauen	←	70 % der extrem Armen sind Frauen und diese damit auch besonders gefährdet durch den Klimawandel: • Durch Klimawandel verschärfte Ressourcenknappheit (Wasser, Nahrung) führt zu höheren Belastungen für die für den Haushalt verantwortlichen Frauen
4. Senkung der Kindersterblichkeit 5. Verbesserung der Gesundheit von Müttern 6. Bekämpfung von HIV/Aids, Malaria und anderen Krankheiten	←	Erhöhte Ausbreitung vektorbasierter und durch Wasser verbreiteter Krankheiten (z.B. Malaria) Abnehmende Verfügbarkeit von Trinkwasser durch Trockenheit, Überschwemmungen
7. Sicherung der ökologischen Nachhaltigkeit	←	Gefährdung von Ökosystemen durch steigende Temperaturen; Niederschlagsrückgang und Wasserknappheit
8. Aufbau einer weltweiten Entwicklungspartnerschaft	←	Grundgedanke der gemeinsamen Verantwortung und Solidarität Schlüsselaspekt der internationalen Klimapolitik Finanzierungsunterstützung von Anpassungsmaßnahmen durch Industrieländer im Sinne des Verursacherprinzips

Quelle: Harmeling/Bals 2007

Bereits in seinem Dritten Sachstandsbericht von 2001 war der IPCC zu der Erkenntnis gekommen, dass die Entwicklungsländer und ärmere Gesellschaftsschichten besonders verletzlich gegenüber den Folgen des Klimawandels sind. Doch es hat lange gedauert, bis diese Erkenntnis in der Entwicklungspolitik wirklich angekommen ist. Mittlerweile sind der Klimawandel und die Anpassung an die Folgen nicht mehr aus der entwicklungspolitischen Debatte wegzudenken, wenngleich konkrete Antworten nur langsam gefunden und umgesetzt werden.

Zentrale Herausforderung: Anpassung an die Folgen

Anpassung an die nicht mehr vermeidbaren Folgen des Klimawandels sollte für die besonders betroffenen Ländergruppen erste Priorität als Antwort auf den Klimawandel sein. Zum einen spielt das *Ausmaß* der klimatischen Veränderungen eine wichtige Rolle für die Frage, welche Anpassungsmaßnahmen zu ergreifen sind. Gleichzeitig ist aber auch entscheidend, welche *Anpassungsfähigkeit* Gesellschaften, einzelne Bevölkerungsgruppen und Haushalte haben. Beide Aspekte zusammengenommen bestimmen die Anfälligkeit (*Vulnerabilität*) gegenüber den Folgen des Klimawandels. Die wissenschaftliche Erkenntnis, dass die Entwicklungsländer und die ärmsten Menschen als besonders durch den Klimawandel betroffen gelten, leitet sich zu einem großen Teil aus der Bestimmung der Anfälligkeit ab.

Dies soll am Beispiel Afrikas verdeutlicht werden, das vielfach als meistbetroffener Kontinent bezeichnet wird. Mehr als woanders spielen hier „nichtklimatische Stressfaktoren" für die Anpassungsfähigkeit eine zentrale negative Rolle. Die weitverbreitete Armut und der ungleiche Zugang zu Ressourcen, ein hohes Maß an Ernährungsunsicherheit (↗ **Hunger und Ernährung**) und Wasserknappheit (↗ **Umweltprobleme in Entwicklungsländern**), inner- und zwischenstaatliche Konflikte oder die großflächige Ausbreitung von Krankheiten wie HIV/AIDS führen zusammengenommen zu sehr anfälligen Gesellschaften. Hinzu kommt, dass gerade in Afrika ein Großteil der Bevölkerung direkt von den Klimabedingungen abhängig ist, da die auf Regenfeldbau basierende Landwirtschaft für viele Menschen die zentrale Einkommens- und Ernährungsquelle ist. Wenn nun in dieser Situation Dürren oder Überschwemmungen hinzukommen, kann die Anpassungsfähigkeit einer Gesellschaft mindestens kurzzeitig massiv beeinträchtigt werden. Häufen sich solche Ereignisse, gelingt es gerade den ärmsten Entwicklungsländern immer weniger, aus der Armutsfalle herauszukommen. Dies gilt noch mehr für die ärmeren, häufig marginalisierten Bevölkerungsteile. Fortschritte einer umfassenden Armutsbekämpfung können in diesem Sinne zur Stärkung der Anpassungsfähigkeit beitragen, durch den Klimawandel gewinnen sie also zusätzlich an Bedeutung. Anpassung erfordert allerdings auch ganz spezifische Aktivitäten und Fähigkeiten auf verschiedenen Ebenen, die hier nur ansatzweise dargestellt werden können, sie ist mehr als herkömmliche Armutsbekämpfung.

„Anpassende Entwicklung" als integrierte entwicklungspolitische Strategie

Im Prinzip sind eine Vielzahl von Anpassungsmaßnahmen auf verschiedenen Ebenen denkbar, die von rein technischen Maßnahmen (z.B. der Bau von Deichen) über Verhaltensänderungen (z.B. Umstellung der Ernährungsweise, der landwirtschaftlichen Anbautätigkeit oder des Freizeitverhaltens) bis zu politischen Antworten (z.B. Planungsrecht im Wasserbereich) gehen. Der Umsetzung von Anpassungsmaßnahmen muss natürlich zunächst eine Risikoanalyse vorweggehen, denn wo kein Risiko durch den Klimawandel besteht, ist auch keine Anpassung notwendig. In der entwicklungspolitischen Praxis darf es nun allerdings nicht das erste Ziel sein, Anpassungsprojekte losgelöst von den allgemeinen Entwicklungsstrategien zu entwickeln. Zwar mag es Bereiche geben, wo spezifische Anpassungsprojekte sinnvoll sind, zum Beispiel im Küstenschutz. Die Frage sollte aber lauten: Was sind unsere gewünschten Entwicklungsstrategien, wo drohen diese vom Klimawandel beeinträchtigt zu werden und wie können wir uns darauf vorbereiten, um die Erfolge der Entwicklungsstrategien trotz des Klimawandels zu sichern? Es geht also eher um eine „anpassende Entwicklung", die verhindert, dass der Klimawandel Erfolge der Armutsbekämpfung zunichtemacht.

Der Klimawandel als Gerechtigkeitsthema

Es zeigt sich immer mehr, dass der Klimawandel als „Brennpunkt der globalen Gerechtigkeit"[1] angesehen werden muss, und dies bestimmt viele internationale Diskussionen. Die Gerechtigkeitslücke leitet sich vor allem daraus ab, dass die Hauptbetroffenen des Klimawandels andere sind als die Hauptverursacher. So machen die ärmsten Entwicklungsländer (Least Developed Countries, LDCs) mit 725 Millionen Einwohnern zwar deutlich mehr als 10 % der Weltbevölkerung aus, sind derzeit aber nur für etwa 0,6 % der energiebedingten Treibhausgasemissionen verantwortlich. Ihre Pro-Kopf-Emissionen betragen etwa ein Vierzigstel der durchschnittlichen

---

1   Die katholische Bischofskonferenz spricht richtigerweise vom Brennpunkt der globalen, intergenerationellen und ökologischen Gerechtigkeit. Im Rahmen dieses Beitrages liegt der Fokus aber auf der globalen (Un-)Gerechtigkeit.

Emissionen eines EU-Bürgers (ca. 8,8 Tonnen CO_2 pro Jahr) und ein Hundertstel der Emissionen eines US-Bürgers (ca. 20 Tonnen CO_2 pro Jahr). Noch deutlicher wäre die Diskrepanz, würde man die Emissionen der letzten Jahrzehnte addieren.[2] Aus der Gerechtigkeitslücke leitet sich eine doppelte Konsequenz ab, die im Grunde ein allseits anerkanntes Gerechtigkeitsempfinden widerspiegelt. Erstens stehen die Hauptverursacher in der Pflicht, ihren schädlichen Einfluss zu minimieren. Angesichts der Tatsache, dass global die Emissionen langfristig deutlich abgesenkt werden müssen, stehen die Industrieländer in der Pflicht, ihre Emissionen deutlich stärker zu senken als die Länder, die noch relativ wenig zum Klimawandel beigetragen haben. Zweitens sind die besonders Betroffenen von den Verursachern für die negativen Folgen zu entschädigen beziehungsweise bei der Bewältigung der Folgen zu unterstützen.

Emissionen reduzieren, um einen gefährlichen Klimawandel zu vermeiden

Die Begrenzung des Klimawandels durch eine deutliche Reduktion der Emissionen auf ein Niveau, das in großem Maßstab gefährliche Auswirkungen vermeidet, muss Teil einer umfassenden Antwort auf den Klimawandel sein. Denn sonst besteht die Gefahr, dass die Anpassungsfähigkeit ganzer Regionen überschritten wird. Deshalb fordern zum Beispiel auch viele der kleinen Insel- und flachen Küstenstaaten in der UN-Klimapolitik – ähnlich wie viele Wissenschaftler, NGOs und die EU –, den globalen Temperaturanstieg auf unter 2°C gegenüber vorindustriellem Niveau zu begrenzen. Ein Anstieg jenseits dieser Marke droht, einen langfristig unumkehrbaren Abschmelzprozess auf dem grönländischen Festlandeis anzustoßen, sodass bereits in diesem Jahrhundert ein Meeresanstieg von mehr als einem Meter zu erwarten wäre. Großrisiken wie die so genannten *Kipp-Elemente* könnten sich bei einem stärkeren Temperaturanstieg gegenseitig zu einem „davongaloppierenden Treibhauseffekt" aufschaukeln, da große Mengen zusätzlicher Treibhausgase in die Atmosphäre gelangen würden (Schaubild 2).

2   Natürlich ist es hier wichtig, die Entwicklungsländer nicht als homogenen Block zu sehen. So ist China mittlerweile der größte CO_2-Emittent der Welt, der Pro-Kopf-Durchschnitt liegt zwar erst bei einem Viertel der US-Emissionen, allerdings immerhin schon über dem Weltdurchschnitt.

Schaubild 2: Kipp-Elemente im Klimasystem, ihre Temperaturschwellen und mögliche Auswirkungen

	0 °C	1 °C	2 °C	3 °C	4 °C	5 °C	6 °C
Kollaps des arktischen Schelfeises	• Verschärfung des regionalen Temperaturanstiegs durch Albedo-Effekt • Verlust des Lebensraums bestimmter Tierarten (Eisbären, Seehunde)						
Abschmelzen des grönländischen Eisschildes	• Meeresspiegelanstieg um bis zu 7 m über mehrere Jahrhunderte (irreversibel) • Temperaturrückkopplung durch Albedo-Effekt						
Abschmelzen des westantarktischen Eisschildes	• Anstieg des Meeresspiegels um weitere 5–6 m in mehreren Jahrhunderten (irreversibel)						
Kollaps des Amazonas-Regenwaldes	• Zusätzliche CO_2-Freisetzung verschärft Temperaturanstieg • Möglicherweise Umkehr der Senkenfunktion des Bodens und der Vegetation zur Freisetzung von großen Mengen CO_2						
Rückgang des nordischen Nadelwaldes	• Klimawandel erhöht Stress durch Pflanzenschädlinge, Feuer und Stürme • Massive zusätzliche Freisetzung von Kohlendioxid						
Bistabilität der Sahel-Zone, Verlagerung des westafrikanischen Monsuns	• Veränderte Niederschläge könnten Sahara/Sahel „ergrünen" lassen • Verringerter Nährstofftransport könnte Amazonas-Kollaps beschleunigen • Eventuell: zeitversetzt Zunahme der Dürren in der Sahel-Zone durch Monsunschwankungen (Bistabilität)						
Verstärkung/ Häufung des El-Niño-Phänomens	• Verstärkung von Wetterextremen (Dürrekatastrophen, Überschwemmungsereignisse), vor allem in Südostasien und Südamerika, aber auch in anderen Erdteilen						
Abschwächung des „Golfstroms" im Nordatlantik	• Verlangsamung des durch den Klimawandel zu erwartenden Temperaturanstiegs in Europa, möglicherweise zusätzlicher Anstieg in anderen Regionen • Zusätzlicher Meeresspiegelanstieg im Nordatlantik (bis zu einem Meter) bei vollständigem Aussetzen des Golfstroms) und im globalen Durchschnitt						

Mit dem zunehmenden Temperaturanstieg (gegenüber 1980–1999) steigen die Eintrittswahrscheinlichkeiten der Ereignisse. Die unteren Abschätzungen dafür beginnen beim Übergang von weiß zu grau. Die gestrichelte Linie zeigt einen Temperaturanstieg von 2 °C gegenüber dem vorindustriellen Niveau.

Anm.: *Albedo-Effekt:* Weiße Fläche (Eisfläche), die das Sonnenlicht reflektiert.
El-Niño-Phänomen: Außergewöhnliche Erwärmung des oberen Ozeans im tropischen Pazifik mit Auswirkungen auf das Weltklima.

Eine entsprechende Begrenzung des Temperaturanstiegs macht Emissionsreduktionen von global deutlich mehr als 50 % bis Mitte des 21. Jahrhunderts (gegenüber 1990) notwendig. Aufgrund ihrer Emissionen stehen die Industrieländer in der besonderen Pflicht, ihre Emissionen sehr viel stärker abzusenken, um mindestens 25 bis 40 % bis 2020 und 80 % bis 95 % bis 2050. Doch auch die Emissionen vieler Entwicklungsländer werden langfristig sinken müssen; als global nachhaltig wird ein Pro-Kopf-Niveau von unter zwei Tonnen pro Kopf (im Jahr 2050) eingeschätzt. Um diese Ziele zu erreichen, sollte der derzeitige Wachstumstrend der Emissionen in den nächsten 10 bis 15 Jahren umgekehrt werden. Insgesamt geht es um die Entwicklung eines weitestgehend emissionsfreien Wohlstandsmodells, das die Ziele der Armutsbekämpfung mit dem Klimaschutz in Einklang bringt.

Finanzierung von Anpassung als Gerechtigkeitsfrage

Die Finanzierung von Anpassungsmaßnahmen rückt zunehmend ins Zentrum der internationalen politischen Debatten. Eine Grunddiskussion ist dabei, ob es sich hier um ein Themenfeld der „klassischen" Entwicklungszusammenarbeit oder ob es nicht um Kompensation für Schäden geht, die von den Hauptverursachern des Klimawandels, vor allem den Industrieländern, verursacht wurden. Die Finanzierungsseite der Entwicklungspolitik der Industrieländer krankt an der Tatsache, dass das mittlerweile mehr als 30 Jahre alte Versprechen, 0,7 % des Bruttonationaleinkommens für offizielle ↗ Entwicklungszusammenarbeit (ODA) aufzuwenden, zwar fortlaufend wiederholt wird, aber nur von den wenigsten Industrieländern eingehalten wurde. Vor drei Jahren haben sich die G8-Staaten auf einen Stufenplan zur Erhöhung der ODA vor allem für Afrika bis 2010 geeinigt. Die bisherige Entwicklung zeigt aber, dass auch dieses Versprechen wahrscheinlich nicht eingehalten wird. Auch Deutschland ist noch weit von den Zielen entfernt. Mit dem Klimawandel kommt nun auf die sowieso schon für die Erreichung der Millennium Development Goals (MDGs) notwendigen Investitionen ein zusätzlicher „Kostenfaktor" hinzu. Schätzungen gehen von mehreren zehn Milliarden US-Dollar zusätzlicher Kosten aus. Insbesondere viele Nichtregierungsorganisationen argumentieren daher: Die Kosten für die Anpassung müssen zusätzlich zur Erfüllung der 0,7 %-Verpflichtung erfolgen, da sie ein neues Phänomen und zudem Kompensation und nicht Entwicklungshilfe seien. Ein pragmatischer Weg könnte auch sein, die 0,7 %-Quote deutlich zu erhöhen. Gleichzeitig darf dies nicht im Widerspruch dazu stehen, dass Entwicklung und Anpassung integriert betrachtet werden müssen. Deutschland und andere Länder verfolgen allerdings zunehmend die Strategie, neue Finanzierungsquellen im Rahmen der Klimadebatte zur Erhöhung der eigenen ODA-Quote zu nutzen, zum

Beispiel durch die Verwendung von Versteigerungserlösen aus dem Emissionshandel. Zudem leitet sich aus der Kompensationslogik auch ab, dass Mittel zur Finanzierung von Anpassungsmaßnahmen nicht als Kredite, sondern als nicht rückzahlbare Zuschüsse geleistet werden müssen, denn es wäre absurd, wenn die Entwicklungsländer an die Industrieländer Gelder zurückzahlen müssten, um Schäden zu bewältigen, die die Industrieländer größtenteils verursacht haben.

2009 – auf dem Weg zu einem globalen Klimapakt?

Ein Grund, warum der Klimawandel als Entwicklungsthema stark an Bedeutung gewonnen hat, ist die neue Dynamik in der internationalen Klimapolitik. Der IPCC hat deutlich gemacht, dass keine Zeit zum Handeln verloren werden darf (➚Globalisierung). Doch jahrelang befand sich die UN-Klimapolitik in einem relativen Stillstand. Erst mit der Klimakonferenz von Bali im Dezember 2007 ist es gelungen, sich auf einen klaren Fahrplan für die Verhandlungen zu einem neuen UN-Klimaabkommen zu einigen, das bis Ende 2009 bei der UN-Klimakonferenz in Kopenhagen verabschiedet werden soll. Aus entwicklungspolitischer Sicht bestehen hohe Erwartungen, dass solch ein Abkommen, das spätestens im Anschluss an die derzeit laufende erste Verpflichtungsperiode des Kyoto-Protokolls von 2013 an wirksam sein soll, entscheidende Fortschritte bringt, sowohl bei der Begrenzung des Temperaturanstiegs als auch bei der Unterstützung für die Anpassung in den besonders betroffenen Ländern, mit einem Fokus auf die am stärksten betroffenen Menschen in diesen Ländern. Hier kommt dann auch die Verantwortung der Regierungen der Entwicklungsländer ins Spiel. Diese haben zwar ein legitimes Recht auf finanzielle Unterstützung bei der Anpassung, im Sinne der oben beschriebenen „Kompensation". Dies entlässt sie aber nicht aus der Verantwortung, mit einer solchen Unterstützung verantwortlich umzugehen und die Sicherung der durch den Klimawandel beeinträchtigten Menschenrechte wie das Recht auf angemessene Ernährung oder Wasserversorgung der betroffenen Bevölkerung in den Mittelpunkt ihrer Strategien zu stellen.

▶ **Literatur**

Germanwatch (Hrsg.): Die Welt am Scheideweg – Wie retten wir das Klima?
Reinbek 2008

Harmeling, Sven: Globaler Klimawandel (= Diercke Spezial). Braunschweig 2008

Harmeling Sven/Christoph Bals: Die Millennium-Entwicklungsziele und der
Globale Klimawandel. Bonn 2007 (www.germanwatch.org/klima/klimdg07.htm)

IPCC: Klimaänderung 2007 (verschiedene Berichte). Genf 2007 (Online:
www.proclim.ch/IPCC.html)

Müller Michael/Ursula Fuentes/Harald Kohl (Hrsg.): Der UN-Weltklimareport.
Bericht über eine aufhaltsame Katastrophe. Köln 2007

Rahmstorf, Stefan/Hans Joachim Schellnhuber: Der Klimawandel: Diagnose,
Prognose, Therapie, 5. Aufl. München 2007

▶ **Links**

Bundesministerium für wirtschaftliche Zusammenarbeit und Entwicklung
(Informationen und Dokumente zu Klimawandel und Entwicklung)
(www.bmz.de)

Germanwatch (Informationen zum Klimawandel)
(www.germanwatch.org/klima)

Intergovernmental Panel on Climate Change (IPCC, Weltklimarat)
(Sachstandberichte: 2007, 2000, 1995, 1990 und andere Dokumente)
(www.ipcc.ch)

UN Framework Convention on Climate Change (Dokumente und Informationen
des UN-Klimasekretariats) (www.unfccc.int)

Working Group on Climate Change and Development (Dachorganisation
britischer NGOs zum Thema Entwicklung und Klimawandel, Berichte zu Afrika,
Asien und Lateinamerika) (www.upinsmokecoalition.org)

Kriege und Gewaltkonflikte

JULIA VIEBACH UND TOBIAS DEBIEL

Innerstaatliche Kriege und Gewaltkonflikte stellen auch zu Beginn des 21. Jahrhunderts immer noch eine enorme Herausforderung für die „Internationale Gemeinschaft" dar. Gerade Anfang bis Mitte der 1990er-Jahre gab es zunächst einen deutlichen, ja geradezu dramatischen Anstieg in der Kriegshäufigkeit. Zugleich sind kriegerische Konflikte weltweit seit Mitte der 1990er-Jahre im Rückgang begriffen. Dieses Ergebnis widerspricht zunächst der öffentlichen Wahrnehmung, die nach wie vor von hoher, wenn nicht gar steigender Gewaltträchtigkeit auf globaler Ebene, die nach dem 11. September 2001 insbesondere durch den Afghanistan- und den Irak-Krieg geprägt wurde. Ist unsere Welt nun hinsichtlich kriegerischer Konflikte gewaltträchtiger geworden oder nicht? Oder sind derartige Aussagen kaum sinnvoll zu treffen, weil es einen ständigen Formwandel von Krieg gibt. Letzteres hatte schon von Clausewitz gemutmaßt, als er meinte, der Krieg sei „ein wahres Chamäleon, weil er in jedem konkreten Falle seine Natur etwas verändert." (VON CLAUSEWITZ 1978 [1832]).

Kriegsdefinitionen und globale Trends

Der klassische Kriegsbegriff wurde aus ideengeschichtlicher Perspektive insbesondere von dem erwähnten von Clausewitz geprägt. Dieser verstand unter Krieg die „bloße Fortsetzung der Politik unter Einbeziehung anderer Mittel". Er begründete damit ein instrumentelles Verständnis von Krieg als gewaltsamer Austragungsform divergierender Interessen unter Staaten. Die heutige Kriegsforschung versucht, den empirischen Gegenstand mit Hilfe von Kriterien und Indikatoren zu operationalisieren, um auf dieser Grundlage Trends und regionale Verteilungen zu ermitteln und im besten Falle auch Kausalfaktoren zu identifizieren.

Wann überschreitet die gewaltförmige Austragung kollektiver Konflikte die Schwelle zum Krieg? In der deutschen Friedens- und Konfliktforschung wird häufig auf eine Definition der Arbeitsgemeinschaft Kriegsursachenforschung (AKUF 2007) Bezug genommen. Demnach ist Krieg ein gewaltsamer Massenkonflikt mit zwei oder mehr bewaffneten Streitkräften, wobei mindestens auf einer Seite reguläre Streitkräfte der Regierung beteiligt sind. Auf beiden Seiten muss zudem ein Mindestmaß an zentral gelenkter Organisation herrschen. Schließlich müssen die bewaffneten Operationen kontinuierlich durchgeführt werden.

In der Kriegsursachenforschung gibt es Konsens darüber, dass seit Ende des II. Weltkrieges der zwischenstaatliche Krieg nach und nach vom innerstaatlichen Krieg abgelöst worden ist. Trotzdem ist der zwischenstaatliche Kriegstypus nach wie vor relevant und sehr zerstörerisch: So forderte der sogenannte Grenzkrieg, den sich Eritrea und Äthiopien zwischen 1998 und 2000 lieferten, 70.000 bis 100.000 Todesopfer. Auch die im Zuge des sogenannten Kampfes gegen den Terror geführten Kriege in Afghanistan und im Irak haben, auch wenn sie sich mittlerweile nicht mehr als Schlacht zwischen verfeindeten Regierungstruppen darstellen, eine maßgeblich zwischenstaatliche Komponente. Schließlich zeigte die russische Intervention im Südossetien-Krieg des Jahres 2008, welches Eskalationspotenzial zwischenstaatliche Gewaltkonflikte nach wie vor auch im Ost-West-Verhältnis haben.

In der empirischen Kriegsforschung wurde konstatiert, dass Anfang der 1990er-Jahre der Höhepunkt des globalen Kriegsgeschehens nach 1945 lag (siehe Schaubild 1). Eher unbemerkt ging dann die Zahl der Konflikte zurück. Es wurde aber auch darauf verwiesen, dass ein „Formwandel des Krieges" stattgefunden habe, den bisherige Kriegsdefinitionen nicht greifen könnten. Dies gelte z.B., wenn staatliche Streitkräfte gar nicht mehr beteiligt wären oder Kriegsopfer als indirekte Folge von Kampfhandlungen (z.B. Vertreibung, Plünderung, Brandschatzen) zu beklagen seien. Tatsächlich belegen jüngere Veröffentlichungen, dass der Abwärtstrend seit 2005 gestoppt zu sein scheint (HEWITT ET AL. 2008).

Bereits anhand zunächst zwischenstaatlicher Kriege wie in Afghanistan und im Irak wird deutlich, dass hergebrachte Kriegstypologien – so insbesondere die Unterscheidung zwischen internem und zwischenstaatlichem Krieg – an Grenzen stoßen. Dies gilt verstärkt noch für innerstaatliche Konflikte. Kriegerische Gewalt greift nämlich zumeist über die – häufig

Schaubild 1: Globale Trends bei bewaffneten Konflikten (1946–2005)

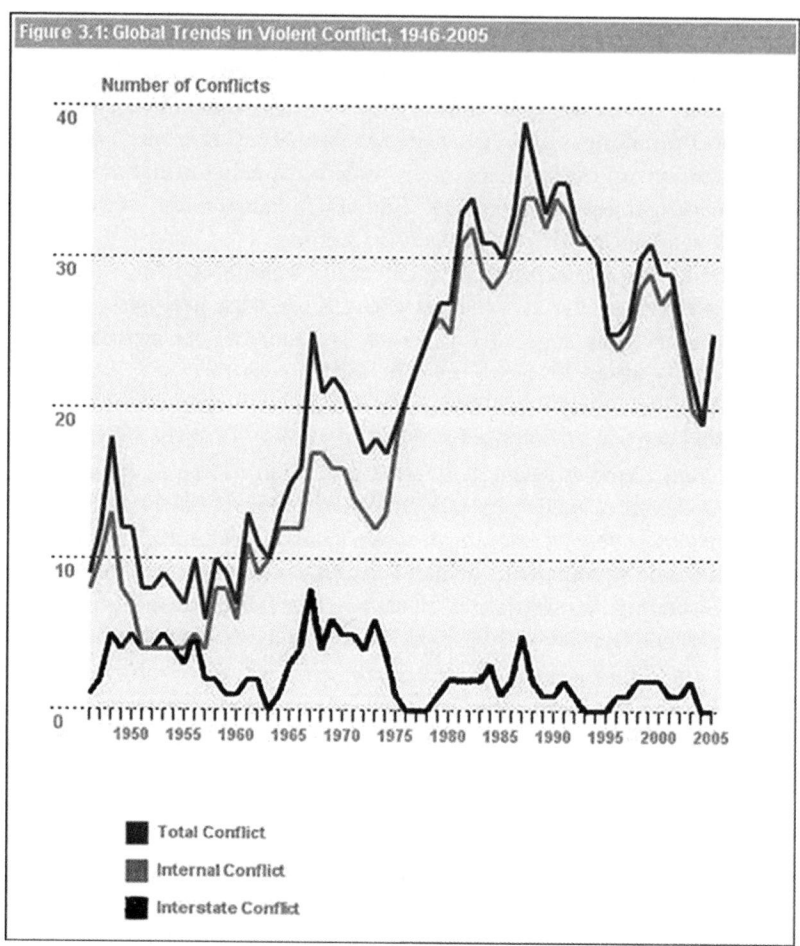

Quelle: Hewitt et al 2008

aus der Kolonialzeit stammenden – Grenzen hinaus; Nachbarstaaten und aus ihnen stammende substaatliche Akteure (Rebellen, Milizen etc.) wiederum wirken in sie hinein. Kriegsflüchtlinge und –vertriebene überschreiten Grenzen, grenznahe Flüchtlingslager in Nachbarstaaten werden zu Rückzugs- und Rekrutierungsbasen für die bewaffnete Opposition, und Regierungstruppen nehmen bei deren Verfolgung keine Rücksicht mehr auf Staatsgrenzen. Diese *spillover*-Effekte führen dazu, dass Kriege in zahlreichen Weltregionen nur noch verständlich werden, wenn man sie als Bestandteil (sub)regionaler Konfliktsysteme analysiert (DEBIEL 2002). Über die Region hinaus ist „innerstaatliches" Kriegsgeschehen heute zudem meist „untrennbar in seine internationale Umwelt eingebunden. Seien es die Überweisungen von Exilanten, die Veräußerung von Bodenschätzen und anderer Kriegsbeute zu Schleuderpreisen auf dem Weltmarkt oder die internationale *moral economy* der Hilfsorganisationen – jeder Krieg ist auf vielfältige Weise in internationale politische und ökonomische Konstellationen eingebettet" (SCHLICHTE 2002: 126). Von daher erscheint es angemessener, von „regionalisierten" bzw. „internationalisierten" oder auch „transnationalisierten Bürgerkriegen" zu sprechen.

Neue Kriege und Gewaltökonomien

Über die bislang beschriebenen Phänomene hinaus hat sich in vielen innerstaatlichen Kriegen die Stellung des Staates seit Beginn der 1990er-Jahre gewandelt: Staaten werden zu Gewaltakteuren unter anderen, sie „haben als die faktischen Monopolisten des Krieges abgedankt" (MÜNKLER 2002: 7). Der Krieg dreht sich daher häufig gar nicht mehr primär um die Eroberung der Staatsmacht bzw. Regierungsgewalt oder um die Etablierung neuer sezessionistischer staatlicher Strukturen. Vielmehr gewinnen kommerzielle Zwecke an Bedeutung. Kriegsakteure werden vermehrt zu Gewaltunternehmern, die es zugleich häufig verstehen, Identitäten ethnischer, religiöser oder regionaler Provenienz zu mobilisieren und damit Gefolgsleute um sich zu scharen.

Für diesen Trend hin zu besonders hartnäckigen, auch ökonomisch verankerten Kriegsformen hat sich der Terminus der „neuen Kriege" eingebürgert (KALDOR 2000; MÜNKLER 2002). Es verändern sich die Formen der Kriegführung. Sie richtet sich nicht mehr so sehr gegen ein bewaffnetes Gegenüber, sondern vielmehr gegen die Zivilbevölkerung; es fehlen klare Frontverläufe; an die Stelle von Schlachten treten Massaker, Massenvergewaltigungen und Vertreibungen (erinnert sei an die Kriege im ehemaligen Jugoslawien). Ursprünglich einheitliche bewaffnete Gruppierungen spalten sich im Verlauf des Krieges in diverse, sich auch untereinander bekämpfende

Fraktionen auf. Warlords und ihre Klientel aus – weitgehend jugendlichen – irregulären Kombattanten sorgen aus persönlichem Profit- und Machtstreben mit ihrem Interesse an der Aufrechterhaltung von Gewaltökonomien für die schier endlose Perpetuierung von Kriegen. Gewaltunternehmer vom Schlage afghanischer, westafrikanischer oder somalischer Warlords, Stammesmilizen, in kriminelle Geschäfte abgedriftete ehemals „linke" Guerillaorganisationen oder „rechte" Paramilitärs reproduzieren sich über Plünderung, Raub, Geiselnahme, Schutzgelderpressung und Schmuggel: Muss doch – wie in der frühen Neuzeit Europas – der Krieg den Krieg ernähren. Sie sind überdies in die (Schatten-)Globalisierung eingebunden, das heißt über die Produktion von und den Handel mit Drogen und Bodenschätzen wie Diamanten, Gold, oder Tropenholz sowie den Menschen- und Waffenschmuggel mit dem Weltmarkt verbunden. Aus diesen Geschäften beziehen sie die Ressourcen, die ihnen eine Weiterführung des Krieges möglich machen und lukrativ erscheinen lassen (BERDAL/MALONE 2000).

Die neuen Kriege sind durch ein hohes Maß von Irregularität, Diffusion und Asymmetrie gekennzeichnet. Eingespielte Mechanismen der Begrenzung und Regulierung greifen nicht. Clausewitz' Charakterisierung des Krieges als „erweiterter Zweikampf" gilt nicht mehr. Formale Friedensschlüsse werden seltener und sind häufig von geringer realer Bedeutung. Der Nachkriegs-„Frieden" ist nur zu oft gleichbedeutend mit einer bloßen Transformation der Gewalt: von der Kriegsgewalt zur (organisierten) Gewaltkriminalität. Man muss also von „zerbrechlichem Frieden" oder „Krieg in Latenz" sprechen (DEBIEL 2002: 20–21).

Gier oder Groll („greed vs. grievance")

Die Ursachen innerstaatlicher Konflikte sind komplex und zum Teil bestehen Überschneidungen zu den Bedingungsfaktoren von Staatsverfall (↗ Fragile Staaten / Staatsverfall). Gewaltkonflikte resultieren in der Regel aus den Wechselbeziehungen unterschiedlicher Kausalfaktoren, die sich auf verschiedenste Bereiche beziehen: die sozio-ökonomische Lage eines Landes und seine Ressourcenausstattung; Fragen des politischen Systems und seines Wandels; die Benachteiligung ethno-politischer Gruppen; die Instrumentalisierung von Identität und Ethnizität oder auch die regionale Einbettung eines Landes.

Besonders heftig wurde in jüngerer Zeit eine Kontroverse darüber ausgetragen, ob eher die Gier (greed) gewaltökonomisch orientierter Rebellenorganisationen oder der Groll (grievance) über soziale Missstände für Gewaltkonflikte ausschlaggebend ist (BERDAL/MALONE 2000). Collier/Hoeffler (2001) haben darauf hingewiesen, dass sich die Gelegenheit zu militärisch organisierten Rebellionen insbesondere bei wirtschaftlicher Unterentwicklung und stagnierenden Wachstumsraten ergibt. So wird u.a. ein niedriges Pro-Kopf-Einkommen als Unfähigkeit des Staates interpretiert, effektive Kontrolle über sein Territorium zu erhalten. In Anlehnung daran können also niedrige Einkommen und langsame Wachstumsraten die Rekrutierungskosten von Rebellenbewegungen senken. Vor diesem Hintergrund bestimmen Collier/Hoeffler die Bedingungen für das Auftreten von Gewaltkonflikten aus der Perspektive oppositioneller Eliten. Diese müssen zum Aufbau und zur Aufrechterhaltung einer Rebellenorganisation bzw. -armee über hinreichend finanzielle Ressourcen verfügen. Im Zusammenhang mit der Rekrutierung wurde festgestellt, dass in besonderem Maße Männer mit geringen Berufsaussichten und niedriger Schulbildung eine erhöhte Bereitschaft zum Waffengang aufweisen. Die Finanzierung von Rebellenorganisationen und die Aufrechterhaltung des Krieges werden insbesondere durch die Verfügbarkeit ausbeutbarer Ressourcen begünstigt: „Je höher das Vorkommen wertvoller Rohstoffe an der Peripherie der staatlichen Kontrolle und je höher deren Anfälligkeit für Plünderungen, desto größer die Wahrscheinlichkeit eines lang anhaltenden Konflikts" (LE BILLON 2003: 151). Eine Alternativerklärung zum „greed"-Ansatz bietet die „grievance"-Variante, die sozio-ökonomische und politische Diskriminierung als Ausgangspunkt für die Selbstorganisation insbesondere ethno-politischer Gruppen ansieht (siehe auch GURR 1993).

Ausblick: Gewaltkonflikte infolge von Klimawandel?

Nachdem in den vergangenen Jahren die empirische Gewaltforschung mit der „greed" vs. „grievance"-Kontroverse einen Akzent auf interne Faktoren gelegt hat, sind in jüngerer Zeit auch wieder externe Ursachen und systemische Perspektiven auf kriegerische Konflikte in den Vordergrund gerückt. Besondere Beachtung hat durch eine Vielzahl von Studien seit 2007 die mögliche Rückwirkung von Klimawandel auf Gewaltkonflikte erhalten. Smith/Vivekananda (2007: 9) stellten z.B. fest:

"If the relationship between climate change and violent conflict is not addressed, there will be a vicious circle of failure to adapt to climate change, worsening the risk of violent conflict and, in turn, reducing further the ability to adapt."

Einigkeit herrscht mittlerweile darüber, dass ↗ Klimawandel stattfindet und durch menschliches Handeln begünstigt wird. Außerdem ist deutlich, dass in besonderem Maße ärmere und damit auch besonders verwundbare Länder und Bevölkerungsgruppen betroffen sind und sein werden (↗ Umweltprobleme in Entwicklungsländern). Strittig bleibt freilich, ob das 21. Jahrhundert durch „Klimakriege" (WELZER 2008) geprägt sein wird oder ob wir es eher mit Entwicklungs- denn mit Sicherheitsproblemen zu tun haben werden (BRZOSKA 2008). Auch wenn eine dramatisierende Interpretation der möglichen Folgen von Klimawandel zur Zeit empirisch wenig belegbar ist und auch die politische Gefahr eines „Alarmismus" mit sich bringt, so dürften durch die ↗ Globalen Umweltveränderungen doch Faktorenbündel berührt werden, die Gewaltkonflikte begünstigen – in jedem Fall auf lokaler Ebene, vermutlich sogar darüber hinaus. So führt der Klimawandel in vielen Regionen der Welt zur Verknappung von Ressourcen durch Dürreperioden oder Naturkatastrophen. Rückschläge in der ökonomischen Entwicklung sind dadurch wahrscheinlich, auch steigt das Risiko von Verteilungskonflikten.

Gerade Staaten, die über nur schwache institutionelle Kapazitäten verfügen (↗ Fragile Staaten / Staatsverfall), dürften Schwierigkeiten haben, die notwendigen Anpassungsprozesse vorzunehmen. International Alert, eine in London ansässige internationale Nichtregierungorganisation, (INGO) geht in einem ersten „Mapping" davon aus, dass sich für rund 46 Länder der Welt ein erhöhtes Risiko gewaltsamer Konflikte ergeben wird; weitere 56 Länder könnten vermehrt politischer Instabilität ausgesetzt sein (SMITH/ VIVEKANANDA 2007: 17). Die Datenlage ist zwar noch unsicher. Doch sind die potenziellen Konsequenzen so gewichtig, dass sich Friedens- und Sicherheitspolitik im Zusammenspiel mit der Entwicklungs- und Umweltpolitik (↗ Frieden und Entwicklung) dem Entwicklungs- und Sicherheitsproblem ↗ Klimawandel verstärkt zuwenden werden. Neben der originären Bekämpfung von Ursachen des Klimawandels wird dabei dem Aufbau von staatlichen, aber auch gesellschaftlichen Anpassungskapazitäten auf nicht mehr vermeidbare Umweltveränderungen eine bedeutsame Rolle zufallen.

► Literatur

AKUF (Arbeitsgemeinschaft Kriegsursachenforschung): Das Kriegsgeschehen 2006. Daten und Tendenzen der Kriege und bewaffneten Konflikte, hrsg. von Wolfgang Schreiber. Wiesbaden 2007

Berdal, Mats/David M. Malone (Hrsg.): Greed and Grievance. Economic Agendas in Civil Wars. Boulder, CO 2000

Brzoska, Michael: Der konfliktträchtige Klimawandel – Ein Sicherheitsproblem?, in: Heinemann-Grüder, Andreas et al. (Hrsg.): Friedensgutachten 2008. Münster 2008: 195–206

Clausewitz, Carl von: Vom Kriege. Reinbek 1978 (1832)

Collier, Paul/Anke Hoeffler: Greed and Grievance in Civil War, World Bank Policy Research Working Papers 2355, Washington, D.C. 2001

Debiel, Tobias: Haben Krisenregionen eine Chance auf tragfähigen Frieden?, in: Ders. (Hrsg.): Der zerbrechliche Frieden. Krisenregionen zwischen Staatsversagen, Gewalt und Entwicklung. Bonn 2002: 20–63

Gurr, Ted Robert: Minorities at Risk. A Global View of Ethnopolitical Conflicts. Washington, D.C. 1993

Hewitt, Joseph/Jonathan Wilkenfeld/Ted Robert Gurr: Peace and Conflict 2008 (Executive Summary). College Park, MD 2008 (Online: www.cidcm.umd.edu/pc)

Kaldor, Mary: Neue und alte Kriege. Organisierte Gewalt im Zeitalter der Globalisierung. Frankfurt/M. 2000

Le Billon, Philippe: Natürliche Ressourcen und die politische Ökonomie des Krieges, in: Ruf, Werner (Hrsg.): Politische Ökonomie der Gewalt. Staatszerfall und die Privatisierung von Gewalt und Krieg. Opladen 2003: 144–165

Münkler, Herfried: Die neuen Kriege. Reinbek 2002

Schlichte, Klaus: Neues über den Krieg? Einige Anmerkungen zum Stand der Kriegsforschung in den Internationalen Beziehungen, in: Zeitschrift für Internationale Beziehungen, Bd. 9, Heft 1, 2002: 113–137

Smith, Dan/Janani Vivekananda: A Climate of Conflict. The Link between Climate Change, Peace and War (= International Alert). London 2007

Welzer, Harald: Klimakriege. Wofür im 21. Jahrhundert getötet wird. Frankfurt a.M. 2008

► Links

Center for International Development and Conflict Management, University of Maryland, USA (Informationen zu Frieden, Konflikt und Entwicklung) (www.cidcm.umd.edu)

Heidelberger Institut für Internationale Konfliktforschung (Dokumentation weltweiter Konflikte in einem jährlichen Konfliktbarometer) (www.hiik.de)

Human Security Centre, Simon Fraser University/Vancouver, Kanada (Zugang zum Human Security Report) (www.humansecurityreport)

International Alert (www.international-alert.org)

Menschenrechte und Entwicklung

BRIGITTE HAMM

Vor nunmehr 60 Jahren, im Jahr 1948, wurde mit der Verabschiedung der Allgemeinen Erklärung der Menschenrechte durch die Generalversammlung der Vereinten Nationen (UNO) der Grundstein für das heutige Menschenrechtssystem gelegt. Damals konnte niemand ahnen, dass sich die Menschenrechte trotz vieler Widerstände und ihrer anhaltenden Verletzungen in der Praxis zum internationalen Normensystem mit universalem Geltungsanspruch herausbilden würden. Kein Staat spricht sich heute grundsätzlich gegen die Menschenrechte aus, weil er sich dadurch isolieren und aus der internationalen Staatengemeinschaft ausschließen würde. Weltweit berufen sich Menschen, wenn sie sich gegen Unrecht und staatliche Unterdrückung wenden, auf die Menschenrechte. Somit ist auf der diskursiven Ebene der Siegeszug der Menschenrechte unbestreitbar. Dies spiegelt sich jedoch kaum in der Praxis, also auf der Ebene der Normbefolgung, wider. Immer wieder werden Menschenrechte vor allem von Regierungen, u.a. auch in Bezugnahme auf Entwicklungsrückstände, verletzt.

Angesichts problematischer Entwicklungsgroßprojekte, gescheiterter Demokratisierungs- und neoliberaler Globalisierungsprozesse erscheinen Menschenrechte und Entwicklung als z.T. widersprüchliche Ansätze. Vor allem zu Zeiten des Ost-West-Konfliktes wurde um die Priorisierung dieser Konzepte gestritten.

Menschenrechte und menschliche Entwicklung

Menschenrechte sind ein Charakteristikum moderner Gesellschaften. Sie definieren das Verhältnis zwischen Staat und Individuum, wobei die Staaten die Pflichten- und die Individuen die Rechtsträger sind.[1] Menschenrechte

---

1   Auch das Individuum hat Pflichten, und zwar gegenüber der Gemeinschaft und

setzen somit Rahmenbedingungen und Schranken für staatliche Herrschaft. Ein weiteres und mit der vorgestellten Definition zusammenhängendes Wesensmerkmal der Menschenrechte ist ihre Ausrichtung auf die öffentliche Sphäre, in der staatliche Autorität wirksam ist. Zunächst galten Menschenrechte also nicht in der Privatsphäre, aus der sich der Staat ‚heraushalten' sollte. Die Trennung zwischen öffentlicher und privater Sphäre ist typisch für die Herausbildung moderner Gesellschaften. Durch den Prozess der Globalisierung und umfassender Privatisierungstendenzen bei staatlichen Wohlfahrtsleistungen unterliegt sie jedoch einem Wandel, der auf das Menschenrechtskonzept zurückwirkt und der die Frage nach der Verantwortung für die Beachtung und auch die Verletzung von Menschenrechten neu stellt. Zunehmend sollen auch private Akteure, beispielsweise transnationale Unternehmen, Verantwortung übernehmen.

Grundlage für die Menschenrechte ist die Vorstellung von der Menschenwürde, über die ein jeder Mensch verfügt. Dies bringt bereits Artikel 1 der Allgemeinen Erklärung der Menschenrechte zum Ausdruck:

Art. 1 der Allgemeinen Erklärung der Menschenrechte
Alle Menschen sind frei und gleich an Würde und Rechten geboren. Sie sind mit Vernunft und Gewissen begabt und sollen einander im Geist der Brüderlichkeit begegnen.

Menschenwürde richtet sich somit auf Freiheit und Gleichheit, d.h. es geht vor allem um die Achtung des menschlichen Lebens und um sozio-ökonomische Bedingungen für ein menschenwürdiges Leben. Bereits in dieser Dichotomie von Freiheit und Gleichheit ist die Unteilbarkeit der Menschenrechte angelegt, denn Freiheit ohne Gleichheit reicht nicht aus, um ein Leben in Würde zu führen, und umgekehrt ist dies auch der Fall.

Teil der Definition der Menschenrechte ist auch die Unterscheidung zwischen drei Generationen von Menschenrechten. Danach zählen *die politischen Rechte und bürgerlichen Freiheiten*, die sogenannten klassischen Menschenrechte, zur *ersten Generation*. Sie gelten als Abwehrrechte gegenüber

---

gegenüber anderen Menschen, indem es, so Art. 29 der Allgemeinen Erklärung der Menschenrechte, seine Rechte nicht auf Kosten anderer wahrnehmen darf.

staatlicher Willkür oder auch als negative Rechte, die vor allem rechtsstaatliche Bedingungen zur Voraussetzung haben. Sie wurden zunächst vor allem von westlichen Regierungen, allen voran den USA, in den Vordergrund gerückt. Menschenrechte der *zweiten Generation* sind *die wirtschaftlichen, sozialen und kulturellen Rechte*, die sogenannten WSK-Rechte. Sie gelten als positive und kostenträchtige Rechte, die vor allem den Zugang zu Ressourcen, z.b. durch die Bereitstellung öffentlicher Güter, erfordern. Bei diesen Rechten wurde erstmals zwischen drei Verpflichtungsebenen der Staaten unterschieden, nämlich der der Achtung, des Schutzes und der Gewährleistung (*respect, protect, fulfil*). Wichtig bei den wirtschaftlichen und sozialen Menschenrechten ist, dass diese Menschenrechte nach dem Subsidiaritätsprinzip funktionieren, d. h. die Menschen sollen ermächtigt werden, selbst für sich zu sorgen, und nur in Ausnahmefällen wie Krankheit geht es um Versorgungsansprüche. Kulturelle Menschenrechte werden erst allmählich und im Kontext der Rechte von Minderheiten konkretisiert. Menschenrechte der ersten und der zweiten Generation sind durch völkerrechtlich verbindliche Verträge und durch das Völkergewohnheitsrecht umfassend institutionalisiert. Neben den beiden herausragenden Verträgen, dem Internationalen Pakt über bürgerliche und politische Rechte (Zivilpakt) und dem Internationalen Pakt über wirtschaftliche, soziale und kulturelle Rechte (Sozialpakt), zählen hierzu auch themenspezifische Abkommen wie das Übereinkommen gegen Folter und andere grausame, unmenschliche oder erniedrigende Behandlung oder Strafe (Anti-Folterkonvention der UNO) und auf Gruppen bezogene Verträge wie das Übereinkommen zur Beseitigung jeder Form von Diskriminierung der Frau (Frauenrechtsabkommen) (TOMUSCHAT 1992; Link: DIMR).

Eine ähnlich verbindliche völkerrechtliche Verankerung existiert bisher nicht für die Menschenrechte der *dritten Generation*. Sie wurden von den Regierungen des Südens als kollektive Rechte der Völker in den 1970er-Jahren in den Menschenrechtsdiskurs eingeführt. Hierzu zählen neben dem *Recht auf Entwicklung* als dem wichtigsten Recht dieser Generation, auch das *Recht auf Frieden* und das *Recht auf eine gesunde Umwelt*. Diese Rechte gelten als sogenannte Kollektiv- oder Solidarrechte (RIEDEL 1986: 239f.).

Die Debatte über die drei Generationen von Menschenrechten spiegelt widerstreitende Auffassungen im Diskurs über die Menschenrechte wider, und sie wurde zunächst politisch instrumentalisiert. Erst das Ende des Ost-West-Konfliktes führte zu einer Annäherung der Positionen. Mit der

Aufwertung der wirtschaftlichen und sozialen Rechte und der Anerkennung des Rechts auf Entwicklung als individuelles Menschenrecht auf der Zweiten Weltmenschenrechtskonferenz 1993 in Wien hat sich die Diskussion über die drei Generationen der Menschenrechte weitgehend entschärft. Der Begriff der drei Generationen lässt sich heute als bloße Kennzeichnung unterschiedlicher Gruppen von Menschenrechten verstehen. So wurde im Unterschied zu früheren Abgrenzungen im Abschlussdokument der Wiener Weltmenschenrechtskonferenz nicht nur die Universalität der Menschenrechte, sondern auch die Interdependenz und Unteilbarkeit aller Menschenrechte betont, was für die wirtschaftlichen, sozialen und kulturellen Menschenrechte eine Aufwertung im internationalen Menschenrechtsdiskurs bedeutet und auch zu einer Neuausrichtung von Menschenrechtsorganisationen wie Amnesty International führte.

Entwicklung als nachhaltige menschliche Entwicklung, wie sie Anfang der 1990er von UNDP definiert wurde, wird zumeist als die Entfaltung der Potenziale und Chancen des Individuums verstanden (↗ Entwicklungstheorien). Die Weltkonferenzen der 1990er-Jahre – und hier insbesondere die zweite internationale Umweltkonferenz, die 1992 in Rio stattfand – prägten den Begriff der ↗ nachhaltigen Entwicklung als ein ganzheitliches, solidarisch zu verwirklichendes intra- und intergenerationales Prinzip.

Zum Zusammenhang von Menschenrechten und Entwicklung

Die normative Vorstellung von der Schaffung einer umfassenden gesellschaftlichen und politischen Ordnung, die als Voraussetzung für die Verwirklichung der Menschenrechte und diese umgekehrt als eine Voraussetzung für einen erfolgreichen Entwicklungsprozess verstanden wird, bildet die Basis für die Verknüpfung beider Konzepte. Eine solche Verknüpfung ist bereits in der Allgemeinen Erklärung der Menschenrechte in Artikel 28 angelegt (siehe Kasten).

Anknüpfend an diese Auffassung sowie im Kontext der Debatten über den richtigen Entwicklungsweg, versuchten die Entwicklungsländer bereits in den 1960er- und 70er-Jahren ihre Auffassung über den Zusammenhang von Menschenrechten und Entwicklung durchzusetzen. Auf deren Drängen und nach mehreren Jahren sich hinziehender zäher Beratungen in verschiedenen Gremien der UNO verabschiedete die Generalversammlung

> **Art. 28 der Allgemeinen Erklärung der Menschenrechte**
> Jeder hat Anspruch auf eine soziale und internationale Ordnung, in der
> die in dieser Erklärung verkündeten Rechte und Freiheiten voll verwirk-
> licht werden können.

schließlich 1986 eine Deklaration zum Recht auf Entwicklung. Dieses Dokument ist völkerrechtlich jedoch nicht verbindlich, sondern hat den Charakter einer Empfehlung. Darin wird im Kern das Solidaritätsprinzip zwischen Industrie- und Entwicklungsländern eingefordert. Inhaltlich geht es nicht um ein neues Menschenrecht, sondern um die Synthese bereits ausformulierter kultureller, ökonomischer, politischer und sozialer Rechte (HAMM 2003: 41).

Der Menschenrechts- und Entwicklungsbegriff stehen somit sehr früh in einem engen Wechselverhältnis. Menschenrechte und Entwicklung werden auch als „parallele und zumindest teilweise identische Prozesse (…)" (SELCHOW/HUTTER 2004: 16) verstanden. Entwicklung wird in dieser Sicht grundsätzlich als Verwirklichung der Menschenrechte definiert.

Der Menschenrechtsansatz in der Entwicklungszusammenarbeit

Ein solches Verständnis spiegelt auch der Menschenrechtsansatz in der Entwicklungszusammenarbeit (EZ) wider, den die Arbeitsgruppe der UNO zum Recht auf Entwicklung bereits 1994 einforderte (UN-DOK. E/CN.4/1995/11). Erst der durch den früheren Generalsekretär, Kofi Annan, im Rahmen der Umsetzung des UN-Reformpakets initiierte Prozess des *Human Rights Mainstreaming* führte jedoch zu entsprechenden Bemühungen zur Ausarbeitung und Umsetzung eines solchen Ansatzes. So ist seit 1997/1998 UNDP um die stärkere Integration von Menschenrechten und nachhaltiger menschlicher Entwicklung bemüht, wie dies im Human Development Report 2000, einem Grundpfeiler eines Menschenrechtsansatzes auf UN-Ebene, zum Ausdruck kommt. Der Menschenrechtsansatz fordert eine Umorientierung weg von Bedürfnissicherungsstrategien für Hilfsempfänger hin zu individuellen Rechten von Bürgern. Der EZ wird hierdurch nicht nur eine größere Legitimität zugesprochen, sondern auch das Referenzgerüst wird – zumindest im Prinzip – auf jeder Planungsebene auf die Menschenrechte ausgerichtet. Der Menschenrechtsansatz determiniert somit primär das „Wie" der EZ, indem er als Rahmen und Grundlage für *benchmarking* fungieren kann und die Auswahl der Instrumente bedingen soll (LINGNAU 2005). Folgende vier Prinzipien werden als Grundvoraussetzung zur Realisierung eines solchen Ansatzes in der EZ gesehen:

- Expliziter Bezug zu und Orientierung an menschenrechtlichen Normen
- Nichtdiskriminierung; mit speziellem Fokus auf *vulnerable groups* (Frauen, Kinder usw.)
- ↗ **Partizipation und Empowerment**
- ↗ **Good Governance**

Der Menschenrechtsansatz stößt in den Ländern des Südens nicht nur auf Zustimmung. So kritisiert die indische Feministin Srilatha Batliwala (2008) diesen Ansatz als formelhaftes neues Entwicklungsmodell westlicher Geber, der aus ihrer Sicht ähnlich scheitern wird wie frühere Konzepte, weil kulturelle Besonderheiten und die konkreten Bedingungen sozialer Macht der Betroffenen nicht berücksichtigt würden. Der Menschenrechtsansatz führe nur zu einem weiteren *mainstreaming*, der Kontexte vernachlässige, vor allem Geber befriedige und transnationalen NGOs nutze, die die entsprechende Rhetorik beherrschen. Betroffene würden ihre Kämpfe um Gerechtigkeit häufig anders führen. Sie kritisiert die Instrumentalisierung der Menschenrechtsidee als Bestandteil eines modernen Zivilisierungsprojektes. Das westliche Verständnis der Menschenrechte und auch der Menschenrechtsansatz in der EZ rücken das Individuum in den Vordergrund, wodurch aber lokale und kollektive Verantwortlichkeiten ausgeblendet bleiben. Gerade lokale Strukturen stellten für Betroffene oft die entscheidende Handlungsebene dar. Der Menschenrechtsansatz hingegen fokussiere die staatliche Autorität. Sie hält den Ansatz zwar für nützlich, um Staaten und machtvolle Institutionen zu mehr Verantwortung zu verpflichten und zur Rechenschaft zu ziehen. Aus ihrer Sicht greift er jedoch in traditionellen Gemeinschaften, deren Autoritätssysteme nicht durch formale Gesetze kontrolliert werden, zu kurz. Dem Ansatz fehle die konkrete Analyse sozialer Macht auf den unterschiedlichen Ebenen.

Das afrikanische Menschenrechtssystem

Die existierenden regionalen Menschenrechtssysteme (Europa, Amerika und Afrika) haben die Verknüpfung von Menschenrechten und Entwicklung, wie sie auf der internationalen Ebene durch die UNO initiiert wurde, nicht ähnlich nachvollzogen. Im Vordergrund steht die rechtliche Absicherung individueller Menschenrechte. Jedoch können funktionierende regionale Systeme auch indirekt zur Stärkung nationaler Entwicklungsprozesse beitragen, weil sie staatliche Verantwortung zusätzlich durch regionale Überwachung stärken. Dies zeigen auch Bestrebungen zur Stärkung des afrikanischen Menschenrechtssystems, das 1981 mit der Verabschiedung der Banjul-Charta durch die Mitgliedstaaten der damaligen Organisation Afrikanischer Staaten (OAU) geschaffen wurde. Das afrikanische System versucht in besonderer Weise eine kulturelle Kontextualisierung der Menschenrechte vorzunehmen, indem nicht nur individuelle Menschenrechte, sondern auch Rechte der Völker und ein umfassender Pflichtenkatalog innerhalb der jeweiligen Gemeinschaft thematisiert werden. Doch es galt bisher in seiner Wirkung als besonders schwach und der afrikanische Menschenrechtsgerichtshof war mit nur wenigen Kompetenzen ausgestattet. Dies wurde auch von den Mitgliedstaaten der Afrikanischen Union (AU) kritisch gesehen. Auf dem 11. Gipfeltreffen der AU, das im Juni 2008 stattfand, wurde daraufhin das Protokoll für das Statut eines „African Court of Justice and Human Rights" angenommen. Dieses Gericht soll zum wichtigsten Justizorgan der AU werden und die beiden bisher getrennten und eher wirkungslosen Gerichte zusammenführen. Letztlich hängt jedoch die Effektivität auch dieser neuen Institution in starkem Maße vom politischen Willen der Beitrittsstaaten ab.

Ausblick

Der Zusammenhang zwischen Menschenrechten und Entwicklung lässt sich aus unterschiedlichen Perspektiven betrachten. Aus menschenrechtlicher Sicht kann ein Menschenrechtsansatz im Prinzip dazu beitragen, die rechtliche Position der einzelnen Person und zugleich die staatliche Verantwortung zu stärken. Bisher ist er jedoch vor allem auf der diskursiven Ebene in der EZ verankert. Eine konsequente Ausrichtung an den Menschenrechten, beispielsweise durch die Stärkung nationaler Menschenrechtsinstitutionen, findet in der Praxis nicht statt. Die erwähnte Kritik der mangelnden kulturellen und sozialen Kontextualisierung stellt eine weitere Schwäche dieses Ansatzes dar. Aus entwicklungspolitischer Sicht wird bezweifelt, dass dieser Ansatz ein erfolgreiches Entwicklungsmodell darstellen wird, weil erneut ein westliches Modell im Vordergrund stehe, das die lokalen Bedingungen zu wenig berücksichtige und bei dem die Partizipation der Betroffenen zu kurz komme.

▶ **Literatur**

Batliwala, Srilatha: Privileg, Recht oder Verpflichtung?, in: iz3w – Informationszentrum 3. Welt, Heft 307, Juli/August 2008: XVIII–XX

Hamm, Brigitte: A Human Rights Approach to Development, in: Human Rights Quarterly, Vol. 23, No. 4, 2001: 1005–1031

Hamm, Brigitte: Menschenrechte. Ein Grundlagenbuch. Opladen 2003

Heyns,Christof/David Padilla/Leo Zwaak: A schematic comparison of regional human rights systems: An update, in: African Human Rights Law Journal, Vol. 5, No. 2, 2005: 308–320

Lingnau, Hildegard: Menschenrechte und Entwicklungszusammenarbeit. Perspektiven eines Menschenrechtsansatzes in der deutschen und internationalen Entwicklungspolitik, in: Messner, Dirk/Imme Scholz (Hrsg.): Zukunftsfragen der Entwicklungspolitik. Baden-Baden 2005: 89–104

Riedel; Eibe H.: Theorie der Menschenrechtsstandards. Berlin 1986

Selchow, Ulla/Franz-Josef Hutter: Entwicklung als Verwirklichung der Menschenrechte. Eine Einleitung, in: Dies. (Hrsg.): Menschenrechte und Entwicklungszusammenarbeit. Anspruch und politische Wirklichkeit. Wiesbaden 2004: 11–26

Tomuschat, Christian: Menschenrechte. Eine Sammlung internationaler Dokumente zum Menschenrechtsschutz. Bonn 1992

United Nations Development Programme (UNDP): Human Development Report 2000: Human Rights and Human Development. New York 2000

▶ **Links**

Amnesty International (Internationale Menschenrechts-NGO) (www.amnesty.de)

Deutsches Institut für Menschenrechte (www.institut-fuer.menschenrechte.de)

Human Rights Watch (Berichte und Analysen zu Menschrechtsfragen weltweit) (www.hrw.org)

UNDP (UN-Entwicklungsprogramm) (jährliche Human Development Reports) (www.hdr.undp.org/reports)

Migration und Flucht

FRANZ NUSCHELER

Der „globale Marsch": Von einem humanitären zu einem Sicherheitsproblem

Migration ist ein konfliktreiches Bewegungselement der Weltgeschichte. Ohne die weltumspannenden Bevölkerungsbewegungen, die der Kolonialismus in Gang setzte, sähen die Staatenwelt und Kulturenlandschaft völlig anders aus. Migration und Flucht, die durch den Grad des Zwanges unterschieden werden können, sind Begleit- und Folgeerscheinungen von Kriegen, Eroberungen, Verfolgung, Ressourcenkonflikten und unsicheren Lebensbedingungen. Neben diesen Existenz bedrohenden Schubfaktoren gab und gibt es zwar auch eine freiwillige Migration, aber die große Mehrheit von Migranten verlässt ihre Heimatgebiete, weil sie hier nicht mehr findet, was Heimat ausmacht: Sicherheit vor Existenzbedrohungen vielfältiger Art.

Obwohl dem 20. Jahrhundert die Hypothek von mindestens 250 Millionen Flüchtlingen angelastet werden muss, wurde das Weltflüchtlingsproblem lange zuvörderst als ein völkerrechtliches und humanitäres Problem behandelt. Solange nach der Bewältigung der Fluchttragödie, die der II. Weltkrieg verursacht hatte, nur etwa 10 % der weltweit registrierten Flüchtlinge die westlichen Länder erreichten und der Eiserne Vorhang eine größere Ost-West-Wanderung blockierte, blieb die internationale Migration ein Thema der humanitären Politik.

Dies änderte sich nach der weltpolitischen Zeitenwende von 1989/90 und schlagartig nach den Terroranschlägen vom 11. September 2001. Internationale Migration avancierte nun zu einem Kernbereich der Sicherheitspolitik und zu einem Gegenstand der Friedens- und Konfliktforschung. Sie wurde auf die Liste „neuer Bedrohungen" gesetzt und in das Problembündel der „erweiterten Sicherheit" einbezogen. Nun beschäftigten sich nicht nur Migrationsforscher, sondern auch sicherheitspolitische Denkfabriken mit

Bedrohungsszenarien, die sie besonders an den Nahtstellen zwischen dem Norden und Süden ausmachten.

Verwirrung von Begriffen, Zahlen und Realitäten

Solche Bedrohungsszenarien entstehen auch, weil die Diskussion über das internationale Migrationsgeschehen unter der Verwirrung von Begriffen und Zahlen und noch mehr unter verzerrten Wahrnehmungen der Realität leidet. Viele Publikationen reden vom „Weltflüchtlingsproblem" und meinen damit häufig andere Menschen als der *UN-Hochkommissar für Flüchtlinge* (UNHCR), der auf der Grundlage der *Genfer Flüchtlingskonvention* (GFK) von 1951 nur solche Personen als Flüchtlinge anerkennt, die sich aus „wohl begründeter Furcht vor Verfolgung" im Ausland aufhalten.

Der *World Migration Report 2006* schätzte die Zahl der internationalen Migranten – also der Personen, die nicht in dem Land leben, wo sie geboren wurden – auf rund 200 Millionen. Darunter befanden sich rund 11 Millionen Flüchtlinge nach den Kriterien der GFK. Nicht in dieser Statistik tauchten die rund 25 Millionen Binnenflüchtlinge („internally displaced persons") auf, die sich in einer „flüchtlingsähnlichen Situation" befanden, aber die Staatsgrenzen nicht überschritten haben.

Im letzten Jahrzehnt des 20. Jahrhunderts kamen jährlich weltweit etwa drei Millionen neue Migranten (beiderlei Geschlechts) zum sog. „Migrationssockel" hinzu. Diese Zahl umfasst allerdings nur Personen, die legal in ein anderes Land eingereist sind – und nicht die weit größere Zahl von „irregulären Migranten", die auf verschiedenen Wegen, Umwegen und Irrwegen in einem anderen Land ankamen.

Die Grauzone der „irregulären Migration" lässt eine große Bandbreite der Schätzungen über das Volumen der internationalen Migration zu. Das Wachstum der „irregulären Migration", das auch der Verengung der legalen Migrationspfade geschuldet ist, stellt mehr als das Weltflüchtlingsproblem die eigentliche globale Herausforderung dar. In dieser Grauzone findet auch statt, was auf den Begriff der Umweltflucht gebracht wurde. Zu Beginn des neuen Millenniums veröffentlichten verschiedene internationale Organisationen geradezu furchterregende Prognosen über den drohenden Zuwachs von „Umweltflüchtlingen" im Gefolge sich häufender Umweltkrisen und des ↗ **Klimawandels**. Inzwischen übersteigt ihre Zahl schon die der Kriegsflüchtlinge.

Die Verengung der legalen Migrationspfade in die „OECD-Welt", die Verschärfung des Asylrechts, die auch „echten" Flüchtlingen den Zugang durch die „Hintertür" des Asyls erschwerte, und der Frauenhandel auf dem internationalen Prostitutionsmarkt machten das Phänomen der illegalen bzw. „irregulären Migration" zum eigentlichen Migrationsproblem. Sie unterläuft einerseits den Kontrollanspruch der Staaten über Einreisen und Aufenthalte von Ausländern und versetzt andererseits die Betroffenen in einen prekären Zustand der Unsicherheit. Die „irreguläre Migration" über Kontinente hinweg brachte auch internationale Schlepperorganisationen ins Geschäft und machte den Menschenschmuggel (*Trafficking*) zu einem lukrativen Element der transnational organisierten Kriminalität.

In der gesamten „OECD-Welt" wurde die „irreguläre Migration" nicht nur zu einem politisch-administrativen Ordnungsproblem, sondern unter dem Druck steigender Arbeitslosigkeit auch zu einem Problem des Arbeitsmarktes, auf der Seite vieler Unternehmer allerdings zu einem lukrativen Geschäft. In Italien und Spanien ernten die „Illegalen" mit Wissen der Polizei auf Plantagen weit unter Tariflohn Orangen, Zitronen oder Tomaten, in Frankreich waren sie in großen Scharen am Bau von Autobahnen beteiligt, in den USA wäre es ohne sie längst zu einem Pflegenotstand gekommen. Ihre Zahl wird im EU-Raum auf acht Millionen, in den USA sogar auf 12 Millionen geschätzt.

Die Theorie des dualen Arbeitsmarktes geht davon aus, dass moderne Industrie- und Dienstleistungsgesellschaften einen ständigen und flexibel verfügbaren Bedarf an Arbeitsmigration haben, bei restriktiven Einwanderungsbedingungen auch an „irregulärer Migration", weil einheimische Arbeitskräfte unsichere und schlecht bezahlte Tätigkeiten vermeiden, die aber besonders „Illegale" in ihrer existentiellen Notlage bereitwillig übernehmen.

Der „globale Marsch" findet auf vielen Wegen und in viele Richtungen statt

Der *World Migration Report 2000* fasste kurz und bündig zusammen: „Internationale Migranten kommen aus allen Teilen der Welt und gehen in alle Teile der Welt". Die öffentliche Wahrnehmung einer „Invasion der Armen" geht jedoch davon aus, dass der „globale Marsch" nur eine einzige Richtung kennt: Vom Süden gen Norden und nach dem Abbruch des Eisernen

Migranten auf dem Weg nach Europa: In überfüllten Booten riskieren sie ihr Leben auf der Suche nach einem besseren Leben
Foto: epa efe Manuel Lerida, © dpa-Report

Vorhangs auch aus dem Osten gen Westen, also aus den Armutsregionen in die reiche „OECD-Welt". Gelegentlich wird dieser Wanderungsbewegung wie in einem anscheinend plausiblen System kommunizierender Röhren ein Automatismus des Wohlstandsgefälles zugrunde gelegt: Die Armen gehen dorthin, wo sie sich bessere Lebensbedingungen versprechen. Sie würden, wenn sie könnten.

Entgegen allerlei Befürchtungen spielt sich aber das internationale Migrationsgeschehen weiterhin größtenteils innerhalb und zwischen Ländern des Südens ab: zu rund einem Drittel allein in dem von verschiedenartigen Krisen heimgesuchten subsaharischen Afrika, zur Hälfte im bevölkerungsreichen Asien. Auch der Großteil der Flüchtlinge verbleibt in den jeweiligen Herkunftsregionen. Nach neuesten Daten des UNHCR gilt dies für 86% der registrierten Flüchtlinge. Nicht die reichen Industrieländer, sondern die afrikanischen und asiatischen Nachbarländer von Krisenregionen nehmen die meisten Flüchtlinge auf. Hier endet der angeblich „globale Marsch" meistens in notdürftig von Hilfsorganisationen versorgten Flüchtlingslagern in den Grenzregionen der Krisengebiete. Die „OECD-Welt" finanziert die weltweiten Einsätze des UNHCR und anderer Hilfsorganisationen, um die Flüchtlinge von den eigenen Grenzen fernzuhalten. Das Anwachsen der Zahl der Flüchtlinge und Binnenflüchtlinge war in den Jahren 2006 – 2008 vor allem den Folgen des Irak-Krieges, des Darfur-Konflikts sowie der immer wieder aufflammenden Kämpfe in Somalia und dem östlichen Kongo geschuldet.

Globalisierung und Migration: Entgrenzung von Arbeitsmärkten und Lebenswelten

Die Geschichte der internationalen Migrationen lehrt, dass sie einerseits durch politische und sozio-ökonomische Erschwernisse in den Herkunftsländern in Gang gesetzt wurden, andererseits auf dem „Weltmarkt für Arbeitskraft" die Funktion hatten, möglichst billige Arbeitskräfte zur Verfügung zu stellen. Sowohl Binnenwanderungen als auch die grenzüberschreitenden Arbeitsmigrationen waren eng mit wirtschaftlichen Strukturveränderungen in den Herkunfts- und Zielregionen verbunden. Die vieldimensionalen Globalisierungsprozesse haben auch Auswirkungen auf das Migrationsgeschehen:

Erstens verengte die Revolutionierung des Verkehrswesens die Räume, vergrößerte die Mobilität der Menschen auch über größere Entfernungen und beförderte damit eine „Entregionalisierung" der internationalen Migration. Niemals zuvor in der Weltgeschichte konnten so viele Menschen in kurzer Zeit so weite Wege zurücklegen.

Zweitens hat die Auslagerung von Produktionsstätten in die „Billiglohnländer", die neben niedrigen Arbeitskosten in den „Weltmarktfabriken" auch die zunehmende Freizügigkeit von Kapital und Gütern nutzen kann, nicht nur Binnenwanderungen, sondern auch intraregionale Migrationsschübe ausgelöst.

Drittens hat die ↗ Globalisierung der Produktions- und Arbeitsmarktstrukturen neben der Formenvielfalt auch eine soziale Klassendifferenzierung der Migration hervorgebracht. Manager und Ingenieure zirkulieren als hoch bezahlte Beschäftigte von multinationalen Unternehmen, Wissenschaftler als Angehörige der zunehmend internationalisierten *scientific community* und das Führungspersonal der zunehmend transnational organisierten Nichtregierungsorganisationen (NGOs) rund um den Globus. Migranten mit geringen Qualifikationen finden als billige Arbeitskräfte

Beschäftigung in privaten Haushalten oder als Saisonarbeiter in der Gastronomie und Landwirtschaft. Am unteren Ende der sozialen Leiter stehen die „neuen Heloten" der internationalen Arbeitsteilung: rechtlose irreguläre Arbeitsmigranten und die Opfer des internationalen Frauenhandels.

Viertens fördert die Internationalisierung von Wissenschaft und Forschung die Elitenmigration. Die Industrieländer, bisher allen voran die USA, picken sich aus allen Weltregionen die besten Köpfe heraus, fördern sie durch kapitalkräftige Stiftungen und Universitäten und können sich sogar erlauben, das eigene Bildungswesen zu vernachlässigen. Es zeichnet sich ein weltweiter Wettbewerb um diese „besten Köpfe" ab. Auf der anderen Seite der Medaille steht der *brain drain*, der in den Herkunftsländern zu einem schwerwiegenden Substanzverlust an Humankapital führen kann.

Fünftens bewirkte die Globalisierung der Telekommunikation eine kommunikative Vernetzung der Welt. Sie erzeugt neben gewollten Wirkungen des Wertetransfers und der Konsumanreize auch ungewollte Migrationsanreize, weil sie die Bilder vom besseren Leben anderswo bis in die letzten Slumhütten transportiert und das internationale Wohlstandsgefälle sichtbar macht.

Sechstens hat die Globalisierung die Herausbildung von transnationalen Netzwerken befördert, zu denen auch das international organisierte Schlepperwesen gehört, das zu einem wichtigen Steuerungsinstrument der irregulären Migration wurde.

Die Globalisierung beförderte auch eine zunehmende Feminisierung der Migration, die zwar schon immer viele Fluchtbewegungen kennzeichnete, aber zunehmend auch zu einem Phänomen der legalen und illegalen Arbeitsmigration wurde. Der wachsende Anteil von Frauen, nicht nur unter Flüchtlingen, sondern auch innerhalb der regulären und irregulären Arbeitsmigration, ist eine Folge der globalisierten Nachfrage nach frauenspezifischen Dienstleistungen in Haushalten, Pflegeberufen und auf dem Prostitutionsmarkt sowie nach billigen Arbeitskräften in Hunderten von „Weltmarktfabriken". Zur häufig irregulären Migration von Frauen gehört auch der von international operierenden Schleuserbanden organisierte Frauenhandel auf dem globalisierten Prostitutionsmarkt. Hier geht es nach Schätzungen von UNIFEM (*UN Development Fund for Women*) um Hunderttausende oder gar Millionen von Frauen und Mädchen, die wie Waren gehandelt und wie Sklavinnen behandelt werden.

Neue Einsichten und Perspektiven: Vom Sicherheitsproblem zum Entwicklungspotenzial?

Der 2005 vorgelegte Bericht der *Global Commission on International Migration* (GCIM) dokumentierte die im Migrationsdiskurs wachsende Einsicht, dass die internationale Migration nicht nur ein unaufhaltsamer Prozess der sich herausbildenden Weltgesellschaft ist, sondern sowohl für die Herkunftsregionen als auch für die Zielregionen neben Risiken auch Chancen eröffnen kann, sofern es gelingt, die Migrationsprozesse durch internationale Kooperationen zu steuern und durch Schutzregime zu humanisieren.

Zu diesem Paradigmenwechsel trugen auch Berechnungen der Weltbank bei, dass die Geldüberweisungen (*remittances*) der legalen und irregulären Arbeitsmigranten/innen an die zurückgebliebenen Familien mehr als das Doppelte der internationalen ODA (*Official Development Assistance*) betragen. Sie leisten damit einem wirksameren Beitrag zur Armutsbekämpfung als staatliche Transferleistungen, die häufig im Gestrüpp der Korruption versickern.

Auch die Perzeption der internationalen Migration als ein Sicherheitsproblem eröffnet Chancen für kooperatives Denken und Handeln: Zwar erwächst aus ihrer Einbindung in Bedrohungsszenarien die Gefahr, dass militärisch gestützte Abwehrmaßnahmen zum bestimmenden Faktor der Problembearbeitung werden und eine präventive ↗ **Friedens- und Entwicklungspolitik** zur Eindämmung der Migrationsursachen gar nicht mehr versucht wird. Die sicherheitspolitische Problemperzeption enthält aber auch die Chance, dass aus der Erkenntnis der eigenen Verwundbarkeit neue internationale Kooperationsformen zur konstruktiven Problem- und Konfliktbearbeitung erwachsen. Die EU setzt, aufgeschreckt durch die Fluchttragödien am und auf dem Mittelmeer, nicht nur auf eine nur begrenzt wirksame militärische Absicherung der „Festung Europa", sondern auch auf pro-aktive Vorwärtsstrategien mittels einer umfassenden Kooperationspolitik mit den Herkunfts- und Transitländern. Es fand ein migrationspolitischer Lernprozess statt, der zwar weiterhin auf die Aufrüstung der Grenzsicherung setzt, aber auch Lehren aus der Erfolglosigkeit militärischer Abschottungspolitik zog.

▶ Literatur

Butterwegge, Christoph/Gudrun Hentges (Hrsg.): Zuwanderung im Zeichen der Globalisierung, 3. Aufl. Wiesbaden 2006

Castles, Stephen/Mark J. Miller: The Age of Migration. International Population Movements in the Modern World. New York 1993

Global Commission on International Migration: Migration in einer interdependenten Welt: neue Handlungsprinzipien. Berlin 2005

Husa, Karl/Christof Parnreiter/Irene Stacher (Hrsg.): Internationale Migration. Die globale Herausforderung des 21. Jahrhunderts. Frankfurt/Main 2000

IOM (International Organization for Migration): World Migration Report (erscheint alle zwei Jahre, zuletzt WMR 2006 und WMR 2008. Genf

Nuscheler, Franz: Internationale Migration. Flucht und Asyl, 2. Aufl. Wiesbaden 2004

Opitz, Peter J. (Hrsg.): Der globale Marsch. Flucht und Migration als Weltproblem. München 1997

▶ Links

International Organization for Migration (IOM) (www.iom.int)

United Nations High Commission for Refugees (UNHCR) (Zur Lage der Flüchtlinge in der Welt/The State of the World's Refugees [erscheint unregelmäßig, zuletzt 2006] und andere Publikationen) (www.unhcr.org) (Materialien für den Unterricht und die politische Bildung) (www.unhcr.de.schulmaterialien.html)

Millennium-Entwicklungsziele

WALTER EBERLEI

Neue Ansätze zur Bekämpfung der weltweiten Armut

Mindestens die Hälfte der Menschheit lebt in Armut, etwa jeder fünfte Mensch sogar in extremer, existenzgefährdender Armut. Die Bekämpfung dieser absoluten Formen von Armut ist in den vergangenen zehn Jahren auf einen Spitzenplatz der internationalen Agenda gerückt. Die Verabschiedung der Millenniumserklärung durch die Vereinten Nationen markiert dabei einen wichtigen Meilenstein dieser Bemühungen. Die aus der Erklärung entwickelten Millennium-Entwicklungsziele *(Millennium Development Goals, MDGs)* streben für das Jahr 2015 eine Reihe von sozialen Verbesserungen für Menschen weltweit an. Die Halbierung des Anteils der Menschen, die in extremer Armut leben, steht dabei an erster Stelle. Bis zum Jahr 2015 soll die Zahl der Menschen in extremer Armut auf etwa 800 Millionen sinken. Der Anteil der extrem Armen an der Weltbevölkerung würde dann von etwa 30 Prozent im Jahr 1990 auf unter 15 Prozent halbiert. Neben diesem zentralen Ziel der Armutsreduzierung formulieren die MDGs weitere Hauptziele und Unterziele, die an über vierzig Hauptindikatoren gemessen werden sollen (siehe Kasten). 2008 wurden vier neue Unterziele in den Kanon aufgenommen (im Kasten kursiv gesetzt) und verschiedene Indikatoren angepasst.

Der Verabschiedung der Millenniumserklärung im Jahr 2000 war ein jahrelanger Streit über die entwicklungspolitischen Ansätze der 1980er- und 1990er-Jahre vorausgegangen, u.a. während der verschiedenen UN-Weltkonferenzen der 1990er-Jahre. Insbesondere die Kritik an den gescheiterten Strukturanpassungsprogrammen der Weltbank und des Internationalen Währungsfonds rückten die Armutsbekämpfung (wieder) in das Zentrum der Entwicklungspolitik.

Auf halbem Wege zwischen Verabschiedung der Millennium-Entwicklungsziele und dem angestrebten Zieljahr 2015 verdichten sich inzwischen die Anzeichen dafür, dass die anvisierten Ziele nicht überall erreicht werden

Die Millennium-Entwicklungsziele
(in der 2008 revidierten Fassung)

MDG 1: Bekämpfung von extremer Armut und Hunger
- Halbierung des Anteils extrem Armer (mit Einkommen unter einem US-$/Tag).
- *(neu) Produktive Beschäftigung für alle, einschließlich Frauen und Jugendliche.*
- Halbierung des Anteils der Menschen, die an Hunger leiden.

MDG 2: Verwirklichung allgemeine Primarschulbildung
- Abschluss der Grundschulausbildung für alle Jungen und Mädchen weltweit.

MDG 3: Verwirklichung der Gleichstellung der Geschlechter *(neu) und Empowerment von Frauen*
- Abbau des Gefälles in der Primar- und Sekundarschulbildung von Jungen und Mädchen wenn möglich bis zum Jahr 2005, auf allen Ebenen spätestens bis 2015.

MDG 4: Kindersterblichkeit reduzieren
- Senkung der Sterblichkeitsraten bei Säuglingen und Kindern unter fünf Jahren um zwei Drittel bis zum Jahr 2015.

MDG 5: Gesundheit während der Schwangerschaft stärken
- Verringerung der Müttersterblichkeit um drei Viertel bis zum Jahr 2015
- *(neu) Universaler Zugang zu Mitteln reproduktiver Gesundheit.*

MDG 6: Bekämpfung von HIV/AIDS, Malaria und anderen Krankheiten
- Die Ausbreitung von HIV/AIDS stoppen und die Zurückdrängung einleiten.
- *(neu) Universaler Zugang zu HIV/AIDS-Medikamenten.*
- Die Ausbreitung von Malaria und anderen wichtigen Krankheiten stoppen und ihre Zurückdrängung einleiten.

MDG 7: Nachhaltigkeit sichern

■ Die Prinzipien von nachhaltiger Entwicklung in die Politik der Länder integrieren; den Schwund von Umweltressourcen aufhalten.

■ *(neu) Reduzierung des Verlusts an biologischer Vielfalt.*

■ Anteil der Menschen ohne nachhaltigen Zugang zu sauberem Trinkwasser halbieren.

■ Signifikante Verbesserungen im Leben von mindestens 100 Millionen Slumbewohner bis zum Jahr 2020 erreichen.

MDG 8: Globale Partnerschaft für Entwicklung ausbauen.

■ Während die ersten sieben Ziele sich auf die Entwicklungen *in* den Entwicklungsländern beziehen, beschreibt das achte Ziel die internationale Zusammenarbeit als Beitrag zur Erreichung der sieben vorgenannten Ziele (u.a. Reformen des Welthandelssystems; deutliche Erhöhung der Entwicklungshilfe).

können. Der jüngste offizielle Umsetzungsbericht der Vereinten Nationen (UN 2008) dokumentiert die gemischte Entwicklung erneut. Er listet verschiedene Fortschritte auf dem Weg zur Zielerreichung auf, nennt aber auch eine Reihe von Fehlschlägen. Global gesehen wird z.B. das Ziel der Halbierung der Armut vermutlich erreicht, allerdings nur aufgrund der Erfolge in Ostasien. Viele Länder, insbesondere in Afrika, werden das Ziel verfehlen. In wichtigen Bereichen – z.B. beim Abbau von Müttersterblichkeit oder der Unterernährung von Kindern – werden die Ziele vermutlich sogar auf globaler Ebene verfehlt.

Als endogene Gründe für die gemischte Bilanz werden in der internationalen Debatte u.a. das hohe Bevölkerungswachstum (↗ **Weltbevölkerung**), die AIDS-Epidemie (↗ **HIV/Aids**) oder auch mangelnde Reformen in Entwicklungsländern genannt, als exogene Gründe die weiterhin nur schleppend gemachten Fortschritte bei der Reform eines Welthandelssystems (↗ **Weltwirtschaft**), das den Entwicklungsländern bessere Chancen einräumt, sowie der nur langsam vorankommende Ausbau der öffentlichen Entwicklungshilfe. Eine massive Ausweitung der Mittel für die ↗ **Entwicklungszusammenarbeit** zur Unterstützung der MDG-Erreichung fordern nicht nur viele Entwicklungsländer und zivilgesellschaftliche Akteure, sondern auch das vom UN-Generalsekretär initiierte *UN-Millenniums-projekt*, das von dem international einflussreichen Wissenschaftler Jeffrey Sachs geleitet wird (siehe auch Kasten zu „Millenniumsdörfern).

Neben der Verabschiedung der UN-Millennium-Entwicklungsziele ist die Einführung von nationalen Armutsstrategiepapieren der zweite wesentliche neue Ansatz in der politischen Bekämpfung von Armut in den vergangenen Jahren (↗ **Armut / Armutsbekämpfung**). Diese *Poverty Reduction*

Das Millennium-Dörfer-Projekt (Millennium Villages Project) wurde 2006 vom Earth Institute an der Columbia Universität in New York unter der Leitung von Jeffrey Sachs lanciert, um in 80 Dörfern in 10 Ländern in Subsahara-Afrika exemplarisch zu zeigen, dass die MDGs in der fünfjährigen Projektdauer, also sogar noch vor 2015, erreicht werden können. In einem integrierten Ansatz werden kostengünstige Interventionen sowohl in Landwirtschaft und Ernährung als auch Gesundheit, Bildung, Infrastruktur, Wasser, Hygiene und Umwelt getätigt. Für jeden Dorfbewohner werden pro Jahr 120 US-$ bereitgestellt, um die vorgesehenen Investitionen zu finanzieren. Private Wohltäter und Nichtregierungsorganisationen werden aufgerufen, ähnliche Initiativen zu ergreifen. Aus Deutschland unterstützt die Welthungerhilfe 15 Millenniumsdörfer (DIE ZEIT, 3.7.2008).

Erste Ergebnisse zeigen, dass in den Millenniumsdörfern deutliche Erfolge erzielt wurden, z.B. erhöhte Agrarerträge (durch Bereitstellung von Saatgut und Düngemitteln) und Rückgang von Malaria (durch Verteilung von Moskitonetzen).

Kritisch hinterfragt wird der Ansatz von Sachs, man müsse nur genug Geld aufbringen, dann ließen sich alle Armutsprobleme lösen. Ähnliche Ansätze gab es schon in den 1950er- und 60er-Jahren. Ungelöst blieb damals nicht nur, wie die Erfahrungen von Musterdörfern auf ein ganzes Land ausgedehnt werden könnten, sondern die Fortdauer der Musterdörfer selbst nach Ablauf der Projektfinanzierung (die nur zu oft ein Abhängigkeitssyndrom bei den Dorfbewohnern ausgelöst hatte). Nur mit Geld sind Entwicklungsprobleme nicht nachhaltig zu lösen (↗ **Entwicklungszusammenarbeit**, ↗ **Entwicklungstheorien**).

Strategies (PRS) sind seit dem Jahr 2000 in über 60 Entwicklungsländern, die Mehrzahl davon in Subsahara-Afrika, entwickelt worden. Vom Internationalen Währungsfonds (IWF) und der Weltbank eingeführt, sind diese Strategien Voraussetzung für Schuldenerlasse und für neue konzessionäre Entwicklungsgelder. Die Strategien sind von den Entwicklungsländern in Eigenverantwortung und unter Beteiligung gesellschaftlicher Gruppen zu entwickeln und sollen (inzwischen, das war nicht von Anfang an intendiert) systematisch auf die Erreichung der MDGs abzielen. Auf dem UN-Weltgipfel 2005 („MDG+5") wurde vereinbart, dass künftig alle Länder eine nationale MDG-Umsetzungsstrategie entwickeln sollen.

Die Regierungen der Industrieländer unterstützen die MDG-Ziele und die PRS-Prozesse (mit Ausnahme der USA). Sie werden dabei auch von ungewöhnlich erfolgreichen internationalen und medienwirksamen Kampagnen der Zivilgesellschaft angetrieben (u.a. *Action Against Poverty*). Auch die Weltbank und der IWF haben sich Ende der 1990er-Jahre auf die neue Armutsorientierung eingestellt. Die Industrieländer verpflichteten sich in den vergangenen Jahren, ihre finanziellen Anstrengungen zur Unterstützung der Armutsbekämpfung deutlich auszuweiten (das alte 0,7 Prozent-Ziel des Anteils von Entwicklungshilfe am Bruttosozialprodukt wurde wieder aktiviert). Unter anderem der G8-Gipfel in Schottland im Jahr 2005 hat dazu weitreichende Beschlüsse gefasst, deren Umsetzung aber mehr als fraglich ist. Statt des versprochenen Anstiegs sanken die weltweiten öffentlichen Ausgaben für Entwicklungshilfe in den Jahren 2006 und 2007 wieder. Auch Deutschland ist vom zugesagten 0,7 Prozent-Ziel weit entfernt (↗ **Entwicklungszusammenarbeit**). Die Bundesregierung hat es inzwischen auf etwa die Hälfte dieses Quotenziels gebracht.

Der Streit um die Millennium-Entwicklungsziele

Die MDGs werden von der großen Mehrheit der entwicklungspolitischen Akteure im Grundsatz als wichtige und richtige Weichenstellung begrüßt. Neben der starken Fokussierung der Millennium-Entwicklungsziele auf die Bekämpfung extremer Armut wird insbesondere die Formulierung zeitlich gebundener und überprüfbarer Ziele als Fortschritt gegenüber früheren Ansätzen gesehen. Auch die Koppelung von globalen Zielsetzungen und nationalen Strategieansätzen gilt als wichtige Neuerung.

Abgelehnt wird eine Orientierung an den MDGs insbesondere von zwei Seiten: Einerseits zeigte die Entwicklungspolitik der USA wenig Neigung, sich an multilateralen Ansätzen zu beteiligen. Neben einer grundsätzlichen Skepsis gegenüber den Vereinten Nationen sind für diese Haltung auch konservative Orientierungen (z.b. in der HIV/AIDS-Bekämpfung) verantwortlich, nicht zuletzt aber auch die Dominanz geostrategischer Interessen gegenüber dem Primat der Armutsbekämpfung. Anderseits werden die Millennium-Entwicklungsziele von eher marxistisch bzw. fundamental kapitalismuskritisch inspirierten Autoren als Augenwischerei betrachtet, die nur verhindere, dass über strukturelle Gründe für soziale Ungleichheit im globalen System nachgedacht werde (vgl. z.B. AMIN 2006).

Trotz der überwiegenden Zustimmung zivilgesellschaftlicher und auch wissenschaftlicher Autorinnen und Autoren zum MDG-Ansatz gibt es gleichwohl intensive Debatten über und anhaltende Kritik an Konzept und Umsetzung der MDGs. Vier zentrale Kritikpunkte:

Erstens wird die in den Millennium-Entwicklungszielen *fehlende Analyse von Ursachen* der Armut kritisiert. Armutsbekämpfung werde so zu einem technokratischen, entpolitisierten Arbeitsfeld für Sozialmanager. Eine kritische Analyse des Weltwirtschaftssystems, in dem ärmere Länder weiterhin benachteiligt sind, fehlt in der Tat. Kann Armutsbekämpfung im Rahmen des gegebenen weltwirtschaftlichen Umfeldes erfolgreich sein? Kritiker bezweifeln dies, mahnen eine stärkere Diskussion über die exogenen Ursachen weltweiter sozialer Ungleichheit an und fordern strukturelle Veränderungen (Reformen des Welthandelssystems, eine Veränderung der EU-Landwirtschaftspolitik, Reformen des internationalen Finanzsystems u.a.m.). Aber auch eine Kritik an endogenen Ursachen von Armut – z.B. neopatrimoniale Regierungssysteme in vielen Entwicklungsländern – wird in den Millennium-Entwicklungszielen nicht formuliert.

Zweitens kritisieren viele Stimmen den äußerst *begrenzten Zielekanon*, der viele andere wichtige entwicklungspolitische Ziele vernachlässige. Tatsächlich fallen die 2001 konkretisierten *Millennium-Entwicklungsziele* hinter die 2000 verabschiedete *Millenniumserklärung* der UN-Generalversammlung zurück. Martens (2007) listet eine Reihe weitergehender Ziele für eine ↗ **nachhaltige Entwicklung** auf, die nicht in den MDG enthalten sind. Er kritisiert, dass die Konzentration auf die MDGs diese weitergehenden Ziele beiseitedränge. Bemängelt wird von vielen Stimmen ferner, dass das MDG 8 – das insbesondere die Industrieländer in die Pflicht nimmt

Millennium Development Goals   © Suresh Sawant (Indien)

– mit sehr schwachen Unterzielen und weichen Indikatoren versehen wurde. Scharfe Kritik am MDG-Zielekanon wird aus frauenrechtlicher Position vorgetragen. Während die UN-Weltfrauenkonferenz in Peking (und der nachfolgende „Peking-Prozess") Frauen*rechte* formulierte und Ansätze forderte, über das *Empowerment* von Frauen zu strukturellen Veränderungen zu gelangen, die Armutsbekämpfung erst möglich machten, degradierten die MDGs Frauen wieder zu ohnmächtigen und hilfsbedürftigen Objekten. Die genderpolitische Debatte über ↗ **Gender und Entwicklung** erfahre durch die starke Konzentration aller Geber auf die MDGs einen schweren Rückschlag. Ohne strukturelle Veränderungen der Geschlechterverhältnisse sei eine nachhaltige Armutsbekämpfung zum Scheitern verurteilt (WICHTERICH 2005). Mit der Revision der Millenniumsziele in 2008 wurden einige dieser Forderungen aufgenommen (so z.B. in MDG 5 nach Zugang zu Mitteln reproduktiver Gesundheit).

Drittens stehen die *Indikatoren*, die den Fortschritt messen sollen, in der Kritik. Schon der grundlegende Armutsindikator – extrem arm ist, wer weniger als einen Dollar am Tag zur Verfügung hat – wird von vielen Seiten bemängelt: er sei auf ökonomische Aspekte fixiert und einer rein quantitativen Perspektive verhaftet. Dagegen müsse die internationale

Armutsbekämpfung von einem multidimensionalen Verständnis von Armut ausgehen, das unter anderem auch von UNDP oder dem Entwicklungsausschuss der OECD vertreten wird (↗ Armut / Armutsbekämpfung) und in starker Weise auch qualitative Dimensionen anspricht (z.b. Rechte, Freiheiten). Die Indikatoren für das MDG 3 – die Gleichberechtigung der Geschlechter – werden besonders häufig und scharf kritisiert. Wesentliche Aspekte der „Feminisierung von Armut" – so z.b. fehlende Rechte auf Land, häusliche Gewalt, Machtungleichgewichte – würden durch die vorhandenen Indikatoren nicht abgedeckt.

Viertens wird die *schwache Umsetzung* von MDG-orientierter Politik in Nord und Süd kritisiert. Während der Norden unter anderem seinen Verpflichtungen zu einer mit mehr Mitteln ausgestatteten und besser auf Armutsbekämpfung orientierten ↗ Entwicklungszusammenarbeit nicht nachkomme, verfolgten viele Regierungen im Süden vor allem die Interessen der Eliten, anstatt sich um eine armutsorientierte Politik zu mühen. Insgesamt setze die Umsetzung viel zu stark auf staatliche Interventionen, statt das Empowerment der Armen und ihre Ressourcen und Fähigkeiten in das Zentrum der Anstrengungen zu rücken.

Werden die Millennium-Entwicklungsziele erreicht?

Sicher ist schon heute, dass die MDGs nicht vollständig und nicht überall erreicht werden. Doch dieser Befund kann auch anders formuliert werden: Sicher ist, dass die Millenniumsziele der Bekämpfung von existenzbedrohender, extremer Armut einen wichtigen Impuls gegeben haben – und erste Früchte dieser Arbeit werden erkennbar.

Sosehr die Millennium-Entwicklungsziele damit auch zeigen, dass eine veränderte Politik auch zu veränderten Realitäten führen kann („politics matters"), sosehr ist damit auch das Risiko für die Erreichung der Ziele beschrieben: Diese ist ganz wesentlich davon abhängig, dass Regierungen in Nord und Süd dem Ziel der Bekämpfung extremer Armut eine anhaltend hohe Priorität zuweisen. Dass dies keineswegs gesichert ist, lässt sich leicht anhand der neuerlichen Diskussionen über eine Rücknahme von bereits beschlossenen Erhöhungen der Entwicklungsmittel, aber auch anhand der teilweise sehr schwachen Umsetzung von Armutsbekämpfungspolitik im Süden belegen.

Ein erhebliches Risiko besteht auch darin, dass zu statisch und zu verengt an den MDGs festgehalten wird, um diesen Minimalkonsens der Regierungen in Nord und Süd nicht zu gefährden. Wichtige, klar erkannte und benannte Schwachpunkte des MDG-Ansatzes, so die äußerst mangelhafte Berücksichtigung von Frauenrechten und Gender-Aspekten, könnten damit auf der Strecke bleiben – und die erhoffte Wirkung der MDGs damit insgesamt in Frage stellen.

▶ **Literatur**

Amin, Samir: The Millennium Development Goals: A Critique from the South, in: Monthly Review, Jg. 57, Nr. 10, 2006 (Online: http://www.monthlyreview.org/0306amin.htm)

Loewe, Markus: Die Millennium Development Goals: Hintergrund, Bedeutung und Bewertung aus Sicht der deutschen Entwicklungszusammenarbeit (= Deutsches Institut für Entwicklungspolitik, Discussion Paper Nr. 12/2005). Bonn 2005

Martens, Jens: Armutszeugnis. Die Millenniumsentwicklungsziele der Vereinten Nationen. Halbzeitbilanz – Defizite – Perspektiven. Bonn/Osnabrück 2007

Nuscheler, Franz / Roth, Michèle (Hrsg.): Die Millennium-Entwicklungsziele. Entwicklungspolitischer Königsweg oder ein Irrweg? (= Eine Welt, Bd. 20). Bonn 2006

United Nations: The Millennium Development Goals Report 2008. New York 2008

Wichterich, Christa (2005): Ein entwicklungspolitischer Katechismus. Die Millenniumsziele als globales Ethos unter neoliberalem Vorzeichen, in: iz3w, Heft 285, Juni 2005 (Online: www.iz3w.org/iz3w/Ausgaben/285/LP_s20.html)

▶ **Links**

Global Call to Action Against Poverty (Transnationale zivilgesellschaftliche Kampagne) (www.whiteband/org)

UN Millennium Development Goals (u.a. die jährlichen Umsetzungsberichte) (www.un.org/millenniumgoals)

UN Millennium Project (www.unmillenniumproject.org)

UN Millenniums-Erklärung (www.welthungerhilfe.de/fileadmin/media/pdf/Millenniumsziele/Millenniumserklaerung_der_UN.pdf)

Nachhaltige Entwicklung

MANFRED LINZ UND JULIA SCHULTZ

Das Leitbild „Nachhaltige Entwicklung" ist aus zwei Begriffen zusammengeführt, die eine unterschiedliche Herkunft haben, mit ihrer Verbindung jedoch zu einer inneren Einheit zusammenwachsen und eine entscheidende Bedingung für die Zukunft der menschlichen Zivilisation anzeigen.

Entwicklung

Im allgemeinen Sprachgebrauch bezeichnet Entwicklung einen Verlauf, in dem eine Sache oder ein Organismus sich entfalten und zu ihrer Endform finden. So für Pflanzen und Tiere, aber so auch für Menschen und ihre sozialen Lebensformen. Die geschichtliche Entwicklung der Menschheit wurde immer wieder mit dem Wachstum von Lebewesen oder mit der biologischen Evolution verglichen und, wenngleich in unterschiedlicher Deutung, einer inneren Notwendigkeit unterstellt. So von Johann Gottfried Herder, Friedrich Hegel und Karl Marx.

Mit dem Aufkommen der industriellen Revolution gewinnt Entwicklung eine neue Bedeutung. Nun ist es der Glaube an den Fortschritt, der auch den Idealen der Französischen Revolution Freiheit, Gleichheit, Brüderlichkeit gilt, sich vor allem jedoch mit den ungeheuren materiellen Möglichkeiten verbindet, die aus der Nutzung der fossilen Energie entstehen, aus der von ihr angetriebenen Mechanisierung, der von ihr ermöglichten Mobilität und dem wachsenden Lebensstandard. Alle zusammen schaffen die Vorstellung einer immerwährenden Aufwärtsbewegung der Menschheit mit einem Zuwachs an Lebenserwartung, an Gesundheit und Bildung, vor allem aber an wirtschaftlichem Wachstum und Wohlstand.

Dieses Entwicklungsdenken fasst der amerikanische Präsident Harry Truman in seiner historisch gewordenen Antrittsrede am 20. Januar 1949 in eine große Vision: Die Völker der Erde, so sieht er in die Zukunft, schreiten vorwärts auf einer gemeinsamen Bahn, unterwegs zu einem gemeinsamen Ziel. Dieses Ziel heißt Industrialisierung und Demokratie und durch beides Wohlstand für alle. Auf dieser gemeinsamen Bahn gibt es Spitzenreiter und Nachzügler. Die USA und einige andere Industrieländer haben die höchste Stufe der Gesellschaftsentwicklung schon erreicht. Aber viele unterentwickelte Länder müssen aufholen, und die Fortgeschrittenen müssen ihnen darin beistehen und ihnen zu ihrem Glück verhelfen. Aufwärts also, bis auch das letzte Land die Industrie, den Handel, den Lebensstandard erreicht hat, den die Industrienationen nach dem gewonnenen Krieg endlich festigen konnten. (SACHS 2002: 56) Das bedeutet: Entwicklung der Unterentwickelten ist ein Segen für alle. Die Armen verlieren ihre Armut, und die Reichen verdienen daran. Das war nicht einfach Heuchelei, es war auch das Bekenntnis derer, die tatsächlich an die aus der Armut erlösende Kraft von Freihandel und Demokratie glaubten.

Nachhaltigkeit

Aber schon nach wenigen Jahren kommen die ersten Warnungen. Die Zweiteilung der Welt in entwickelte und unterentwickelte Länder schwindet nicht. Der freie Welthandel schafft keineswegs Wohlstand für alle; der Aufstieg kommt vor allem den oberen sozialen Schichten der Entwicklungsländer zugute, die Armut bleibt der hartnäckige Begleiter der Mehrheitsbevölkerung. Und es zeigen sich ökologische Schäden. 1962 erscheint Rachel Carsons „Stummer Frühling" und weist hin auf die Verletzlichkeit des ökologischen Gleichgewichts. Zehn Jahre später dann der Paukenschlag des Club of Rome in seinem Bericht „Die Grenzen des Wachstums". Seine Botschaft heißt: Die Natur ist nicht unerschöpflich, weder in ihren Ressourcen noch in ihrer Tragfähigkeit. Ein ungebremstes und ungesteuertes Wachstum von ↗ Weltwirtschaft und ↗ Weltbevölkerung wird zur Erschöpfung der Ressourcen (Rohstoffe, Energie, Nahrungsmittel) und zur Überlastung der Natur führen und damit eine Zivilisationskrise einleiten. Sofort beginnt eine leidenschaftliche Diskussion. Sie korrigiert den Bericht in einigen Punkten, vor allem bezüglich der kurzen Fristen seiner Vorhersagen, kann aber die Berechtigung seiner Warnungen nicht entkräften. 1983 gründen die Vereinten Nationen eine Sachverständigen-Kommission für Umwelt und Entwicklung. Ihr Auftrag lautet, einen Perspektivbericht zu einer langfristig tragfähigen, umweltschonenden Entwicklung im Weltmaßstab zu erstellen. Der Brundtland-Bericht erscheint 1987 unter dem Titel „Unsere gemeinsame Zukunft". Und diesmal wird dem Begriff der Entwicklung das Adjektiv nachhaltig zugeordnet, das von jetzt an in der wissenschaftlichen Diskussion wie im politischen Handeln nicht mehr von seiner Seite weichen wird.

Nachhaltigkeit ist zunächst ein Begriff aus der Forstwirtschaft und bezieht sich auf eine Bewirtschaftungsweise des Waldes, bei der immer nur so viel Holz eingeschlagen wird wie wieder nachwächst. Der Wald wird nie zur Gänze abgeholzt, sondern nur in dem Maße, in dem er sich regenerieren kann. In ihrer allgemeineren Bedeutung als Erhaltung der Substanz, als Zukunftsfähigkeit erscheint Nachhaltigkeit (als Übersetzung des englischen Wortes *sustainability*) zum ersten Mal zentral im Brundtland-Bericht. Ihre Definition beginnt mit dem Satz: „Nachhaltige Entwicklung ist Entwicklung, die die Bedürfnisse der Gegenwart befriedigt, ohne zu riskieren, dass künftige Generationen ihre eigenen Bedürfnisse nicht befriedigen können." Dieser These folgt eine Entfaltung, die sie vor allem auf die Bedürfnisse der Armen und auf die dazu notwendigen Veränderungen in den Verbrauchsstandards bezieht und damit vor einer beliebigen Auslegung schützt. (HAUFF 1987: 46f.)

> **„Nachhaltige Entwicklung**
> ist Entwicklung, die die Bedürfnisse der Gegenwart befriedigt, ohne zu riskieren, dass künftige Generationen ihre eigenen Bedürfnisse nicht befriedigen können."
> Quelle: Hauff 1987: 46 (Brundtland-Bericht, Unsere Gemeinsame Zukunft)

Der Brundtland-Bericht, oft so zitiert nach dem Namen seiner Vorsitzenden, wird einer der wichtigsten Impulse für die Weltkonferenz für Umwelt und Entwicklung, die 1992 in Rio de Janeiro stattfindet. Auf ihr beschließen die Repräsentanten nahezu aller Länder der Welt die Agenda 21, die Tagesordnung für das 21. Jahrhundert, und holen damit die nachhaltige Entwicklung aus der akademischen Diskussion in die politische Arena. Der Schutz der Natur und die Mehrung des Wohlstandes werden miteinander verbunden, ja regelrecht verklammert. Etwas vergröbernd lässt sich sagen:

Bis Rio war die Mehrung des Wohlstandes vor allem das Ziel der Entwicklungsländer, der Schutz der Natur vor allem das Interesse der Industrieländer. Beide lernen oder beginnen doch zu lernen, dass sie die Interessen des anderen mit bedenken müssen, wenn sie ihre eigenen Interessen wahren wollen. Die Länder des Nordens und die des Südens sind auf Gedeih und Verderb aufeinander angewiesen. Sie können nur miteinander nachhaltig werden. So weit die Konferenz von Rio in ihrem Programm, keineswegs schon in der Verwirklichung dieser Einsichten. Aber die Diskussion ist nun auf breiter Front eröffnet.

Zehn Jahre später, unter dem Eindruck enttäuschend geringer Fortschritte in der Bekämpfung von Armut und Umweltschäden, kommt die Staatengemeinschaft 2002 in Johannesburg zum „Weltgipfel für nachhaltige Entwicklung" zusammen. Sie verfasst eine politische Deklaration und einen Aktionsplan. In der entschiedenen Selbstverpflichtung, „eine humane, gleiche und fürsorgende globale Gesellschaft" aufzubauen, in den dennoch sehr begrenzten Ergebnissen wie in der fortdauernden Scheu der Staaten, die aus ihren Vorsätzen entstehenden politischen und finanziellen Verpflichtungen zu übernehmen, sind beide Dokumente ein Spiegel der bis heute unausgetragenen Konflikte.

Deutungen

Der Begriff der nachhaltigen Entwicklung wird sehr unterschiedlich gedeutet und dementsprechend unterschiedlich inhaltlich gefüllt. Die bekannteste Deutung der nachhaltigen Entwicklung ist das sogenannte *„Drei-Säulen-Modell"*. Es geht von der Vorstellung aus, nachhaltige Entwicklung lasse sich nur erreichen, wenn gleichzeitig und gleichberechtigt ökologische, soziale und ökonomische Ziele gefördert werden. Dahinter steht die Sorge, das wirtschaftliche Wohlergehen könne aus Unbedachtheit dem Schutz der Natur nachgeordnet werden. Faktisch führt dieses Modell oft genug zum Vorrang ökonomischer Interessen. Der Sachverständigenrat für Umweltfragen bezeichnet es darum zu Recht als einen dreispaltigen Wunschzettel, in den jeder Akteur seine Anliegen nach Belieben eintragen kann. Der Ökologie müsse aber der Vorrang eingeräumt werden; denn die Bedürfnisse heutiger und zukünftiger Generationen seien nur in dem Maße zu befriedigen, in dem die Natur als Lebens- und Wirtschaftsgrundlage erhalten bleibt (SRU 2002).

Eine Kontroverse aus vergleichbaren Interessenkonflikten entzündet sich an der Debatte um *Schwache versus Starke Nachhaltigkeit*. Wenn die Definition des Brundtland-Berichtes gilt – wie viel Natur darf dann die gegenwärtige Generation verbrauchen, ohne die zukünftig Lebenden zu schädigen? Die Diskussion wird meist begrifflich über Formen des Kapitals ausgetragen – und damit verkürzt. Dem Naturkapital und dem kultivierten Naturkapital (z. B. Forste) steht dann das Humankapital (z. B. Fertigkeiten, Bildung), Sachkapital, Sozialkapital (z. B. politische Institutionen) und Wissenskapital zur Seite. Die entscheidende Kontroverse betrifft die Frage, ob und inwiefern Naturkapital durch andere Kapitalformen substituierbar ist. Schwache Nachhaltigkeit hält das Naturkapital für weitgehend ersetzbar durch Sach- und Humankapital (SOLOW 1974). Damit könnte die gegenwärtige Generation das Naturkapital weitgehend verbrauchen und müsste lediglich den Gesamtbestand an Kapitalien konstant halten. Starke Nachhaltigkeit bestreitet die Gültigkeit eines solchen Austauschs: Ökosysteme sind nicht nur Ressourcen-Speicher; sie haben eine vielfältige Funktion; sie halten das Gewebe des Lebens stabil und sind darin nicht ersetzbar. Und: Die gegenwärtige Generation schafft mit der Ausbeutung der Natur keineswegs nur alternative Gewinne für die Nachgeborenen, hinterlässt ihnen vielmehr irreparable Schäden. Im Interesse zukünftiger Generationen muss darum das Naturkapital, jedenfalls im Großen und Ganzen, intakt gehalten werden (DALY 1996; OTT/DÖRING 2006) Diese Debatten dauern bis heute an. Einigkeit besteht allein darüber, dass Nachhaltige Entwicklung nur durch gemeinsame Such- und Erfahrungsprozesse, an denen alle gesellschaftlichen Gruppen beteiligt werden, voranzubringen ist.

Strategien

Nachhaltigkeit lässt sich auf drei Wegen suchen: mit Effizienz, mit Konsistenz und mit Suffizienz.

- *Effizienz* richtet sich auf die ergiebigere Nutzung von Materie und Energie, also auf Ressourcenproduktivität durch Einsparung, Wiederverwendung, Abfallvermeidung, den Einsatz erneuerbarer Energie usw. Freilich hat Effizienz eine Achilles-Ferse: Weil der Kostenanteil der Ressourcen am Produkt geringer wird, führt sie leicht zu Mehrverbrauch, zumal das einzelne Produkt die Umwelt weniger belastet. Auf dem Weg zu einer nachhaltigen Gesellschaft hat Effizienz darum ein großes Anfangspotential. In einer weiter wachsenden Weltbevölkerung und Weltwirtschaft kommt sie jedoch bald an ihre Grenzen.

■ *Konsistenz* – in der Bedeutung Übereinstimmung, Einklang – richtet sich auf naturverträgliche Technologien, die die Ökosysteme nutzen, ohne sie zu zerstören. Schädliche Emissionen finden ihr Ende, Abfälle werden zu Rohstoffen, Produktion und Konsum geschehen im Einklang mit der Natur. Die am besten bekannte Konsistenz-Strategie sind die Solartechnologien. Hilfreich werden, neben manchen anderen, Bionik und Nano-Technologien sein. Sie alle sind unverzichtbar für eine zukunftsfähige Entwicklung, freilich erst zum kleinen Teil verwirklicht. Vieles ist Zukunftsmusik, vor allem, soweit es die industrielle Fertigung angeht. Zu den drängenden Problemen der beiden nächsten Jahrzehnte werden Konsistenz-Strategien nur einen begrenzten Beitrag leisten.

■ *Suffizienz* ist die Suche nach einem Verhalten von Gesellschaften wie von Einzelnen, das mit Zukunftsfähigkeit vereinbar ist. Während es bei Effizienz und Konsistenz auf veränderte Technik und Organisation ankommt, geht es bei Suffizienz um Selbstbegrenzung und Maßhalten, also darum, dass Menschen sich selbst verändern. Das ist unentbehrlich; denn die gewaltige Reduktion im Energie- und Materialverbrauch der Industrieländer (heute auch schon in Teilen der Schwellenländer) ist nur erreichbar, wenn nicht nur naturfreundliche Technologien eingesetzt werden, sondern zugleich die hohen Ansprüche der Bevölkerungsmehrheit an materiellem Wohlstand, an Mobilität und Komfort zurückgeführt werden auf ein Maß, das in dieser einen Welt verallgemeinerungsfähig ist.

Diese drei Strategien bilden eine Dreiheit, eine Dreieinigkeit. Keine von ihnen führt ohne die beiden anderen zur Nachhaltigkeit. Dabei sind Effizienz und Konsistenz das Leichte, weil sie fast schmerzlose Veränderungen versprechen. Suffizienz ist das Schwere, weil sie eine Revision geschätzter und eingeschliffener Lebensformen zum Inhalt hat.

Gerechtigkeit

Die entscheidende Bewährung einer nachhaltigen Entwicklung wird sein, ob sie die klaffenden Ungleichheiten in der Weltgesellschaft so weit entschärfen kann, dass ein friedensfähiges Zusammenleben möglich wird. Die Suche nach mehr Gerechtigkeit wird umso dringender, je deutlicher die bio-physischen Grenzen der Naturnutzung sichtbar werden, je weniger also auf Wachstum und je mehr auf Teilen zu setzen ist. Drei Brennpunkte andauernder, teils auch wachsender Gerechtigkeitskonflikte seien genannt.

1) Nachhaltige Entwicklung ist nicht erreichbar auf der Basis des westlichen Wohlstandsmodells, sondern nur mit einem ökologischen und demokratischen Wohlstand. Dem steht das gegenwärtige Macht- und Wohlstandsgefälle entgegen. Der aus dem weiter wachsenden Welthandel entstehende Wohlstand ist extrem ungleich verteilt. Die Industrieländer ziehen immer noch bei weitem den größten Nutzen daraus. Zu ihnen schließen die Schwellenländer auf und in ihnen eine Konsumentenklasse mit vergleichbaren Ansprüchen. Diese transnationale Mittel- und Oberschicht absorbiert mehr als drei Viertel der Ressourcen und des materiellen Wohlstandes. Nachhaltige Entwicklung wird darum weit mehr die Existenzrechte der Armen stärken als den weiteren Aufstieg der Begüterten fördern. Sie wird um den Zugang der Armen zu ↗ **Ernährung, Wasser, Wohnung,** ↗ **Bildung** und Gesundheit besorgt sein, ihnen bei der Anpassung an den ↗ **Klimawandel** beistehen (durch den die gesamte Hilfe zur Erreichung der ↗ **Millennium-Entwicklungsziele** der UN zunichtegemacht werden kann) und sie vor den Schäden durch Ressourcen-Ausbeutung und die Verlagerung umweltbelastender Produktionen schützen.

2) Ausdruck des Machtgefälles sind die ungleichen Verträge zu Handel und Nutzungsrechten. Manche Schwellenländer kontrahieren mit den Industrieländern inzwischen von gleich zu gleich. Die armen Länder haben dafür zu wenig Verhandlungsmacht. Nachhaltige Entwicklung wird dafür eintreten, dass der Rechtsrahmen der ↗ **Weltwirtschaftsorganisation** wie auch die zweiseitigen Verträge zwischen einzelnen Industrie- und Entwicklungsländern den Gewinn wie die Belastungen fair teilen. Sie wird z.B. darauf dringen, dass Exportsubventionen der Industrieländer fortfallen und die Marktöffnung armer Länder nicht erzwungen wird, wo beides den Aufbau einer lebensfähigen Wirtschaft der Entwicklungsländer behindert.

3) Gerade für die Hälfte der Menschheit, die mit zwei Dollar oder weniger pro Tag auskommen muss, sind die immateriellen und Gemeinschaft stiftenden Grundrechte unentbehrlich (↗ **Menschenrechte**). Dazu gehören das Recht auf die Lebensform der Subsistenz, auf die eigene Heimstatt wie auf unmittelbaren Zugang zu Boden und Wasser, der dazu unerlässlich ist; dazu gehören die Freiheitsrechte, die es Menschen ermöglichen, zu Subjekten ihres eigenen Schicksals zu werden (SEN 2000). Nachhaltige Entwicklung wird nicht aufhören, die materielle Armut zu verringern, aber zugleich jene Rechte schützen, die Elend verhindern, auch wenn sie Armut nicht aufheben können.

Organisationen

Mit der Kommission für nachhaltige Entwicklung *(Commission on Sustainable Development)* haben die Vereinten Nationen eine Organisation geschaffen, um die nachhaltige Entwicklung in der Breite ihrer Themen inhaltlich zu klären und strategisch zu fördern. Mit den Jahrbüchern „Bericht über die menschliche Entwicklung" *(Human Development Report)*, 1990 zum ersten Mal vom Entwicklungsprogramm der Vereinten Nationen (UNDP) veröffentlicht, ist ein internationales Forum entstanden, in dem jeweils eine Gruppe unabhängiger Fachleute die großen Themen der nachhaltigen Entwicklung untersucht: die physischen wie Klimawandel, Ernährung und Wasser, und ebenso die sozialen wie Bildung, gesellschaftliche Partizipation, und immer wieder Armut und Gerechtigkeit.

▶ **Literatur**

Esteva, Gustavo: Entwicklung, in: Sachs, Wolfgang (Hrsg.): Wie im Westen so auf Erden. Reinbek 1993: 89–121

Daly, Herman: Beyond Growth. Boston 1996

Hauff, Volker (Hrsg.): Unsere gemeinsame Zukunft. Der Brundtland-Bericht der Weltkommission für Umwelt und Entwicklung. Greven 1987

Meadows, Dennis u.a.: Die Grenzen des Wachstums. Bericht des Club of Rome zur Lage der Menschheit. Stuttgart 1972

Ott, Konrad/Ralf Döring: Grundlinien einer Theorie ‚starker' Nachhaltigkeit, in: Köchy, Kristian/Martin Norwig (Hrsg.): Umwelt-Handeln. Freiburg i.Br. 2006: 89–128

Sachs, Wolfgang: Nach uns die Zukunft. Der globale Konflikt um Gerechtigkeit und Ökologie. Frankfurt/M. 2002

Sachverständigenrat für Umweltfragen (SRU): Umweltgutachten. Für eine neue Vorreiterrolle. Stuttgart 2002

Sen, Amartya: Ökonomie für den Menschen. Wege zu Gerechtigkeit und Solidarität in der Marktwirtschaft. München 2000

Solow, Robert: The economics of resources or the resources of economics, in: American Economic Review Vol. 64, 1974: 1–14

Wuppertal Institut (Hrsg.): Fair Future. Begrenzte Ressourcen und globale Gerechtigkeit. München 2005

▶ ## Links

Commission on Sustainable Development (www.un.org/esa/sustdev/csd/review.htm)

United Nations Conference on Environment and Development: Agenda 21 (Rio-Konferenz 1992) (www.un.org/esa/sustdev/documents/agenda21/index.htm)

World Summit on Sustainable Development (Johannesburg-Konferenz 2002) a) Offizielle Dokumente: (www.un.org/jsummit/html/documents/summit_docs.html) b) Informationen und Analysen von der Böll-Stiftung (www.worldsummit2002.org)

Religion und die transnationale Weltgesellschaft

CLAUS LEGGEWIE

Politik und Religion

Es war vornehmlich die Zivilisierung unseliger Religionskonflikte, welche die Herausbildung moderner Staaten und Republiken förderte, heilige Kriege eindämmte und das Völkerrecht festigte. Mit der Säkularisierung schienen religiöse Dimensionen aus der Außenpolitik, der Entwicklungspolitik und den Internationalen Beziehungen generell verschwunden zu sein, wie auch Lehrbücher dieser Fächer belegen[1] und die Schwerpunkte der Diplomatenausbildung und Politikberatung unterstreichen. Wir sind „Realisten" geworden, und solche interessieren Streitigkeiten um Territorien, Rohstoffe und Minderheiten, allgemeiner wirtschaftliche und strategische Interessen, aber kaum einmal religiöse Elemente, auch wenn solche in den Konflikten um den Libanon und Nordirland unübersehbar waren und sind. Nach 1989 haben Samuel Huntington und andere das Ruder scharf herumgeworfen (HUNTINGTON 1996 und die vorangegangene „Foreign Affairs"-Debatte): Sie erblicken nun allerorts und unablässig Kulturkämpfe und Religionskriege, durch die Ökonomie und Strategie angeblich verblassen und multireligiöse Einwanderungsgesellschaften in Identitätskonflikte stürzen.

Die finanzwirtschaftliche ↗ Globalisierung bringt auch die religiösen Verhältnisse zum Tanzen. Glaube und Gläubige haben noch nie an Schlagbäumen und Sprachgrenzen haltgemacht, aber organisierte Religionen haben sich erfolgreich „nationalisiert": An diese Territorialisierung der

---

1 Exemplarisch die einflussreichen und mehrfach aufgelegten Lehrbücher von KAISER / SCHWARZ 2000 und NUSCHELER 2004. Vgl. aber HATZOPOULOS 2003 sowie BESIER 2002

Bekenntnisse in Staats- und Landeskirchen war die neuzeitliche Souveränitätsformel gebunden, die vom Augsburger (1555) über den Westfälischen Frieden (1648) bis ins 20. Jahrhundert bestimmend blieb. Wir sind unterdessen ins „postwestfälische Zeitalter" eines globalisierten Religionsmarktes eingetreten. Der Weltmarkt verflüssigte alle territorialen Grenzen, und Arbeitsemigranten mit religiösem Gepäck bildeten Diaspora-Gemeinschaften, die sich im Fall des Islam nun zunehmend als Teil einer grenzenlosen 'umma betrachten und Loyalitäten ausbilden, die weder einem bestimmten Herkunftsland (etwa der Türkei) noch einer „ultramontanen" Kirche gelten.

Für Europa ist die religiöse Transnationalisierung besonders gravierend, denn trotz der formalen Entflechtung von Politik und Religion hielten sich offene und versteckte Formen von Staatskirchen, die nun mächtig unter Druck geraten. Religion und (nationale) Kultur haben sich nicht nur bei Muslimen entkoppelt, evangelikale Sekten demonstrieren ihre globale, von ethnisch-nationaler Herkunft entbundene Präsenz besonders deutlich.

Was also – Säkularisierung der internationalen Beziehungen oder Entsäkularisierung der zwischenstaatlichen Politik? So lau die Antwort klingen mag: Beides findet statt. Wer sich auf die „Rückkehr der Religion" und hier besonders fundamentalistische Strömungen unter Muslimen, Christen, Juden und Hindus fixiert (TIBI 2001), ist ebenso einäugig wie jene, die säkulare Handlungsmaximen bei den Bildungseliten und Entscheidungsträgern für irreversibel halten (differenziert dazu NORRIS/INGLEHART 2004). Offenbar hängen empirische Diagnose (was ist der Fall?) und normative Konsequenzen (wie viel Religion verträgt die nationale wie internationale Politik?) davon ab, wie man Religion definiert und differenziert.

Religion in der globalisierten Arena

Am besten fängt man mit letzterem an und sammelt zunächst bemerkenswerte Erscheinungen religiösen Engagements in der globalisierten Arena. Sieben Phänomene fallen einem hier spontan ein: In Deutschland agiert zum Beispiel ein staatliches Religionsamt der Türkei (Ditib), das sich für den Bau von Moscheen und die religiöse Instruktion von Migranten zuständig macht, wobei dieser ausländische Einfluss noch harmlos ist im Vergleich zu den entsprechenden Vorstößen staatlicher und para-staatlicher

Akteure aus Saudi-Arabien oder Pakistan. Auch werden *zweitens* Gruppen wie Hamas oder Hisbollah von islamischen Regimen gesponsert, die eine klare theokratische Option verfolgen, wie der iranische Präsident exemplarisch in einem Brief an George W. Bush offenlegte. Spiegelverkehrt nehmen christliche und jüdische Lobbies auf die amerikanische und israelische Außenpolitik Einfluss und suchen beide zur Deckung zu bringen. Seit langem verzeichnet man *drittens* religiös inspirierte Sozialbewegungen, in der Entwicklungszusammenarbeit ebenso wie in Menschen- und Frauenrechtsagenden oder in der Reproduktionspolitik. Zu Faktoren staatlicher Außenbeziehungen werden sie spätestens dann, wenn sie als Nichtregierungsorganisationen (NGOs) kooptiert werden – oder in Kampfzonen als Geisel genommen (wie zuletzt die südkoreanischen Freikirchler in Afghanistan). Von Gewicht ist *viertens* die Außenpolitik des Vatikan, der sich unter Johannes Paul II. mit Kommunismus wie Kapitalismus anlegte und mit Benedikt XVI. eine strittige Beziehung zum Islam pflegt, aber auch im christlichen Lateinamerika um die bedrohte Hegemonie ringt. Im weitverzweigten Katholizismus treten *fünftens* auch Friedensstifter wie die Gemeinschaft Sant'Egidio als Vermittler im Nahostkonflikt auf. Im protestantischen Spektrum, das Friedensbewegungen weltweit geprägt hat, missionieren nun *sechstens* Pfingstler und Wiedergeborene von Nordamerika aus machtvoll in Westafrika, Mittelamerika und Ostmitteleuropa, wo Staatlichkeit gescheitert ist oder posttotalitäre Vakuen zu füllen sind. Da gibt es schließlich explizit religiös titulierte Akteure der internationalen Politik wie die Konferenz islamischer Staaten (OIC) oder religiöse Vordenker, die auf die internationale Normsetzung, eventuell Rechtsgestaltung abheben.

Diese Bandbreite und Intensität religiöser Motive in der internationalen Politik können nicht verwundern, wenn man den seit jeher grenzüberschreitenden Charakter der meisten Religionsgemeinschaften in Rechnung stellt. Sie waren, genau wie Unternehmen, die frühesten Motoren der Globalisierung und haben, mehr als diese, den Vorteil, in der lokalen Lebenswelt „geerdet" zu sein und gleichwohl für die Menschheit sprechen zu können. Dieser, wie man auch sagen kann, transnationale Grundzug der Weltreligionen ist ein Wesensmerkmal religiöser Erscheinungen und heute wieder eine Quelle der Irritation und möglicher Konfliktlinien: Der Westfälische Frieden hatte die Religionen entpolitisiert, die nun, da die Globalisierung National-Staaten „postwestfälisch" aufweicht, im Zuge einer generellen

„Privatisierung der Politik" wieder politisch auftreten – gegen Staaten, neben Staaten, mit Staaten.

Den wesentlichen Unterschied macht dabei offenbar, ob dies eher Arbeitsteilung, Wettbewerb oder Konfrontation anzeigt und wie der (im Grundsatz selbst von islamischen Republiken akzeptierte) Trennungsgrundsatz respektiert wird, also der Primat des Politischen in den Staatenbeziehungen. Radikal bestritten wird dies durch den politisierten Fundamentalismus vor allem im Islam, über den der heutige dschihadistische Internationalismus (exemplarisch das „dezentrierte" Netzwerk Al-Qaeda) insofern noch hinausgeht, als er Staatenbeziehungen selbst negiert. Die unüberwindbare, im Westen aber erfolgreich „heruntergedimmte" Weltfremdheit religiöser Transzendenz radikalisiert sich im außenpolitischen Feld, wo die *checks and balances* einer politischen Gesellschaft fehlen und kein *Leviathan* (ein Gewaltmonopol des Staates) zu fürchten ist. Hier ist die *antipolitische Substitution* von Realpolitik angesagt, und das potenzielle Schlachtfeld monotheistischer Intoleranz sind die Mega-Cities und Shanty-Towns (↗ **Urbanisierung**) des globalen Südens.

Am stärksten prosperieren auf den globalen Religionsmärkten neben esoterisch-spirituellen Strömungen derzeit *evangelikale Freikirchen* und charismatische Pfingstler-Bewegungen, die den Mainline-Protestantismus in den USA überholt haben und sich auch im katholisch geprägten Lateinamerika, in Westafrika (hier im Wettstreit mit der Reislamisierung), im „heidnischen" postsowjetischen Osteuropa und in ganz Asien ausbreiten.

Die erstaunliche Anschlussfähigkeit der *Pentecostalists* hängt damit zusammen, dass sie die religiöse Praxis von „kalt" auf „heiß" umstellen: Die Glaubenserfahrung übertrifft die Glaubensdoktrin, Bewegung wird der Hierarchie vorgezogen, Emotion gilt mehr als Verstand; und weil Wunder wissenschaftliche Rationalität übertrumpfen, finden sogar der Kreationismus und die evolutionskritischen Lehre vom „intelligent design" in Europa Anhänger. Die Informalisierung des Glaubens („believing without belonging") geht auch an der stabilsten Amtskirche der Welt nicht vorbei; der Vatikan ist, wie alle großen Massenorganisationen, mit dem Schwung episodischer Bewegungen und dezentraler Netzwerke konfrontiert und zur Anpassung gezwungen

In dieses Bild einer „amerikanisierten" Religionslandschaft passt überraschend gut der neofundamentalistische Islam. Auch er agiert transnational, indem er sich von den arabisch-islamischen Kernländern emanzipiert und von seiner Diaspora-Identität löst; und er wird individualistisch, indem er die Autorität konservativer Theologen und Rechtsgelehrten bestreitet und statt der Orthodoxie religiöse Erfahrung ins Zentrum rückt. Religiosität wird auch hier *born again* (wiedergeboren): eine starke Überzeugung von Menschen, die ihren verlorenen Glauben in einer existenziellen Krise wiedergefunden haben und ihr Leben fortan in der Emphase dieser Wiedergeburt führen.

Auch der islamische Neofundamentalismus propagiert Glauben als individuelle Erfahrung und radikalen Bruch mit der Tradition. Das macht ihn anziehend für marginalisierte Migranten der dritten Generation in den Vorstädten, die sich einer (nicht bloß imaginären) Weltgemeinschaft des kämpferischen Islam anschließen. Um das vor aller Welt zu bekennen, sind Zeichensetzung (Kopftuch), symbolische Präsenz (Moschee), Orthopraxie (Halal-Konsum) bedeutsam – und zunehmend die Propaganda der Tat.

Politik und Moral

Diese kann religiöse Intoleranz und politischen Fundamentalismus schüren. Abhilfe schaffen, also die Anarchie der Weltgesellschaft durch supranationale Regulierung ablösen, wollen auch zahlreiche religiöse Initiativen, die friedensstiftend und normsetzend in der internationalen Politik wirken und deren pluralistische Grundstruktur anerkennen; nicht zufällig sind sie in Feldern tätig und mit Agenden befasst, wo national-staatliche und herkömmlich internationale Politik zu kurz greifen: im Nord-Süd-Konflikt zwischen armer und reicher Welt, im notwendig ↗ **globalen Umwelt**- und ↗ **Klimaschutz**, beim Schutz von ↗ **Menschenrechten** und Minderheiten. Es ist kein Zufall, dass derartige Positionen, die der Weltpolitik eine Wertegrundlage geben wollen (Beispiel: Weltethos [KÜNG 1997]), überwiegend religiös-kirchlicher Provenienz sind und diese Färbung auch in durchsäkularisierten Milieus wie den Vereinten Nationen erkennbar bleibt. Unter solchen Vorzeichen ist *Neben-Außenpolitik* durchaus erwünscht.

Dass die damit verbundene Moralisierung der Politik keineswegs unproblematisch ist, demonstriert der Einfluss der Evangelikalen auf die Außen- und Entwicklungspolitik der Vereinigten Staaten. Deren Stärke wird notorisch unter- oder überschätzt: Wähnen die einen Amerika auf einem von „Theokonservativen" entfesselten Kreuzzug, konstatieren andere nüchtern das Scheitern sämtlicher Essentials der Christlichen Rechten. Beim ersten Anlauf in den 1980er-Jahren in der Reagan-Administration konnten sie kaum ein innenpolitisches Ziel (allen voran die Revision der liberalen Abtreibungspraxis) verwirklichen (BROCKER 2004), am Ende der Amtszeit von Bush jun. erscheinen sie entmachtet und deprimiert – und zuletzt haben sie sich gerade im Blick auf einen umfassenden, den Klimawandel einbeziehenden Lebensschutz von den Republikanern distanziert. Wie auch immer: Zwischenzeitlich haben evangelikale Kreise nachhaltigen Einfluss gerade auf die außenpolitische Agenda gewonnen: konzeptionell, indem sie den immer schon manichäischen Zug zur Bekämpfung von *evil empires* nach 2001 radikalisierten; im Besonderen, indem sie Entwicklungshilfe, ↗ AIDS-Bekämpfung, Menschenrechtspolitik und zuletzt den Umweltschutz christlich kodierten und konditionierten (BRAML 2005).

Nicht nur die US-Innenpolitik wurde bis an die Grenze des Verfassungsbruchs „glaubensbasiert", wobei der Totalitätsanspruch der christlichen Rechten auch bei der biomedizinischen Forschung den offenen Widerspruch nicht scheut. Besonders betroffen ist die Nahostpolitik, wo der christliche Zionismus einflussreicher sein dürfte als die ominöse *Jewish Lobby*, die unter neokonservativer Ägide zusammengewachsen sind. Beigetragen hat dazu, dass die soziale Bewegung der christlichen Rechten sich erheblich professionalisiert und in der Republikanischen Partei verankert hat, dass sie dabei ökumenisch ins katholische und nichtchristliche Milieu ausgreift und sozial fest in der Mittel- und Oberschicht verankert ist (LINDSAY 2007).

Ein Ausblick auf Deutschland und Europa

Abschließend muss die Frage wenigstens angerissen werden, inwieweit auch die deutsche Außenpolitik religiöse Prägungen aufweist. Deutschland gehört, speziell seit der Vereinigung, zu den am stärksten säkularisierten Gesellschaften des Westens, was vor allem dem Wohlstandsniveau geschuldet ist. Eine Rückkehr des Religiösen ist hierzulande am ehesten einwanderungsbedingt, durch den Zuzug von Spätaussiedlern aus Osteuropa und von türkischen und arabischen Muslimen. Letztere pflegen ethnisch-religiöse Loyalitäten, sodass im Umkehrschluss (etwa im Blick auf den von der Türkei angestrebten EU-Beitritt) nun die christlichen Grundlagen der

Europäischen Union herausgestrichen werden und reziproke Religionsfreiheit für die christliche Minderheit in der Türkei als informelles Beitrittskriterium eingeführt worden ist, zunehmend in kulturkämpferischer Weise. Eine umfassende Politisierung ist mit diesem Rekurs auf das christliche Abendland nicht verbunden, aber abgesunkene, bisher unbewusste christliche Traditionen fließen als Leitlinie ethisch-moralischer Überzeugungen deutlicher in die außenpolitische Agenda und europäische Identitätspolitik ein.[2] Angesichts fundamentalistischer Exzesse und der Ambivalenz glaubensbasierter Politik in den USA, die wesentlich zur transatlantischen Entfremdung beiträgt, aber auch eines klar interessegeleiteten Konfuzianismus in der Weltpolitik Chinas, das im Inneren umfassende Religionsfreiheit verweigert, besteht keinerlei Veranlassung, diese Moderation religiöser Ansprüche aufzugeben, auch wenn die historische Ausnahmestellung Europas damit nur noch deutlicher hervortritt. Wir Europäer hatten uns, daran sei erinnert, entschlossen, unsere Politik nicht mehr durch göttliche Offenbarung erleuchten zu lassen (dazu jetzt LILLA 2007).

▶ **Literatur**

Besier, Gerhard: Religion und internationale Politik. Berlin 2002
Braml, Joseph: Amerika, Gott und die Welt. George W. Bushs Außenpolitik auf christlich-rechter Basis. Berlin 2005
Brocker, Manfred: Protest – Anpassung – Etablierung. Die Christliche Rechte im politischen System der USA. Frankfurt/M. 2004
Hatzopoulos, Pavlos: Religion and International Relations. New York 2003
Huntington, Samuel: Kampf der Kulturen. Die Neugestaltung der Weltpolitik im 21. Jahrhundert. München/Wien 1996
Kaiser, Karl/Hans-Peter Schwarz (Hrsg.): Weltpolitik im neuen Jahrhundert, 3. Aufl. Baden-Baden 2000
Küng, Hans: Weltethos für Weltpolitik und Weltwirtschaft. München 1997
Lilla, Mark: The Stillborn God: Religion, Politics and the Modern West. New York 2007
Lindsay, Michael: Faith in the Halls of Power: How Evangelicals Joined the American Elite. Oxford/New York 2007
Müller, Harald: Das Zusammenleben der Kulturen. Ein Gegenentwurf zu Huntington, 5. Aufl. Frankfurt/M. 2001

2   Ein Beispiel dafür war im Sommer 2008 der Einsatz des Bundesinnenministers Schäuble für die Aufnahme von Irakflüchtlingen christlichen Glaubens, nicht anderer Verfolgter aus dem Irak.

Norris, Pippa/Ronald Inglehart: Sacred and Secular. Religion and Politics Worldwide. New York 2004

Nuscheler, Franz, Lern- und Arbeitsbuch Entwicklungspolitik, 5. Aufl. Bonn 2004

Tibi, Bassam: Fundamentalismus im Islam. Eine Gefahr für den Weltfrieden? München 2001

Umweltprobleme in Entwicklungsländern – Luft, Wasser, Land

MANFRED DENICH

Die Lebensqualität vieler Millionen Menschen in den Entwicklungsländern wird durch Umweltprobleme beeinträchtigt, die auf Bevölkerungsentwicklung (↗ **Weltbevölkerung**), industrielles Wachstum und oft widrige ökologische Umweltbedingungen zurückzuführen sind. Allein die Befriedigung der Grundbedürfnisse nach Wasser, Nahrung, Kleidung und Unterkunft einer wachsenden Bevölkerung kann zu Landdegradation, Grundwasserabsenkung oder Waldzerstörung führen. Das wünschenswerte wirtschaftliche Wachstum verursacht aber auch verändertes Konsumverhalten, das sich beispielsweise in zunehmender Motorisierung und urbaner Luftverschmutzung oder auch in größeren Mengen an Hausmüll niederschlägt. Industrielles Wachstum geht einher mit Verschmutzung von Flüssen, Chemieunfällen oder der unkontrollierten Ablagerung von Giftmüll. Bedacht werden muss aber auch, dass in den tropischen und subtropischen Entwicklungsländern Landnutzer *a priori* mit ungünstigen ökologischen Bedingungen, Wassermangel, Dürreperioden oder mit nährstoffarmen und erosionsanfälligen Böden konfrontiert sind, die zusammen mit globalen Klimaänderungen zu Ernteeinbußen führen und die Ernährungssicherung gefährden können (↗ **Hunger und Ernährung**). Die am häufigsten auftretenden Umweltprobleme in Entwicklungsländern betreffen also Luft, Wasser und Land.

Luft

Luftverschmutzung in Wohnräumen

In den Entwicklungsländern wird vor allem mit Holz, Holzkohle, Ernteresten oder Dung gekocht und geheizt. Dies führt dazu, dass jeden Tag etwa die Hälfte der Weltbevölkerung in ihren Wohnräumen hohen Schadstoffkonzentrationen ausgesetzt ist. In einer Küche mit offener Feuerstelle kann beispielsweise eine Feinstaubkonzentration (Partikel kleiner als 10 μm, PM_{10})

von 500 bis 3.000 µg pro m³ Luft im Tagesmittel gemessen werden (in den Straßen Bangkoks sind es 240 µg/m³, in der Berliner Innenstadt 30 µg/m³). Die Weltgesundheitsorganisation (WHO) empfiehlt einen Grenzwert von 50 µg/m³ einzuhalten.

Insbesondere in Afrika und Asien gehören die Luftschadstoffe, die in geschlossenen Räumen eingeatmet werden, neben Unterernährung, verschmutztem Wasser und ungeschütztem Sex, zu den höchsten Gesundheitsrisiken. Jährlich sterben nach Angaben der WHO etwa 1,5 Millionen Menschen an den Folgen dieser Luftverschmutzung – überwiegend Frauen, Kleinkinder und alte Menschen. Durch effizientere Herde, bessere Belüftung der Küchen, den Ersatz der Biomasse durch Brennstoffe wie Kerosin, Flüssiggas oder Biogas und Aufklärung kann die gesundheitsschädigende Luftverschmutzung in Wohnräumen beträchtlich gemindert werden. Der Ersatz der Biomasse bedeutet für Frauen in Burkina Faso, Äthiopien oder Niger eine Zeitersparnis von 2,5 bis 4 Stunden, in Ghana, Kenia oder Sambia bis zu einer Stunde pro Tag – Zeit, die sonst mit dem Sammeln von Brennmaterialien verbracht wird. Hinzu kommt, dass jeden Tag weltweit 2 Millionen Tonnen Biomasse verheizt werden, die zu einem Großteil aus Holz besteht. Wo Holz knapp ist, kann dadurch ein beträchtlicher Druck auf Wälder und Baumbestände entstehen, bis hin zu deren vollständiger Zerstörung. Wenn 50 % der Bevölkerung, die mit Biomasse kocht, innerhalb von 10 Jahren auf Flüssiggas oder effizientere Herde umsteigen würde, dann würden, nach Berechnungen der WHO, die daraus entstehenden Vorteile wie geringere Gesundheitskosten, verhinderte Todesfälle, Zeitersparnis und Umweltverbesserungen einem ökonomischen Gegenwert von 90 bis 100 Mrd. US-$ entsprechen.

Urbane Luftverschmutzung

Die Bevölkerung der Entwicklungsländer wächst vor allem in den Städten (↗ Urbanisierung). Mit der Anzahl der Menschen steigt auch die urbane Luftverschmutzung, verursacht durch höheren Verbrauch von Brenn- und Treibstoffen und zunehmende industrielle Emissionen. Der Anstieg von Herz-Lungen-Erkrankungen und Atemwegsbeschwerden sowie 650.000 Todesfälle jährlich wird auf steigende Emissionen der Privathaushalte und des Straßenverkehrs zurückgeführt. So ist die Anzahl von Kraftfahrzeugen in Asien heute drei bis vier Mal höher, in Afrika fast doppelt und in Lateinamerika mehr als doppelt so hoch wie Anfang der 1980er-Jahre.

Tianjin, China: Hochhaus-Neubauten im Smog
Foto: © Bonnie Keller

Feinstaub ist der wichtigste urbane Luftschadstoff. Er entsteht durch das Verbrennen von Holz, ist in Autoabgasen enthalten oder wird von Industrieanlagen emittiert; er wird aber auch mit dem Wind von erodierendem Land herbeigeweht. Autoabgase sind besonders problematisch: In den afrikanischen und westasiatischen sowie in einigen lateinamerikanischen Ländern werden Dieseltreibstoffe mit sehr hohem Schwefelgehalt (2.000 bis über 5.000 mg Schwefel pro kg Diesel; Europa: unter 10 mg/kg) verwendet – und Schwefeldioxid ist an der Entstehung von Feinstaubpartikeln beteiligt.

Überregionale Rauchbelastung
Ein in den letzten Jahren zunehmendes Problem stellt die Rauchbelastung durch Waldbrände und Rodungsfeuer dar. Durch den Rauch werden Menschen in ländlichen Gebieten sowie fernab der Feuer Luftschadstoffen ausgesetzt, die die Gesundheit beeinträchtigen.

Millionen von Kleinbauern in Asien, Afrika und Lateinamerika setzen alljährlich Feuer ein, um landwirtschaftliche Flächen für den Anbau vorzubereiten. Hinzu kommen großflächige Rodungsfeuer für Ölpalmen- oder Holzplantagen sowie Agrargroßprojekte. Bei der Landvorbereitung wird Wald-, Busch und Grasvegetation auf den zukünftigen Anbauflächen verbrannt. Obwohl Brandrodung in vielen Ländern gesetzlich verboten ist, lässt sich dieses Verbot nur sehr schwer durchsetzen. Man denke nur an die vielen Kleinbauern, die aus ökonomischen Gründen auf die für sie billige und einfache Brandrodung angewiesen sind. Oft – besonders häufig in regenarmen Jahren – geraten die Feuer außer Kontrolle mit beträchtlichen ökologischen, gesundheitlichen und ökonomischen Schäden.

Ein extremes Beispiel waren die Waldbrände im indonesischen Sumatra und Kalimantan im Jahr 1997, als fast 50.000 km² Wald, Plantagen, Agrar- und Buschland brannten. Mindestens 70 Millionen Menschen litten unter der immensen Rauchentwicklung. Der Rauch beeinträchtigte auch die Nachbarländer Malaysia und Singapur. In Indonesien selbst mussten sich 11,6 Millionen Menschen einer medizinischen Behandlung unterziehen, 28 Millionen Arbeitstage gingen aufgrund von rauchbedingten Krankheiten verloren. Schulen und Flughäfen mussten geschlossen werden. Der wirtschaftliche Schaden durch Raucheinwirkung betrug etwa eine Mrd. US-$. Der Schaden durch die direkte Einwirkung des Feuers wurde auf etwa 3 Mrd. US-$ geschätzt. Zum Vergleich: eine Mrd. US-$ würde ausreichen, einfache Wasser- und Abwassersysteme für 40 Millionen Menschen in ländlichen Gebieten bereitzustellen.

Wasser

Verschmutztes Trinkwasser

Allgegenwärtig in Entwicklungsländern sind Probleme mit verschmutztem Trinkwasser und mangelnder Abwasserentsorgung. Etwa eine Mrd. Menschen in Entwicklungsländern haben keinen Zugang zu sauberem Trinkwasser, 2,6 Mrd. müssen ohne sanitäre Einrichtungen und Abwassersysteme auskommen. Aufgrund des Bevölkerungswachstums haben sich die absoluten Zahlen in den letzten 15 Jahren wenig geändert; prozentual ging der Anteil der unterversorgten Menschen aber z.T. deutlich zurück. Die prekäre Wasser- und Abwassersituation verursacht jährlich 5 Mrd. Fälle von Durchfallerkrankungen, nach Atemwegsinfektionen die zweithäufigste Todesursache bei Kindern unter fünf Jahren. Investitionen in Wasser- und Abwassersysteme gehören damit zu den wirksamsten Vorbeugemaßnahmen gegen Kindersterblichkeit.

Eine fehlende Grundversorgung mit sauberem Wasser und sanitären Einrichtungen kostet die Gesundheitssysteme der Entwicklungsländer 1,6 Mrd. US-$ pro Jahr. Entsprechende Investitionen würden nicht nur die Gesundheitsbudgets, sondern auch die Menschen in ihrem Alltag entlasten. Kostengünstig und aus hygienischer Sicht sehr effizient wäre die Entkeimung des Wassers an der Gebrauchsstelle. Dies bedeutet die Verwendung von Chlor und sauberen Gefäßen, aber auch Aufklärung über Hygienefragen.

Erfolgsmeldungen über Verbesserungen im Wassersektor müssen mit Vorsicht betrachtet werden. So geben Städte wie Mumbai, Jakarta oder Nairobi eine über 90%ige Versorgung der Bevölkerung mit sauberem Wasser an. Bei derartigen Angaben sind in der Regel die Slumgebiete oder informell in der Stadt lebende Menschen nicht berücksichtigt – und deren Anzahl kann in die Millionen gehen.

Für die meisten Entwicklungsländer gilt, dass die ärmsten Bevölkerungsschichten nicht nur die schlechteste Wasserversorgung haben, sondern dass sie oft auch noch die höchsten Preise für ihr Wasser bezahlen müssen. In Jakarta, Manila und Nairobi bezahlen Slumbewohner 5 bis 10 Mal mehr pro m³ Wasser als Bewohner der besseren Wohngegenden.

Wassermangel

Über 700 Millionen Menschen leben unter Bedingungen, in denen Wasser limitiert ist, weitere 300 Millionen leiden unter echtem Wassermangel. Nach Schätzungen der Vereinten Nationen werden es in 2025 3 bzw. 0,5 Mrd. sein.

Wasser ist natürlicherweise knapp in den ariden und semiariden Regionen der Erde, in denen viele Entwicklungsländer liegen. Besonders betroffen sind weite Teile Nord- und Südafrikas sowie Vorder-, Zentral-, Süd- und Ostasiens (Nordchina). Wassermangel wird aber auch durch Bevölkerungswachstum, hohen Wasserverbrauch in der Landwirtschaft, Verschmutzung, fehlende Infrastruktur, Missmanagement, verfehlte Politik oder fehlende gesetzliche Regelungen verursacht. Insbesondere in Afrika südlich der Sahara sowie in Teilen Lateinamerikas und Ostasiens (Südchina) ist aus ökonomischen Gründen oder aufgrund institutioneller Missstände die Wasserversorgung nicht sichergestellt.

In den Entwicklungsländern verbraucht die Landwirtschaft das meiste Wasser (70–85 %), gefolgt von den Haushalten (10–20 %) und der Industrie (5–10 %). Der hohe Anteil der Landwirtschaft am Wasserverbrauch ist auf die Bewässerung von Anbauflächen zurückzuführen. Das Bewässerungswasser kommt insbesondere in den trockeneren Regionen überwiegend aus dem Grundwasser. In Libyen werden 99 % der Ackerfläche mit Grundwasser bewässert, in Saudi Arabien 97 % oder im Iran 62 %. Aber auch in Ländern wie Bangladesh (69 %) oder Indien (53 %) spielt Grundwasser eine wichtige Rolle für die Bewässerung. In Indien zum Beispiel hat sich die Anzahl der mit Motorpumpen ausgestatteten Brunnen in den vergangenen 40 Jahrzehnten auf 20 Millionen verzwanzigfacht. Umweltprobleme treten auf, wenn hoher Wasserbedarf dazu führt, dass mehr Grundwasser entnommen wird, als durch Niederschläge und über Oberflächengewässer nachgeliefert werden kann. Die Folge sind z.t. drastisch absinkende Grundwasserspiegel wie in West- und Nordindien oder Mexiko, wo Absenkungen um 50–60 m, aber auch über 100 m keine Seltenheit sind. Durch sinkende Grundwasserspiegel wird die Wasserversorgung verschlechtert, flache Brunnen trocknen aus oder müssen vertieft werden, die Produktivität der Felder sinkt, die Kosten der Wasserversorgung steigen und die soziale Ungleichheit verschärft sich. Die Konkurrenz um Wasser wird auch verstärkt als ein Auslöser von ↗ **Kriegen und Gewaltkonflikten** gesehen.

Auch die Übernutzung von Oberflächengewässern führt zu Umweltproblemen. Die bekanntesten Beispiele sind die beiden zentralasiatischen Flüsse Amu Darya und Syr Darya, die aufgrund übermäßiger Wasserentnahmen für große Bewässerungsprojekte schon vor Erreichen des Aralsees versiegen und damit dessen Austrocknung mit verheerenden Folgen für die Umwelt verursachen. Ein weiteres Beispiel ist der Nil in Ägypten. Bedingt durch den Assuanstaudamm und starke Wasserentnahme für die Bewässerungslandwirtschaft kommt nur noch sehr wenig Wasser am Nildelta an. Ursprünglich aufgrund der Schweb- und Nährstofffracht des Nils ein fruchtbares Anbaugebiet, hat das Delta heute Probleme mit Nährstoffmangel und Bodenversalzung.

Es kommt hinzu, dass die Verschmutzung von Flüssen mit Industrie- und Haushaltsabwässern dazu führt, dass diese als Quelle für Trink- oder

Bewässerungswasser unbrauchbar werden. Damit kann Wasser auch in Regionen mit hohem Wasserangebot zu einem knappen Gut werden.

Den Weg zu einer nachhaltigen Verbesserung der Wasserversorgung wies eine internationale Regierungskonferenz in Dublin 1992, die in einem gemeinsamen Beschluss vier grundlegende Prinzipien verabschiedete (siehe Kasten).

Die Dublin-Prinzipien

1. Süßwasser ist eine begrenzte und schutzbedürftige Ressource, unentbehrlich für Leben, Entwicklung und Umwelt.
2. Wassererschließung und -management sollten auf einem partizipativen Ansatz basieren, der Nutzer, Planer und politische Entscheidungsträger aller Ebenen einbezieht.
3. Frauen spielen eine zentrale Rolle bei der Versorgung mit Wasser, seinem Management und Schutz.
4. Wasser hat einen wirtschaftlichen Wert in allen seinen Nutzungsmöglichkeiten und sollte als wirtschaftliches Gut angesehen werden.

Land – Landdegradation

Land ist eine knappe Ressource. Wie knapp, das verdeutlichen die folgenden Zahlen: In Asien, Südamerika und Afrika liegt die ackerbaulich genutzte Fläche zwischen 0,15 und 0,27 Hektar pro Person. Vor vier Jahrzehnten war es noch etwa doppelt so viel. Durch Bevölkerungswachstum schrumpft die Fläche, die pro Kopf für die Produktion von Nahrungsmitteln zur Verfügung steht. Als Konsequenz muss die Landnutzung entweder intensiviert oder die nutzbare Landfläche ausgeweitet werden. Ersteres kann zur Degradation der Ackerböden führen, letzteres zur Zerstörung von Wäldern und anderen Elementen der Naturlandschaft.

Land degradiert durch Bodenerosion (Wasser-, Winderosion), Nährstoffverarmung, Bodenverdichtung, Bodenversalzung, Staunässe, Entwaldung oder Überweidung. Die Folgen sind Verlust an landwirtschaftlicher und forstlicher Produktivität, Änderung des Mikroklimas, Wassermangel, Verlust an Biodiversität und Minderung der Lebensqualität der Bevölkerung.

Landdegradation wird in erster Linie durch den wirtschaftenden Menschen verursacht und ist daher nicht nur ein ökologisches, sondern auch ein sozio-ökonomisches und damit politisches Problem.

Diese beiden Dimensionen sind die zentralen Elemente eines globalen Projektes, „Land Degradation Assessment in Drylands" (LADA), das die FAO zusammen mit dem UN-Umweltprogramm (UNEP), dem Globalen Umweltfonds (GEF) und anderen Institutionen seit 2006 (und bis 2010) durchführt, um den Stand, die Ursachen und die Auswirkungen der Landdegradation zu ermitteln. Die Ausmaße des Problems, das vor allem große Teile Afrikas und Asiens betrifft, wird durch die FAO-Schätzung verdeutlicht, dass die Landdegradation weltweit Kosten von etwa 40 Mrd. US-\$ jährlich verursacht. (www.fao.org/nr/lada)

Die Erkenntnisse des LADA-Projekts sollen einfließen in globale, nationale und lokale Maßnahmen zur Eindämmung der Landdegradation. Im globalen Rahmen wird versucht, sich über geeignete Maßnahmen im Rahmen internationaler Abkommen zu verständigen wie beispielsweise der auf der Rio-Konferenz 1992 beschlossenen Agenda 21, der UN-Biodiversitätskonvention (CBD) oder der 1994 gegründeten UN-Konvention zur Bekämpfung der Wüstenbildung (UNCCD). Die Umsetzung der Abkommen ist ein langwieriger Prozess. Flankierende Maßnahmen auf regionaler Ebene könnten in einer ökologisch-ökonomischen Zonierung des Landes bestehen – keine einfache Aufgabe, da die Ansprüche und Bedürfnisse der unterschiedlichsten Interessengruppen berücksichtigt werden müssen. Auf lokaler bis hinunter auf die Betriebsebene könnte eine Landnutzungsplanung helfen, Landdegradation zu vermeiden. Wichtig ist aber auch, Aufklärungskampagnen zu standortgerechten Landbaumethoden sowie die Erforschung und Entwicklung zukunftsfähiger Landnutzungssysteme zu fördern, Eigentumsverhältnisse zu sichern, Vermarktungsstrukturen aufzubauen und die ländlichen Einkommensmöglichkeiten zu verbessern.

Fazit

Umweltprobleme in den Entwicklungsländern haben demographische, sozio-ökonomische und ökologische Ursachen. Aus technologischer Sicht wären sie lösbar. Dem stehen allerdings Armut, unzureichende Infrastruktur, unsachgemäße und ungeregelte Landnutzung, niedrige oder einseitig profitorientierte Investitionstätigkeit sowie geringe Effizienz und Stabilität politischer Institutionen und Verwaltung entgegen. Umweltprobleme sind in erster Linie das Ergebnis eng miteinander verwobener, struktureller Probleme in Wirtschaft, Politik und Gesellschaft der Entwicklungsländer.

▶ Literatur

Adams, William M.: Green Development: Environment and Sustainability in the Third World. London 2006

Gupta Avijit/Mukul G. Asher: Environment and the developing world: principles, policies and management. Chichester 1998

Tolba, Mustafa K. (Hrsg.): Our Fragile World: Challenges and Opportunities for Sustainable Development, 2 Bände. Oxford 2001

United Nations Development Programme (UNDP): Human Development Report 2006. Beyond scarcity: Power, poverty and the global water crisis. New York 2006 (Online: http://hdr.undp.org)

United Nations Environment Programme (UNEP): Global Environmental Outlook – GEO 4. Nairobi 2007 (Online: www.unep.org/geo)

United Nations Population Fund (UNFPA): The State of World Population 2001: Footprints and Milestones: Population and Environmental Change. New York 2001 (Online: www.unfpa.org/swp/2001)

▶ Links

EarthTrends (Daten und Informationen zu Umweltfragen) (http://earthtrends.wri.org)

FAO Water (www.fao.org/nr/water)

Global Water Partnership (koordinierende Institution zur Umsetzung der „Dublin-Prinzipien") (www.gwpforum.org)

United Nations Convention to Combat Desertification (www.unccd.int)

Wissenschaftlicher Beirat der Bundesregierung Globale Umweltveränderungen (WBGU) (jährliches Hauptgutachten „Welt im Wandel" sowie zahlreiche zusätzliche „externe Expertisen") (www.wbgu.de)

Urbanisierung

GÜNTER MERTINS

Urbanisierung / Verstädterung

Beim weltweiten Vergleich des städtischen Wachstums, d.h. der Urbanisierung (unter Einbeziehung der Suburbanisierung) und der Metropolisierung als der nach 1970/80 (Tab. 2) vor allem in den Ländern der Dritten Welt immer stärker werdenden Bevölkerungskonzentration in Agglomerationen (über 1 Mio. Einwohner), sind zunächst die unterschiedlichen Inhalte der Begriffe Urbanisierung bzw. Verstädterung zu klären, die hier synonym benutzt werden.

Die *demographische Verstädterung* beinhaltet – ohne hier auf die ländermäßig z.T. sehr stark differierenden Stadtdefinitionen einzugehen – den Anteil der in den Städten oder Metropolen lebenden Bevölkerung an der Gesamtbevölkerung einer Region, eines Landes etc., ausgedrückt in dem Verstädterungs-/Urbanisierungsgrad bzw. entsprechend im Metropolisierungsgrad (Tab. 1, 2). Spiegelt das den jeweiligen demographischen Urbanisierungszustand zu einem bestimmten Zeitpunkt (Jahr) wider, so ist die Urbanisierungs- oder Metropolisierungsrate der Indikator für den Prozess der Urbanisierung bzw. Metropolisierung, d.h. für die Wachstumsrate der städtischen oder metropolitanen Bevölkerung einer Region, eines Landes etc. innerhalb einer bestimmten Zeitspanne.

Die *physiognomisch-morphologische Urbanisierung* – mit der demographischen Verstädterung einhergehend – bezieht sich auf die flächenmäßigbauliche Expansion der Städte bzw. städtischer Siedlungsformen. Beim flächenhaften Städtewachstum sind großregional bzw. länderbezogen jeweils bestimmte, raum-zeitlich und intensitätsmäßig differierende Phasen wie Formen zu unterscheiden.

Soziale Verstädterung beinhaltet die Diffusion und Adaption urbaner Lebens-, Wohn- und Verhaltensformen sowohl im randstädtischen als auch im sub-/peri-urbanen Raum. Es handelt sich überwiegend um qualitative

Merkmale, wobei die Gesamtheit derselben als *Urbanität* (im Gegensatz zur Ruralität) bezeichnet wird. Die Adaption städtischer Lebensformen geht nicht automatisch mit der flächenhaften städtischen Expansion einher, sondern hängt von regional differierenden historischen, sozio-ökonomischen, kulturellen etc. Faktoren ab.

Die *funktionale Urbanisierung* drückt den signifikanten Einfluss der starken Konzentration industrieller, vor allem aber hochrangiger öffentlicher wie privater tertiärer Einrichtungen und der damit oft verbundenen, transnational wirkenden Entscheidungsträger (Steuerungsfunktion der global cities) auf die Stadt-/Metropolenentwicklung bzw. deren Wachstum aus.

Der Urbanisierungs- und Metropolisierungsprozess im globalen Vergleich

Tabelle 1: Urbanisierungsgrad (%) in verschiedenen Großregionen, 1950–2025								
	1950	1960	1970	1980	1990	2000	2010	2025
Welt	29,1	32,9	36,0	39,1	43,0	46,6	50,6	57,2
Nordeuropa	69,1	70,7	73,1	81,7	82,6	83,4	84,4	88,4
Westeuropa	63,8	67,9	71,4	72,7	74,0	75,3	77,0	80,4
Nordamerika	63,9	69,9	73,8	73,9	75,4	79,1	82,1	85,7
Südamerika	42,7	51,0	59,7	68,3	74,5	79,5	83,7	87,4
Ostasien	16,8	19,8	22,7	26,3	31,9	37,1	48,5	59,2
südl. Zentralasien	16,4	18,1	20,4	24,3	27,2	29,5	32,2	39,6
Westasien	28,6	36,0	44,6	51,9	61,0	63,7	66,3	70,7
Nordafrika	24,6	30,4	36,3	40,3	44,7	48,4	52,0	58,6
Ostafrika	5,3	7,4	10,4	14,7	17,9	20,7	23,7	30,6
südl. Afrika	37,6	41,9	43,7	44,7	48,4	53,9	58,8	66,3
Quelle: United Nations: World Urbanization Prospects. The 2007 Revision. New York 2008.								

Ein Blick auf den Urbanisierungsgrad in verschiedenen Großregionen der Welt zeigt (Tab. 1), dass die demographischen Verstädterungsprozesse in den ausgewählten Großregionen erhebliche Intensitätsunterschiede aufweisen.

Die höchsten Werte lagen 1950 – infolge der Industrialisierung und der früh einsetzenden funktionalen Urbanisierung – in Europa und Nordamerika. Aber auch Südamerika wies bereits einen hohen Urbanisierungsgrad auf, der vor allem auf die (süd-)europäische Einwanderungswelle in der zweiten Hälfte des 19. und Anfang des 20. Jahrhunderts in die außertropischen Regionen (Argentinien, Chile, Uruguay, Süd-Brasilien) zurückzuführen ist, die größtenteils städtische Räume bevorzugte. Daneben spielte aber auch die z.T. bereits in den 1930er-Jahren einsetzende Land-Stadt-Wanderung eine Rolle (Brasilien, Argentinien, z.T. Kolumbien).

Demgegenüber blieben die anderen Großregionen der Dritten Welt noch weit zurück, was mit der fehlenden oder noch geringen Industrialisierung erklärt werden kann, aber auch mit Zuwanderungsrestriktionen bzw. -verboten in die Städte durch die Kolonialmächte, z.B. im subsaharischen Teil Afrikas, in Indien oder Pakistan.

Die Hauptphase der demographischen Urbanisierung und damit auch der Flächenexpansion lag in den Ländern der Dritten Welt – mit Ausnahme fast aller afrikanischen Länder – in den 1960er- und 1970er-Jahren, verursacht sowohl durch die hohe natürliche Wachstumsrate (Auswirkungen der zweiten Phase der demographischen Transformation) (↗ **Weltbevölkerung**) als auch vor allem durch enorme Migrationsgewinne: Ende der 1970er-Jahre waren in den Großstädten der Dritten Welt über 50%, z.T. 60% der Einwohner nicht dort geboren! Diese Entwicklung führte u.a. dazu, dass Südamerika einen „westlichen" Urbanisierungsrad aufweist, z.T. auch Westasien.

Während in vielen Regionen Afrikas (Ausnahmen: Nord-, z.T. auch Südafrika) eine „nachholende" Urbanisierung stattfindet, die auch 2025 noch nicht die Werte für Europa und Nordamerika in 1950 erreicht haben wird, überraschen die relativ niedrigen Werte für Ostasien (u.a. Japan, China!) und für das südliche Zentralasien (u.a. Indien, Pakistan, Bangladesh). Zum einen muss hier der Urbanisierungsgrad vor dem Hintergrund der hohen Gesamtbevölkerung gesehen werden (China: ca. 1,352 Mrd.; Indien: ca. 1,220 Mrd.; jeweils 2010). Absolut gesehen ist die städtische Bevölkerung in China (607 Mio.) und Indien (367 Mio.) weitaus größer als in

Tabelle 2: Metropolisierungsgrad (%) und Metropolenzahl in verschiedenen Großregionen, 1950–2025[1]

	1950 %	1950 Zahl	1960 %	1960 Zahl	1970 %	1970 Zahl	1980 %	1980 Zahl	1990 %	1990 Zahl	2000 %	2000 Zahl	2010 %	2010 Zahl	2025 %	2025 Zahl
Nordeuropa	24,4	7	23,4	7	22,2	8	18,3	6	18,4	7	19,8	8	20,8	9	20,2	9
Westeuropa	10,6	5	11,3	6	12,4	8	12,1	8	12,5	9	14,0	12	15,2	13	15,4	13
Nordamerika	23,8	9	30,1	16	31,3	20	32,3	21	37,2	20	40,7	25	43,2	32	37,8	36
Südamerika	12,4	6	15,9	9	24,5	13	26,6	20	31,1	31	32,8	33	37,2	42	37,7	47
Ostasien	6,4	16	8,7	25	11,2	41	12,9	56	15,6	79	19,8	103	23,5	128	28,9	161
südl. Zentralasien	2,6	7	3,6	10	4,9	14	6,1	17	8,6	36	10,6	52	12,9	71	15,9	88
Westasien	0	–	6,8	3	9,6	5	16,5	12	20,2	14	24,1	20	27,8	26	30,7	32
Nordafrika	6,6	2	7,7	2	12,0	3	13,3	4	15,1	7	15,6	7	17,2	10	18,8	11
Ostafrika	0	–	0	–	0	–	0,8	1	3,3	5	5,5	9	6,0	9	7,4	11
südl. Afrika	0	–	5,8	1	10,0	2	16,9	4	17,5	4	19,8	5	29,3	7	30,7	7

1) Metropole: über 1 Mio. Einwohner

Quelle: United Nations: World Urbanization Prospects. The 2007 Revision. New York 2008.

Nordamerika (286 Mio.) oder Südamerika (333 Mio.; Angaben für 2010). Zum anderen spielen politische wie ökonomische Faktoren für den Urbanisierungsprozess eine erhebliche Rolle. So wurden in China die Bevölkerungszahlen der Städte zwischen 1949 und 1978 strikt kontrolliert, und das Leben in den Städten war das Privileg einer deutlichen Minderheit. Erst die danach einsetzenden wirtschaftlichen Reformmaßnahmen begünstigten die Land-Stadt-Wanderung, vor allem in die Agglomerationen in den Sonderwirtschaftszonen entlang der Küste. Die Lockerung der Migrationsrestriktionen führte – nach Volumen und Zahl – zum Boom des Metropolenwachstums (2010 liegen von den 128 ostasiatischen Metropolen 85 % in China!). In Indien bewirkte die ab 1991 vollzogene Liberalisierung einen starken Land-Stadt-Wanderungsschub, der sich u.a. in der Zunahme der Metropolen von 23 (1990) auf 48 (2010) äußert.

Der Metropolisierungsgrad ist – bei unterschiedlicher Ausgangssituation – heute in Nord- und Südamerika am höchsten. Im Vergleich zum Urbanisierungsgrad bleibt Europa hier – aus historischen, im Städtesystem liegenden Gründen – deutlich zurück. In Afrika vollzieht sich ein großer Teil der Urbanisierung in Form einer akzentuierten Metropolisierung, d.h. des überproportionalen Wachstums einiger Megastädte (über 10 Mio. Einwohner), z.B. Lagos, Kairo, Kinshasa.

In Ost- und im südlichen Zentralasien bleibt der Metropolisierungsgrad – analog zum Urbanisierungsgrad – weit hinter dem anderer Großregionen in Asien und Afrika zurück; aber beide weisen die höchsten Metropolenzahlen auf! Das bedeutet, dass die absolute Bevölkerungszahl der dortigen Metropolen die größte aller Großregionen ist. In Ostasien werden in 2010 ca. 368 Mio. Menschen in 128 Metropolen leben, im südlichen Zentralasien in 71 Metropolen ca. 230 Mio. Menschen; demgegenüber in Nordamerika (bei einem Metropolisierungsgrad von 43,2 %!) in den 32 Metropolen nur 151 Mio. Menschen, in Südamerika (Metropolisierungsgrad: 37,2 %) in den dortigen 42 Metropolen 148 Mio. Menschen (vgl. Tab. 2). Das weist auf den bereits angesprochenen großregional erheblich differierenden demographischen Kontext hin.

Die relativ niedrigen Urbanisierungs- und Metropolisierungsgrade in Ost- und im südlichen Zentralasien sind vor dem Hintergrund der hohen Bevölkerungsgrundgesamtheit in den dortigen Ländern zu suchen, d.h. dass der überwiegende Teil der Bevölkerung noch im ländlichen Raum lebt, in Ostasien 51,5 %, im südlichen Zentralasien sogar fast 68 %! (Angaben für

2010, vgl. Tab. 1). Bei anhaltender und sich z.t. noch verstärkender Land-Großstadt-Wanderung werden jedoch die Metropolen und Megastädte (nach Zahl und Größe) weiterhin enorm wachsen, damit auch die sozio-ökonomischen, ökologischen und administrativ-politischen Probleme, was insgesamt direkte Auswirkungen auf die Regierbarkeit (governance) der dortigen Megakomplexe beinhaltet.

Unterschiedliche Rahmenbedingungen für den Urbanisierungs-/Metropolisierungsprozess in Industrie- und Entwicklungsländern

In den Industrieländern fand die Hauptphase der Verstädterung im Zuge der Industrialisierung von der Mitte des 19. Jahrhunderts an bis zum I. Weltkrieg statt. Die demographische Urbanisierung und die damit einhergehende Flächenexpansion der Städte waren Folge eines starken wirtschaftlichen Wachstums mit einem entsprechenden Angebot an (formellen) Arbeitsplätzen und der daraus resultierenden Land-Stadt-/Großstadt-Wanderungen. Die dadurch ausgelösten Wohn-/Siedlungs- und Verkehrsprobleme sowie die Verschlechterung der sanitär-hygienischen Verhältnisse führten bald zur Entwicklung planerischer Steuerungsinstrumente und zum Aufbau mit entsprechenden Befugnissen und Finanzmitteln ausgestatteter Behörden.

In den Entwicklungsländern ist a) das Volumen der größtenteils nach 1950/60 einsetzenden Land-Stadt-Wanderungen viel größer und erfolgt b) überwiegend auf der Suche nach einem besser bezahlten oder überhaupt nach einem Arbeitsplatz, der aber meistens nur im informellen Sektor gefunden wird, wo mindestens 50 %, oft sogar mehr als 70 % der erwerbsfähigen Bevölkerung ein niedriges und zudem unsicheres Einkommen ohne tarifliche und soziale Absicherung findet.

Eine Konsequenz der unkontrollierten, nicht gelenkten Flächenexpansion sind die informellen randstädtischen Marginalviertel, in denen z.B. im subsaharischen Afrika bereits 72 % der städtischen Bevölkerung „wohnen", im südlichen Zentralasien fast 60 %, in Südamerika mindestens 40–50 %. Diese „Urbanisierung in Armut" stellt eines der größten Probleme in den Entwicklungsländern dar. Es mangelt den Staaten und Städten an finanziellen und personell-fachlichen Ressourcen, aber auch an dem Durch-/Umsetzungsvermögen planerischer Konzepte (wenn sie denn vorhanden sind),

Eine Favela (Armensiedlung) in Sichtweite der Hochhäuser von Rio de Janeiro
Foto: © Günter Mertins

um a) das Siedlungswachstum zu steuern und b) die Versorgung mit technischer (Straßen, Elektrizität, Wasser, Abwasser- und Müllentsorgung) und sozialer Infrastruktur (Schulen, medizinische Einrichtungen) zu gewährleisten. Diese Defizite führen nicht nur zur Perpetuierung der dortigen, sogar noch ständig zunehmenden marginalen Zustände, wobei die *Informalität* längst normativen Charakter angenommen hat, sondern tragen auch erheblich zur sozialen, ökonomischen und ökologischen *Vulnerabilität* fast aller Metropolen bei.

Gründe der Urbanisierung in Ländern der Dritten Welt

Land-Stadt-/Großstadt-Wanderungen und das – noch immer – hohe natürliche Bevölkerungswachstum sind vor allem für den seit den 1960/70er-Jahren rasch steigenden Urbanisierungsgrad verantwortlich (Tab. 1).

Für die Erklärung der Land-Stadt-Wanderungen wird meistens ein komplexes Faktorenbündel im Sinne eines *push-pull-Modells* herangezogen. Zu den wichtigsten push-Faktoren zählen das Öffnen der Bevölkerungsschere

(Absinken der Sterbe- bei zunächst noch gleich hoch bleibender Geburten-rate) und die starre Landbesitzstruktur. Dadurch haben sich bestehende Abhängigkeiten oft noch verfestigt und für die soziale Mobilität bestehen kaum Chancen. Ergänzende Gründe können z.b. eine verfehlte Agrar- und Entwicklungspolitik, Verdrängung durch Expansion des Großgrundbe-sitzes, Realerbteilung, drückende Pachtzinsen, Verschuldung, mangelnde Kreditmöglichkeiten, Arbeitslosigkeit und Unterbeschäftigung, aber auch sich erschöpfende Bodenfruchtbarkeit, klimatische Unbilden und latente soziale Konflikte sein. Zu den pull-Faktoren, insbesondere der Großstädte/Metropolen, zählen die Arbeitsplatzmöglichkeiten im sekundären und vor allem im stark aufgeblähten, meist informellen tertiären Sektor, verbesserte Schulausbildung und Infrastruktur. Durch Medienberichte wird die angeb-lich positive Einschätzung der Stadt, verbunden mit den dort besseren Le-bensmöglichkeiten, weit verbreitet und trägt so ebenfalls zur Abwanderung aus den ländlichen Räumen bei.

Heute werden zunehmend die sogenannten *constraints-Modelle*, d.h. subjektiv wirkende sozioökonomische und politische Zwänge, für die Er-klärung von derartigen Wanderungsvorgängen verwandt, vor allem für innerstädtische und intraregionale Migrationen; z.b. wandern vermehrt Unterschichthaushalte aus informellen, z.b. bereits konsolidierten Mar-ginalvierteln ab, weil sie von landlords zum Verkauf der Immobilien und nachfolgenden Aufgabe derselben gezwungen werden oder auch, weil sie die mit der Legalisierung ihrer Viertel verbundenen tariflichen Infrastruktur-kosten (für Strom, Wasser etc.) nicht zahlen können.

Urbanisierung als Chance?

Vor dem Hintergrund, dass 2008 erstmals mehr als die Hälfte der Welt-bevölkerung (ca. 3,3 Mrd. Menschen) in Städten leben werden, führte der Bevölkerungsfonds der Vereinten Nationen (UNFPA) in seinem Weltbe-völkerungsbericht 2007 euphemistisch aus, dass nicht das Wachstum der Städte (in den Entwicklungsländern) als solches das Problem sei, sondern – realitätsbezogener – dass sie bislang nicht darauf vorbereitet seien, dieses Wachstum aufzufangen. Es wird daher ein „proaktives Vorgehen" gefor-dert, um nicht nur die Probleme zu lösen bzw. deutlich zu mindern, sondern auch um die Chancen der Urbanisierung so gut wie möglich zu nutzen.

Megastadt São Paulo, Brasilien
Foto: © Günter Mertins

Dass derartige Vorstellungen – zumindest heute und in naher Zukunft – als irreal zu bezeichnen sind, legen folgende Überlegungen nahe: Das natürliche Bevölkerungswachstum in den Städten der Entwicklungsländer kann durch die Verbesserung der sozio-ökonomischen Bedingungen vor allem armer Menschen und der Frauenrechte verringert werden. Allerdings entfällt ein Großteil des urbanen Wachstums auf arme Menschen, wobei ein zentrales Problem die Wohnungsfrage, d.h. neben den qualitativen Kriterien vor allem auch die besitzrechtliche Position und die Bereitstellung von technischer wie sozialer Infrastruktur ist. Die (bereits seit Jahrzehnten erhobene) Forderung an die Städte, Bauland mit Zugang zu Wasser-, Abwasser-, Strom- und Verkehrsnetzen bereitzustellen, ist zwar richtig, ebenso wie die bekannte Einsicht, dass es kostengünstiger ist, erschlossene Grundstücke auf noch freiem Gelände zur Verfügung zu stellen, als bereits (informell) besiedelte Flächen nachträglich zu erschließen. Jedoch stehen sich Realität und Forderungen z.T. diametral gegenüber und verbieten fast, Urbanisierung als Chance anzusehen, solange nicht die politischen Parameter geändert und die Maßnahmeprioritäten anders gesetzt werden.

▶ Literatur

Bähr, Jürgen: Bevölkerungsgeographie (= UTB 1249), 4. Aufl. Stuttgart 2004

Bronger, Dirk: Metropolen, Megastädte, Global Cities. Darmstadt 2004

Davis, Mike: Planet der Slums. Berlin/Hamburg 2007

Heineberg, Heinz: Stadtgeographie (= UTB 2166), 3. Aufl. Paderborn et al. 2006

Kraas, Frauke/Ulrich Nitschke: Megastädte als Motoren globalen Wandels. Neue Herausforderungen weltweiter Urbanisierung, in: Internationale Politik, Jg. 61, Heft 11, 2006: 18–29

Kraas, Frauke/Günter Mertins: Megastädte in Entwicklungsländern. Vulnerabilität, Informalität, Regier- und Steuerbarkeit, in: Geographische Rundschau, Jg. 60, Nr. 11, 2008

Mertins, Günter: Städtische Entwicklung im globalen Vergleich, Ms. erscheint in: Online-Handbuch Demografie (www.berlin-institut.org)

Mertins, Günter: Wachsende Marginalisierung und Marginalviertel in Großstädten der Dritten Welt, in: Kieler Geographische Schriften, Band 111, 2006: 63–77.

▶ Links

UNFPA (UN-Bevölkerungsfonds, jährliche Weltbevölkerungsberichte, u.a. für das Jahr 2007: „Urbanisierung als Chance: Das Potenzial wachsender Städte nutzen") (www.unfpa.org)

UN-Habitat (UN-Organisation im Bereich Stadtentwicklung und Siedlungswesen) (www.unhabitat.org)

UN World Urbanization Prospects (regionale und länderbezogene Daten zur globalen Urbanisierung) (http://esa.un.org/unup)

Weltbevölkerung

REINER KLINGHOLZ

Bevölkerung und Entwicklung

Ein endlicher Planet mit begrenzten Ressourcen kann einer ständig wachsenden Bevölkerung von Menschen kein Überleben sichern. Der englische Pastor und Nationalökonom Thomas Malthus vertrat schon zu Beginn des 18. Jahrhunderts die Theorie, dass die Nahrungsmittelproduktion nicht mit der Bevölkerungszunahme Schritt halten könne und es deshalb zu Hungersnöten und gesellschaftlichen Konflikten kommen müsse. Allerdings bewahrheiteten sich Malthus' düstere Prognosen nicht, denn er hatte den Effekt von Düngemitteln, Landmaschinen und Neuzüchtungen auf die landwirtschaftliche Produktivität unterschätzt: In der Zeit nach Malthus wuchs die Nahrungsmittelproduktion deutlich schneller als die Zahl der Menschen.

In der zweiten Hälfte des 20. Jahrhunderts, als die Menschheit vor dem Hintergrund medizinischer Fortschritte Dimensionen erreicht hatte, die sich Malthus gar nicht vorstellen konnte, geriet die „Bevölkerungsexplosion" erneut ins Zentrum der Entwicklungsdiskussion. Vor allem der Bericht an den Club of Rome „Die Grenzen des Wachstums" warnte vor einem Ende der Rohstoffe und vor dem Kollaps ganzer Weltregionen. Doch auch die Kassandra-Rufe dieser „Neomalthusianer" verhallten, weil die Wissenschaftler die Menge der verfügbaren Ressourcen unterschätzt hatten.

Es besteht kein Zweifel, dass die Weltbevölkerung, die heute 6,6 Milliarden überschritten hat und noch weiter wächst, einen erheblichen Einfluss auf die globale Entwicklung hat, auf Landnutzung, Wasser- und Energieverbrauch sowie den Nahrungsmittelbedarf. Auch wenn die Weltbevölkerung nicht geometrisch wächst, wie Malthus seinerzeit annahm, ist damit zu rechnen, dass sie bis 2050 auf etwa neun Milliarden Häupter ansteigt. Aufgrund der engen Verzahnung des Wachstums der Bevölkerung mit der sozialen und wirtschaftlichen Entwicklung wird für die zweite Hälfte des

21. Jahrhunderts allerdings eine Abflachung der Bevölkerungskurve prognostiziert. Dabei bleiben große regionale und nationale Unterschiede zwischen Industrieländern und Entwicklungsländern bestehen.

Der Demographische Übergang

Bis ins 19. Jahrhundert hinein wuchs die Bevölkerung vor allem in den Industrienationen. Durch die damals rasch sinkende Sterblichkeit wurden deutlich mehr Kinder geboren, als die Alte Welt verkraften konnte. Machten die Europäer 1750 noch 18 Prozent der Weltbevölkerung aus, so stellten Menschen europäischen Ursprungs 1930, zum Höhepunkt ihrer Weltdominanz, 35 Prozent. Eine Folge des Geburtenüberschusses war eine massive Wanderungsbewegung aus Europa in die Neue Welt.

Seit Mitte des 20. Jahrhunderts findet das Bevölkerungswachstum fast ausschließlich in den Entwicklungsländern statt. Die Bekämpfung von Krankheiten und eine bessere Versorgung führten zunächst in Asien, bald darauf auch in Lateinamerika, im Mittleren Osten und in Nordafrika sowie schließlich in Afrika südlich der Sahara zu einem massiven Rückgang der Sterberaten. Mit einer nach wie vor hohen Geburtenrate von durchschnittlich sechs Kindern pro Frau zwischen 1960 und 1965 vermehrte sich die Bevölkerung in den Entwicklungsländern jährlich um drei Prozent. Im Jahr 1970 stellten die Entwicklungsländer 65 Prozent der Weltbevölkerung, zur Jahrtausendwende schon 80 Prozent – einige von ihnen hatten sich in dieser Zeit aber bereits zu Schwellenländern fortentwickelt.

Der Wandel von der vorindustriellen Bevölkerung mit hoher Fertilität und hohen Sterberaten zur modernen Gesellschaft mit niedrigen Geburtenziffern und geringer Sterblichkeit wird *Demographischer Übergang* genannt. Er lässt sich in mehrere Phasen einteilen: Beim Eintritt einer agrarischen Gesellschaft in die Industrialisierung sinken die Sterbeziffern, während die Geburtenrate weiterhin hoch bleibt. Dadurch wachsen die Einwohnerzahlen stark an. Diese zweite Phase dauert im Allgemeinen zwei bis drei Generationen. Danach bremsen sinkende Geburtenziffern das Wachstum der Bevölkerung. Bekommen die Frauen im Mittel weniger als 2,1 Kinder, schrumpft eine Bevölkerung sogar. In einigen Entwicklungsländern, in denen durch medizinische Versorgung und Nahrungsmittelimporte die Lebenserwartung gestiegen ist, aber keine Industrialisierung stattgefunden hat, kann die wachstumsintensive zweite Phase wesentlich länger dauern. So sind die Geburtenziffern heute im mittleren und westlichen Teil des afrikanischen Kontinents, in verschiedenen arabischen Ländern sowie in Pakistan, Nepal und nördlichen Landstrichen Indiens noch sehr hoch.

Während Bevölkerungswissenschaftler lange Zeit davon ausgingen, dass sich die Geburtenziffern nach dem demographischen Übergang auf ein Ersatzniveau von 2,1 Kindern pro Frau einpendeln, kann diese Theorie angesichts langfristiger Geburtenrückgänge in vielen modernen Gesellschaften nicht mehr aufrechterhalten werden. In Deutschland liegt die Fertilität seit Mitte der 1970er-Jahre bei 1,4 Kindern pro Frau. Damit ist jede Kindergeneration um ein Drittel kleiner als die ihrer Eltern. Auch in einigen ehemaligen Entwicklungsländern ist die Geburtenziffer weit unter das Ersatzniveau gesunken, etwa in China, Singapur und Thailand sowie in einigen Ländern der Karibik. In Südkorea liegt sie nur noch bei 1,2 Kindern pro Frau. Vielerorts hat der Geburtenrückgang einen wirtschaftlichen Aufschwung nach sich gezogen.

Ersatzniveau

Das Ersatzniveau beschreibt die Zahl der Kinder, die Frauen im Durchschnitt bekommen müssen, um eine Bevölkerung langfristig stabil zu halten, ohne dass sich die Einwohnerzahlen durch Einwanderung oder eine steigende oder sinkende Lebenserwartung verändern. Es liegt bei 2,1 Kindern je Frau (und nicht bei zwei, wie zunächst bei zwei Elternteilen zu erwarten wäre), weil nicht alle Neugeborenen ihrerseits das Alter erreichen, in dem sie selbst Kinder bekommen können.

Für den Rückgang der Geburtenziffern spielen mehrere, sich gegenseitig beeinflussende Faktoren eine Rolle – in der Geschichte der Industrienationen ebenso wie in den heutigen Entwicklungs- und Schwellenländern:

- Die Säkularisierung, die dem Individuum mehr Verantwortung für das eigene Wohlergehen aufbürdet.
- Die Bildung, die neue gesellschaftliche Optionen eröffnet und den Zugang zu Informationen (unter anderem über Familienplanung) ermöglicht.

- Ein Bedeutungswandel der Kinder vom Nutzen- zum Kostenfaktor: War (und ist) der Nachwuchs zu vorindustriellen Zeiten (und in Agrargesellschaften) als billige Arbeitskraft und zur Alterssicherung geradezu notwendig, so müssen Eltern in Industrienationen heute bis zu drei Jahrzehnte lang für Erziehung und Ausbildung ihrer Kinder aufkommen.
- Die gesetzliche Altersvorsorge (in Deutschland seit 1889), die auch Menschen ohne Nachwuchs Versorgungsansprüche gewährt.
- Die „Konkurrenz der Genüsse", die in einer modernen Gesellschaft eine Vielzahl biographischer Optionen jenseits der Familiengründung eröffnet.
- Schließlich eine veränderte gesellschaftliche Rolle der Frau: Wo immer Frauen Rechte, Bildungschancen und Berufsmöglichkeiten sowie Zugang zu Gesundheitsdiensten haben, bekommen sie später und vor allem weniger Kinder.

Moderne Mittel zur Familienplanung haben beim Rückgang der Geburtenraten in den Industrienationen zwar kaum eine Rolle gespielt, sind aber heute in den Entwicklungsländern ein wichtiger Bestandteil wirksamer Programme zur Eindämmung der Geburtenzahlen.

Entwicklung der Weltbevölkerung

Die meisten Demographen gehen davon aus, dass sich die Weltbevölkerung bei weiter rückläufiger Fertilität irgendwann zwischen 2050 bis 2100 stabilisieren wird. Anschließend wäre dann ein langsamer Bevölkerungsrückgang zu erwarten. Nach der „mittleren" Projektion der UNFPA (The State of World Population 2007) wird die Zahl der Menschen bis 2050 auf ungefähr neun Milliarden steigen und danach bei unter zehn Milliarden ihr Maximum erreichen. Langfristige Bevölkerungsprognosen sind allerdings mit einer gewissen Unsicherheit behaftet. Wie weit und wie schnell die Weltbevölkerung wirklich wächst, hängt sehr stark davon ab, mit welcher Geschwindigkeit und welcher Vollständigkeit sich der Übergang zu modernen Gesellschaften in den Entwicklungsländern vollzieht.

So sinken die Kinderzahlen je Frau vor allem in jenen Ländern, die sich wirtschaftlich dynamisch entwickeln. In anderen, „entwicklungsresistenten"

Tabelle 1: Die bevölkerungsreichsten Länder der Welt – heute und im Jahr 2050			
Bevölkerung 2007		Bevölkerung 2050	
Land	(in Mio.)	Land	(geschätzt in Mio.)
China	1318	Indien	1747
Indien	1132	China	1437
USA	302	USA	420
Indonesien	232	Indonesien	297
Brasilien	189	Pakistan	295
Pakistan	169	Nigeria	282
Bangladesh	149	Brasilien	260
Nigeria	144	Bangladesh	231
Russland	142	DR Kongo	187
Japan	128	Philippinen	150
Mexiko	106	Äthiopien	146
Philippinen	89	Mexiko	132
Vietnam	85	Ägypten	118
Deutschland	82	Vietnam	117
Äthiopien	77	Uganda	117

Quelle: DSW Report 2007

Staaten hingegen, vor allem in Afrika südlich der Sahara wie im Niger, in Somalia, dem Tschad oder in Malawi, aber auch im Jemen, wo eine angemessene Befriedigung der menschlichen Grundbedürfnisse schon heute nicht gewährleistet ist, dürfte sich die Bevölkerungszahl bis 2050 noch verdreifachen. Uganda, wo eine heutige Frau durchschnittlich sieben Kinder bekommt, hat nach den Vorausberechnungen der Vereinten Nationen sogar mit einer Vervierfachung der Bevölkerungszahl zu rechnen. Der niedrige Entwicklungsstand in den meisten afrikanischen Staaten, der hohe Anteil der Landbevölkerung und die traditionell großen Familien lassen vermuten, dass sich Afrika auch weiterhin dem allgemeinen Trend zu niedrigen Kinderzahlen widersetzt.

Der Kinderreichtum unterbindet dabei zum Teil jede wirtschaftliche Genesung: Denn obwohl die allermeisten der armen afrikanischen Länder ein Wirtschaftswachstum vorweisen können, fällt es doch gerade in den ärmsten schwächer aus als das Wachstum der Bevölkerung – mit dem Effekt, dass die Menschen immer ärmer werden. Und Armut zählt zu den stärksten Faktoren für anhaltend hohe Kinderzahlen. Allein die afrikanischen Staaten Tunesien, die Seychellen und Mauritius weisen eine Fertilitätsrate von etwa zwei Kindern je Frau auf – allesamt Länder, die sich nicht mit der Gesamtheit des Kontinents vergleichen lassen. Die Zahl der Afrikaner wird sich den Prognosen zufolge von heute (2007) 944 Millionen auf knapp 2 Milliarden im Jahr 2050 mehr als verdoppeln – auf keinem Kontinent fällt Wachstum höher aus. Selbst AIDS korrigiert die Bevölkerungsentwicklung nur leicht nach unten – stoppen wird die Infektionskrankheit das Wachstum nicht.

> „Die AIDS-Epidemie hat in vielen Ländern Afrikas südlich der Sahara verheerende Ausmaße angenommen. Die Vereinten Nationen gehen davon aus, dass in den am schlimmsten von der Epidemie betroffenen Ländern wie Simbabwe und Südafrika, die Lebenserwartung um zwanzig bis dreißig Jahre niedriger liegt als vor Ausbruch der Epidemie. Während in diesen Ländern auch das Wachstum der Bevölkerung durch den Ausbruch der Infektionskrankheit verlangsamt wurde, hat AIDS für das Bevölkerungswachstum des Kontinents im Ganzen nur marginale Auswirkungen."
>
> Quelle: DSW-Datenreport 2007

In absoluten Zahlen allerdings wächst Asien weitaus schneller, nämlich um über 1,3 Milliarden bis 2050. Schon im Jahr 2007 leben in Asien mehr als vier Milliarden Menschen. Indien dürfte bei einem Zuwachs von über einer halben Milliarde um das Jahr 2040 China als das bevölkerungsreichste Land der Welt ablösen und bis 2050 die 1,7-Milliarden-Grenze überschreiten. Bangladesh, ein Land nur halb so groß wie die Bundesrepublik, wo heute bereits rund 150 Millionen Menschen leben, wird noch einmal 80 Millionen hinzugewinnen. Selbst China, wo offiziell nach wie vor die (allerdings nicht überall gültige) Ein-Kind-Politik propagiert wird, hat mit einer weiteren Zunahme der Bevölkerung um rund 120 Millionen zu rechnen (Tab. 1). Bis 2050 wird aber auch dort der Rückgang eingesetzt haben.

Asien verdeutlicht indessen auch, wie stark Bevölkerungswachstum und Entwicklungsstand korrelieren. Den weltweit stärksten Rückgang der Kinderzahlen verzeichnet nämlich Südkorea. Während im Jahr 1953 in dem damals armen Entwicklungsland noch 5,4 Kinder je Frau zur Welt kamen, sind es heute nur noch 1,2. Nirgendwo auf der Welt liegt die Fertilität niedriger. In absoluten Zahlen wird bis 2050 Japan mit etwa 33 Millionen den größten Rückgang erleben. Von allen Industrienationen können nur die Vereinigten Staaten auf langfristiges Bevölkerungswachstum bauen. Bei einer Kinderzahl je Frau von 2,0 und anhaltend starker Zuwanderung dürfte sich die Bevölkerungszahl, die jüngst die 300-Millionen-Grenze überschritten hat, bis 2050 auf 420 Millionen erhöhen. 99 Prozent des Bevölkerungswachstums wird bis dahin in den Schwellen- und Entwicklungsländern Afrikas, Asiens und Lateinamerikas stattfinden.

Bevölkerungspolitik

Reproduktive Rechte, reproduktive Gesundheit, Familienplanung

Reproduktive Rechte beziehen sich auf Aufklärung, sexuelle Selbstbestimmung, Familienplanung, Gewaltfreiheit sowie Gesundheit. Reproduktive Gesundheit ist „ein Zustand uneingeschränkten körperlichen, geistigen und sozialen Wohlbefindens." Es bedeutet, „dass Menschen ein befriedigendes und ungefährliches Sexualleben haben können und dass sie die Fähigkeit zur Fortpflanzung und die freie Entscheidung darüber haben, ob, wann und wie oft sie davon Gebrauch machen wollen. In diese letzte Bedingung eingeschlossen sind das Recht von Männern und Frauen, informiert zu werden und Zugang zu sichern, wirksamen, erschwinglichen und akzeptablen Familienplanungsmethoden ihrer Wahl zu haben …, und das Recht auf Zugang zu angemessenen Gesundheitsdiensten".

Quellen: Kairoer Aktionsprogramm (Zitate) und GTZ

Einen entscheidenden Impuls erhielt die Bevölkerungspolitik durch die Weltbevölkerungskonferenz in Kairo 1994. Dass die wachsende Bevölkerung in der Welt in vielfacher Hinsicht eine Belastung für das ökologische Gleichgewicht der Erde darstellt, stand außer Frage. Allerdings war auch klar, dass die Dynamik des Bevölkerungswachstums in verschiedenen Teilen der Welt einer Vielfalt von komplexen Faktoren unterliegt. Die Kairo-Konferenz war dementsprechend auf „Bevölkerung und Entwicklung" ausgerichtet und plädierte in ihrem Aktionsprogramm für eine Bevölkerungspolitik als integralen Bestandteil einer ↗ nachhaltigen Entwicklung, um die Lebensqualität aller Menschen in der Gegenwart wie in der Zukunft zu verbessern. Als Wege zur Beeinflussung der Bevölkerungsentwicklung wurden die Beseitigung der ↗ Armut, die Stärkung der Rolle der Frauen durch verbesserten Zugang zu Bildung und Schaffung von Gleichberechtigung der Geschlechter (↗ Gender und Entwicklung) sowie Gewährleistung von reproduktiven Rechten und reproduktiver Gesundheit hervorgehoben. Wie oft bei den (nicht verbindlichen) Beschlüssen internationaler Konferenzen lässt die Umsetzung des Aktionsprogramms von Kairo jedoch (noch) zu wünschen übrig.

▶ **Literatur**

Birg, Herwig: Die Weltbevölkerung: Dynamik und Gefahren, 2. Aufl. München 2004

Haub, Carl: Dynamik der Weltbevölkerung. Bonn 2002

Klingholz, Reiner: Wahnsinn Wachstum. Wie viel Mensch erträgt die Erde? Hamburg 1994

Leisinger, Klaus M.: Die sechste Milliarde. Weltbevölkerung und nachhaltige Entwicklung. München 1999

Lutz, Wolfgang/Warren C. Sanderson/Sergei Scherbov (Hrsg.): The End of World Population Growth in the 21st Century. London 2004

▶ **Links**

Berlin-Institut für Bevölkerung und Entwicklung (u.a. Online-Handbuch Demografie) (www.berlin-institut.org)

Cairo Programme of Action (www.iisd.ca/Cairo.html)

Deutsche Gesellschaft für die Vereinten Nationen (u.a. Infodienst Bevölkerung und Entwicklung) (www.dgvn.de)

Deutsche Stiftung Weltbevölkerung (u.a. DSW-Datenreport 2007) (www.weltbevoelkerung.de)

Population Reference Bureau (http://www.prb.org)
UNFPA (UN-Bevölkerungsfonds), jährliche Weltbevölkerungsberichte/The State of World Population (www.unfpa.org)

Weltwirtschaft und Welthandel

KLAUS LIEBIG

Die Volkswirtschaften auf der ganzen Welt sind heute stärker miteinander verflochten als jemals zuvor. Zwar gab es immer schon internationalen Handel; Händler wanderten wochenlang durch Gebirge wie auf den alten Salz- oder Seidenrouten, um Waren zu tauschen. Dennoch hat die ↗ Globalisierung inzwischen ein neues Niveau erreicht, indem sie immer größere Teile der heimischen Wirtschaft erfasst oder zumindest indirekt beeinflusst. Machte der Anteil der Güterexporte am weltweiten Bruttosozialprodukt im Jahr 1960 noch 10 % aus, so betrug er im Jahr 2006 schon 35 %. Weltwirtschaftliche Entwicklungen spielen daher heute für Volkswirtschaften eine größere Rolle als früher.

Das **Bruttosozialprodukt**
entspricht der Menge der in einem Jahr produzierten Güter und Dienstleistungen in einer Volkswirtschaft und gilt als Maßstab für die wirtschaftliche Leistungsfähigkeit bzw. den Reichtum eines Landes.

Das gilt auch für Entwicklungsländer. Ihre Stellung in der Weltwirtschaft hat sich in den letzten Jahrzehnten radikal verändert. Betrachtet man alle Entwicklungsländer als Gruppe, dann sind sie heute ein aktiver Akteur in der Weltwirtschaft und keineswegs ein wehrloses Opfer, als das sie noch in den 1960er-Jahren gelegentlich gekennzeichnet wurden. Viele Entwicklungsländer nutzen die neuen Chancen, die ihnen die Integration in die Weltwirtschaft bietet. Aber es gibt auch neue Risiken, und es gibt zahlreiche Länder, die von dem Tempo der Veränderungen überrollt werden und in denen nur wenige Menschen vom wirtschaftlichen Wachstum profitieren können.

In diesem Beitrag wird zunächst die neue Stellung der Entwicklungsländer in der Weltwirtschaft skizziert. Daran anschließend wird näher auf die internationale Handelsordnung eingegangen, weil sich hier die Veränderungen der Weltwirtschaft besonders deutlich abzeichnen. Abschließend werden die Perspektiven für eine entwicklungsfreundliche Weiterentwicklung der Weltwirtschaftsordnung diskutiert.

Die Stellung der Entwicklungsländer in der Weltwirtschaft

Nach dem II. Weltkrieg spielten die Entwicklungsländer zunächst wirtschaftlich eine untergeordnete Rolle. Teilweise wurden ihre Bodenschätze von den Kolonialmächten ausgebeutet, teilweise machten einzelne Unternehmen aus Industrieländern gute Geschäfte. Aber sie waren relativ wenig in die modernen Wirtschaftsbeziehungen der Industrieländer eingebunden. Gleichzeitig wurden sie im Kalten Krieg zu einem Spielball der beiden Supermächte USA und UdSSR, was in seltenen Fällen einen positiven Einfluss auf ihre heimische wirtschaftliche Entwicklung hatte, oft jedoch zu korrupten und ineffizienten Strukturen führte.

In den 1960er- und 70er-Jahren dominierte in den meisten Entwicklungsländern die wirtschaftspolitische Einstellung, der Staat solle eine aktive Rolle bei der Förderung der heimischen Wirtschaft spielen. Hinter dem Schutz hoher Zollmauern versuchten viele Entwicklungsländer, einen Prozess nachholender Industrialisierung zu initiieren. Wie wir heute wissen, gelang dies in einigen asiatischen Staaten ausgezeichnet. Die erste Generation der sogenannten Tigerstaaten – Südkorea, Taiwan, Singapur, Hongkong – folgte dem Beispiel Japans, das in den 1970er-Jahren die traditionellen Industriezweige in den Industrieländern das Fürchten lehrte. Demgegenüber scheiterten viele Ansätze aktiver Industriepolitik in Lateinamerika und Afrika. Hier gelang es nur in einzelnen Fällen, international wettbewerbsfähige Industrien aufzubauen. Dennoch: Die Wachstumsraten der Entwicklungsländer lagen in diesen Jahren relativ hoch, zumindest im Vergleich zu den beiden kommenden Jahrzehnten.

Im Jahr 1980 vereinigten die Industrieländer 80 % des weltweiten Bruttosozialprodukts auf sich. Das Jahr 1980 markiert eine wichtige Wendemarke im Prozess der weltwirtschaftlichen Entwicklung: Die Weltwirtschaft geriet in unruhiges Fahrwasser, die Arbeitslosigkeit in den Industrieländern stieg stark an, und die Zeiten des dauerhaften Nachkriegswachstums waren vorbei. Für viele Entwicklungsländer, insbesondere in Lateinamerika, aber auch in Afrika, begann eine lange Phase der wirtschaftlichen Krise, die nicht zuletzt durch die wachsende internationale Verschuldung zahlreicher Länder gekennzeichnet war. Lediglich den Entwicklungsländern in Ost-, Südost- und Südasien gelang es in den folgenden beiden Jahrzehnten, den Abstand zu den Industrieländern im Pro-Kopf-Einkommen zu verringern. Alle anderen Regionen fielen weiter zurück.

Nach schwierigen Jahren (Schuldenkrise in den 1980er-Jahren, Finanzkrise Ende der 1990er-Jahre), tiefgreifenden wirtschaftlichen Reformen (Strukturanpassungsprogramme) und dem Ende des Ost-West-Konflikts setzte von 2002 bis zum Finanzdesaster von 2008 ein wirtschaftlicher Aufschwung ein, wie es ihn lange Zeit nicht mehr gegeben hatte. Die Weltwirtschaft wuchs, und zwar besonders in den Entwicklungsländern. Seit 2003 gelang es ihnen, den Abstand zu den Industrieländern deutlich zu verringern (die Wachstumsraten der Entwicklungsländer lagen bei 5,1 %, der Transformationsländer bei 7,5 % und der Industrieländer bei 2,0 %). Auch in dieser Zeit wuchsen die asiatischen Entwicklungsländer wieder deutlich stärker als die Entwicklungsländer im Rest der Welt. Im Jahr 2006 vereinigten die Industrieländer „nur" noch 73 % des weltweiten Bruttosozialprodukts auf sich. Auch der Unterschied im Pro-Kopf-Einkommen hat sich etwas verringert: Lagen die Pro-Kopf-Einkommen in Industrieländern im Jahr 1990 noch 20,4 mal so hoch wie in Entwicklungsländern, so war dieses Verhältnis auf 16,1 im Jahr 2006 gesunken.

Alle genannten Zahlen beruhen auf offiziellen Angaben der statistischen Ämter und werden von internationalen Organisationen wie UNCTAD zusammengestellt. Eine wichtige Einschränkung für den Vergleich von Volkswirtschaften liegt darin, dass die Daten den offiziellen Wechselkurs zur Umrechnung benutzen. Dieser ist aber oft politisch festgelegt, und er erfasst auch nur einen Teil des Warenkorbs. Unter Leitung der Weltbank und der OECD bemühen sich Wissenschaftler darum, solche Unschärfen in den Daten durch Schätzungen über „wahre Wechselkurse" zu bereinigen. Sie verwenden sogenannte Kaufkraftparitäten, um das Einkommen von Volkswirtschaften realistischer vergleichen zu können. Die Ergebnisse sind erstaunlich, denn sie verstärken das Argument von oben noch: Der Anteil von Entwicklungsländern an der Weltwirtschaft wird durch die offiziellen Daten unterschätzt. Nach den korrigierten Daten der Weltbank entfallen heute fast 40 % der weltweiten Produktion auf die Entwicklungsländer. Allerdings geht der Löwenanteil auf das Konto der Länder mit mittlerem Einkommen, nämlich 32 %. Die Länder mit geringem Einkommen produzieren nur 7 % des weltweiten Outputs, obwohl 35 % der Weltbevölkerung hier leben.

Tabelle 1: Die Anteile der größten Volkswirtschaften am weltweiten Bruttosozialprodukt

	Nationales BSP als Anteil des globalen BSP	
	auf Basis der Kaufkraftparitäten (in %)	auf Basis offizieller Wechselkurse (in %)
USA	22,5	27,9
China	9,7	5,1
Japan	7,0	10,3
Deutschland	4,6	6,3
Indien	4,3	1,8
Großbritannien	3,5	5,1
Frankreich	3,4	4,8
Russland	3,1	1,7
Italien	3,0	4,0
Brasilien	2,9	2,0
Spanien	2,2	2,5
Mexiko	2,1	1,7

Quelle: 2005 International Comparison Program

Neben der wachsenden Bedeutung der Entwicklungsländer als Gruppe in der Weltwirtschaft gibt es einen zweiten klaren Trend: Die Entwicklungsländer unterscheiden sich in ihrer wirtschaftlichen Leistungsfähigkeit und Struktur immer stärker voneinander. Es ist daher im Prinzip nicht mehr gerechtfertigt, von „den" Entwicklungsländern zu sprechen. Einige Länder sind bereits sehr groß und wachsen stark: China, Indien. Auch einige kleinere Länder wachsen sehr schnell (beispielsweise Vietnam), spielen aber aufgrund ihrer geringeren Bevölkerungszahl für die Weltwirtschaft (noch) keine so große Rolle. Schließlich fallen viele Entwicklungsländer, insbesondere aus Afrika, aus weltwirtschaftlicher Perspektive immer weiter zurück. Tabelle 1 zeigt die 12 größten Volkswirtschaften (gemessen mit Kaufkraftparitäten). Mit China, Indien, Brasilien und Mexiko befinden sich vier Entwicklungsländer darunter. Ihre Volkswirtschaften haben inzwischen eine Größe erreicht, die sie zu wichtigen Akteuren in der Weltwirtschaft macht, was unter anderem im internationalen Handelssystem zum Ausdruck kommt.

Entwicklungsländer im internationalen Handelssystem

Die Grenzen für den Güterhandel sind heute offener als jemals zuvor. Seit dem zweiten Weltkrieg haben sich die Zollsätze von durchschnittlich 40 auf 5 % verringert. Damit hat sich die Welt dem ökonomischen Leitbild des Freihandels angenähert. Dieses Leitbild stammt aus dem 19. Jahrhundert, als David Ricardo die bis heute gültige Grundlage für die Außenhandelstheorie legte. Er wollte zeigen, dass es den Engländern besser gehen würde, wenn sie die Handelsbeschränkungen für Getreide aufheben, und entwickelte daraufhin die Theorie der komparativen Kostenvorteile. Demnach ist Freihandel immer vorteilhaft für die beteiligten Länder. Diese Aussage gilt selbst dann, wenn eines der Länder Produktivitätsnachteile in allen Branchen hat, was zunächst gegenintuitiv ist.

Denn warum sollte ein Land ein Produkt exportieren, wenn ein anderes Land dasselbe Produkt günstiger produzieren kann? Der Grund liegt darin, dass es nicht auf die absoluten, sondern auf die relativen Produktivitätsunterschiede ankommt. Das absolut „unterlegene" Land spezialisiert sich auf die Produktion des Gutes, bei dem sein Produktivitätsnachteil relativ am geringsten ist. Beide Länder realisieren dann die Vorteile der Arbeitsteilung, weil die Produktionsfaktoren (Arbeit, Kapital) in den Branchen mit komparativen Vorteilen besser ausgenutzt werden können, als wenn jedes Land sie gleichmäßig auf alle Branchen verteilen würde. Die Länder spezialisieren sich und erhalten durch den Handel einen größeren Warenkorb als in einer Situation ohne Freihandel.

Freihandel trägt nach dieser Theorie, die im Grundsatz heute von den meisten Ökonomen geteilt wird, zum Wohlstand einer Volkswirtschaft bei, indem er die Konsummöglichkeiten erhöht. Jedes Land, unabhängig von seinem Entwicklungsstand, sollte demnach im eigenen Interesse seine

Grenzen öffnen. Eine solche politische Maßnahme – unilaterale Liberalisierung genannt – beobachtet man jedoch äußerst selten. Meistens reduzieren Staaten ihre Zölle nur, wenn ihre Handelspartner dies im Gegenzug auch tun. Die Regierungen wollen dadurch sicherstellen, dass die wettbewerbsfähigen Branchen, die ins Ausland exportieren möchten, dort ebenfalls offene Grenzen vorfinden.

Dies könnte erreicht werden, indem Regierungen bilateral mit ihren wichtigen Handelspartnern in Verhandlungen treten. Ein solcher Politikansatz würde zu unterschiedlichen Zollsätzen für dieselben Produkte aus verschiedenen Ländern und damit zu einem ungeheuren Verwaltungsaufwand führen. Besser ist daher eine multilaterale Lösung, bei der die interessierten Länder zusammenarbeiten, um sich sukzessive dem Ziel des freieren Handels zu nähern. Diesem Modell folgt das 1948 erstmals abgeschlossene Allgemeine Zoll- und Handelsabkommen (GATT). Das GATT ist ein System von Spielregeln für eine kooperative Handelspolitik und für die Vermeidung von Handelskriegen. In mehreren Liberalisierungsrunden hat das GATT zu den erwähnten deutlichen Zollsenkungen beigetragen. Das GATT wurde 1994 zu einem Teil der neu gegründeten Welthandelsorganisation (WTO), die mehr Bereiche umfasst als nur den Güterhandel. Zusätzlich regelt sie auch den Handel mit Dienstleistungen (GATS) und den Schutz handelsrelevanter geistiger Eigentumsrechte (TRIPS).

Heute ist die WTO gemeinsam mit dem Internationalen Währungsfonds (IWF) und der Weltbank dafür verantwortlich, dass die Weltwirtschaft den gemeinsam verabschiedeten Regeln unterworfen ist. Natürlich sind diese Regeln umstritten. Denn sie folgen keinem theoretischen Konzept wie etwa dem oben erläuterten Freihandelsideal Ricardos, sondern sind das Ergebnis politischer Aushandlungsprozesse. Damit spiegeln sie die herrschenden Machtverhältnisse in der Weltwirtschaft wider.

Aus entwicklungspolitischer Sicht wird die WTO kritisch betrachtet, weil ihre Regeln selten die Interessen der Entwicklungsländer widerspiegeln. So werden wichtige Exportgüter der Entwicklungsländer nach wie vor mit hohen Importbarrieren belegt, insbesondere in der Landwirtschaft. Dadurch wird die Verbreiterung der wirtschaftlichen Produktion in vielen Entwicklungsländern, die immer noch sehr stark von einzelnen Exportprodukten abhängen, erschwert. Außerdem schränken manche Regeln die Möglichkeiten der Regierungen ein, eine aktive Industriepolitik zu betreiben. Sie verbieten politische Maßnahmen, die sowohl in Industrieländern

Wir haben Euch die Schulden erlassen! Seid Ihr Leute nie zufrieden?!
© Jonathan Shapiro (Südafrika)

als auch in den asiatischen Schwellenländern in der Vergangenheit zur erfolgreichen wirtschaftlichen Entwicklung beigetragen haben. Es muss daher im Einzelfall genau geprüft werden, welche Regeln der WTO entwicklungsfördernd und welche eher entwicklungshemmend sind.

Ähnlich wie bei der Betrachtung der wirtschaftlichen Entwicklung allgemein zeigen sich im Bereich des Handels große Unterschiede zwischen Entwicklungsländern. Asiatische Entwicklungs- und Schwellenländer haben ihren Anteil am weltweiten Handel massiv ausgeweitet. Demgegenüber fielen die am wenigsten entwickelten Länder (LDCs) noch weiter zurück: ihr Anteil am Welthandel sank von 1,8 % im Jahr 1960 auf 0,9 % im Jahr 2006. Darüber hinaus sind sie nach wie vor extrem abhängig von wenigen Exportgütern. Von den 45 am wenigsten entwickelten Ländern hängen in 30 Ländern mehr als die Hälfte der Exporteinnahmen von höchstens vier Gütern ab – überwiegend von Rohstoffen und landwirtschaftlichen Gütern. Diese Länder sind also nach wie vor kaum in die Prozesse der modernen Arbeitsteilung eingebunden, was ihre wirtschaftlichen Entfaltungsmöglichkeiten begrenzt.

Perspektiven

Eine globalisierte Weltwirtschaft bietet Chancen und Risiken für Entwicklungsländer. Dies haben die Erfahrungen der letzten Jahrzehnte gezeigt. Einige Länder haben in beeindruckender Art und Weise die Armut verringert und wirtschaftlich zu den Industrieländern aufgeschlossen. Andere Länder sind weiter zurückgefallen.

Es wäre falsch, für die unterschiedlichen Entwicklungspfade primär weltwirtschaftliche Einflussfaktoren als Ursachen heranzuziehen. Heute dominiert in der Entwicklungstheorie und –politik die Meinung, dass für die wirtschaftliche Entwicklung eines Landes in erster Linie die Regierung dieses Landes verantwortlich ist (↗ **Entwicklungstheorien**). Der Staat muss dafür sorgen, dass entwicklungsfreundliche Rahmenbedingungen bestehen, also beispielsweise Rechtsstaatlichkeit, gute Regierungsführung, klare wirtschaftliche Regeln, eine stabile makroökonomische Politik mit geringen Inflationsraten und beherrschbaren Haushaltsdefiziten usw. Allerdings ist die internationale Staatengemeinschaft dafür verantwortlich, dass entwicklungsfördernde globale Regeln und Rahmenbedingungen existieren. Welche Defizite hier noch bestehen hat die von den US-Finanzmärkten ausgelöste Finanzkrise im Jahr 2008 verdeutlicht. Außerdem hat sich die Staatengemeinschaft verpflichtet, für die ärmeren Länder Finanzhilfen bereitzustellen, um wichtige Entwicklungsinvestitionen zu finanzieren (↗ **Entwicklungszusammenarbeit**).

Das gewachsene Gewicht der großen und dynamischen Entwicklungsländer in der Weltwirtschaft wird dazu beitragen, die globalen Rahmenbedingungen zu verändern (↗ **Globalisierung**). Die Interessen der Entwicklungsländer werden in Zukunft stärker bei der Gestaltung globaler Regelwerke beachtet werden müssen als in der Vergangenheit. Das Scheitern der letzten WTO-Verhandlungsrunden (Doha-Runde) ist nicht zuletzt auf das selbstbewusstere Auftreten der Entwicklungsländer zurückzuführen. Allerdings profitieren nicht unbedingt die schwächsten und ärmsten Entwicklungsländer von neuen Rahmenbedingungen. Denn hier sind viele interne Voraussetzungen (noch) nicht gegeben, um sich erfolgreich in die Weltwirtschaft zu integrieren.

Insgesamt entwickelt sich die Weltwirtschaft tendenziell zu einer globalen Marktwirtschaft, in der die WTO darüber wacht, dass die Märkte offen bleiben. Damit verschärft sich der Wettbewerb um Ressourcen und um Märkte. Verbraucher können hiervon profitieren. Aber für die Produzenten – speziell die weniger gut ausgebildeten, schwächeren Marktteilnehmer – wird der Kampf ums Überleben auf dem Weltmarkt weiter an Schärfe zunehmen.

▶ **Literatur**

Informationsbrief Weltwirtschaft & Entwicklung (mtl. Informationsdienst u.a. zu Weltwirtschaft und Welthandel aus kritischer Sicht) (Online: www.weltwirtschaft-und-entwicklung.org)

UNCTAD: Development and Globalization: Facts and Figures 2008. New York/ Genf 2008 (Zugang zu weiteren Analysen und Daten zu Welthandel und globaler Entwicklung Online: www.unctad.org)

Stiglitz, Joseph: Die Chancen der Globalisierung. München 2008

Stiglitz, Joseph/Andrew Charlton: Fair Trade for All. How Trade can Promote Development. Oxford 2005

▶ **Links**

International Comparison Program (umfangreiche, global vergleichende statistische Daten, zuletzt: „2005 International Comparison Program: Global Purchasing Power Parities and Real Expenditures", 2008 veröffentlicht (http://web.worldbank.org)

South Centre (Analysen zu Weltwirtschaft und Welthandel aus der Sicht der Entwicklungsländer) (www.southcentre.org)

Weltbank (zahlreiche Analysen zur Weltwirtschft und Datensammlungen, z.B. die Reihen „Global Economic Prospects" und „Global Development Finance") (www.worldbank.org)

World Trade Organization (WTO) (www.wto.org)

Abkürzungsverzeichnis

AGRA	Alliance for a Green Revolution in Africa
ARVs	Antiretrovirale Medikamente
BMZ	Bundesministerium für wirtschaftliche Zusammenarbeit und Entwicklung
CBD	Convention on Biological Diversity (UN-Konvention)
CGG	Commission on Global Governance
DAC	Development Assistance Committee (OECD-Organ)
DAWN	Development Alternatives with Women for a New Era
DFID	Department for International Development (britische EZ-Institution)
EFA	Education for All
EL	Entwicklungsländer
EU	Europäische Union
EWH	Entwicklungshilfe
EZ	Entwicklungszusammenarbeit
FAO	Food and Agriculture Organization (der UNO)
FCKW	Fluorchlorkohlenwasserstoffe
GAD	Gender and Development
GATT	General Agreement on Tariffs and Trade
GCIM	Global Commission on International Migration
GFATM	Global Fund to Fight AIDS, Tuberculosis and Malaria
GFK	Genfer Flüchtlingskonvention
GTZ	Deutsche Gesellschaft für Technische Zusammenarbeit

HDR	Human Development Report (des UNDP)
HIPC	Highly Indebted Poor Country
IAASTD	International Assessment of Agricultural Knowledge, Science and Technology for Development
IFPRI	International Food Policy Research Institute
INEF	Institut für Entwicklung und Frieden (in der Universität Duisburg-Essen)
IPCC	Intergovernmental Panel on Climate Change (der UNO)
IWF	Internationaler Währungsfonds
LDCs	Least Developed Countries
MDG	Millennium Development Goal / Millennium-Entwicklungsziel
NGO	Non-Governmental Organization / Nichtregierungsorganisation
ODA	Official Development Assistance / Öffentliche Entwicklungszusammenarbeit
ODI	Overseas Development Institute (britisches EZ-Forschungsinstitut)
OECD	Organisation for Economic Cooperation and Development
OIC	Organisation of the Islamic Conference
PEPFAR	U.S. President's Emergency Plan for AIDS Relief
PPA	Participatory Poverty Assessment
PPP	Public Private Partnership
PRS(P)	Poverty Reduction Strategy (Papers)
SAP	Strukturanpassungsprogramm
TRIPS	Trade-Related Aspects of Intellectual Property Rights
UNAIDS	Joint United Nations Programme on HIV/AIDS
UNCCD	United Nations Convention to Combat Desertification

UNCTAD	United Nations Conference on Trade and Development
UNDP	United Nations Development Programme
UNEP	United Nations Environment Programme
UNESCO	United Nations Educational, Scientific and Cultural Organization
UNFPA	United Nations Population Fund
UNHCR	United Nations High Commissioner for Refugees
UNICEF	United Nations International Children's Emergency Fund
UNIFEM	United Nations Development Fund for Women
UNO / UN	United Nations / Vereinte Nationen
VENRO	Verband Entwicklungspolitik deutscher Nichtregierungsorganisationen
WBGU	Wissenschaftlicher Beirat der Bundesregierung Globale Umweltveränderungen
WDR	World Development Report (der Weltbank)
WFP	World Food Programme (der UNO)
WHO	World Health Organization (der UNO)
WID	Women in Development
WTO	World Trade Organization
WWF	World Wide Fund for Nature

Liste der Autorinnen und Autoren

CHRISTEL ADICK, Prof'in Dr., Ruhr-Universität Bochum
TOBIAS DEBIEL, Prof. Dr., Universität Duisburg-Essen, Direktor des Instituts für Entwicklung und Frieden
MANFRED DENICH, Dr., Universität Bonn, Zentrum für Entwicklungsforschung
WALTER EBERLEI, Prof. Dr., Fachhochschule Düsseldorf
BRIGITTE HAMM, Universität Duisburg-Essen, Institut für Entwicklung und Frieden
SVEN HARMELING, Germanwatch, Bonn/Berlin
CHRISTOF HARTMANN, Prof. Dr., Universität Duisburg-Essen
STEFAN JANKOWIAK, Aktionsbündnis gegen AIDS, Tübingen
REINER KLINGHOLZ, Dr., Geschäftsführer, Berlin-Institut für Bevölkerung und Entwicklung
GEORG KRÄMER, Welthaus Bielefeld
CLAUS LEGGEWIE, Prof. Dr., Direktor des Kulturwissenschaftlichen Instituts, Essen
KLAUS LIEBIG, Dr., Deutsches Institut für Entwicklungspolitik, Bonn
MANFRED LINZ, Dr., Wuppertal Institut für Klima, Umwelt, Energie
KONRAD MELCHERS, Dr., Berlin
GÜNTER MERTINS, Prof. Dr., Universität Marburg
DIRK MESSNER, Prof. Dr., Direktor des Deutschen Instituts für Entwicklungspolitik, Bonn
PETER MEYNS, Prof. i.R. Dr., Universität Duisburg-Essen
RENATE NESTVOGEL, Prof'in Dr., Universität Duisburg-Essen
FRANZ NUSCHELER, Prof. em. Dr., Universität Duisburg-Essen, Senior Research Fellow, Institut für Entwicklung und Frieden
RITA SCHÄFER, Dr., Essen
JULIA SCHULTZ, Wuppertal Institut für Klima, Umwelt, Energie

ANGELIKA SPELTEN, Universität Duisburg-Essen, Institut für Entwicklung und Frieden/Bundesministerium für wirtschaftliche Zusammenarbeit und Entwicklung
JULIA VIEBACH, Universität Duisburg-Essen, Institut für Entwicklung und Frieden